Jürgen Lott

Wie hast du's mit der Religion?

Das neue Schulfach
»Lebensgestaltung - Ethik - Religionskunde« (LER)
und die Werteerziehung in der Schule

Gütersloher Verlagshaus

Originalausgabe

Die Deutsche Bibliothek – CIP-Einheitsaufnahme

Lott, Jürgen:
»Wie hast du's mit der Religion?« : das neue Schulfach
»Lebensgestaltung – Ethik – Religionskunde« (LER) und die
Werteerziehung in der Schule / Jürgen Lott. – Orig.-Ausg. –
Gütersloh : Gütersloher Verl.-Haus, 1998
(Gütersloher Taschenbücher ; 985)
ISBN 3-579-00985-0

ISBN 3-579-00985-0

Umschlaggestaltung: INIT, Bielefeld, unter Verwendung eines Fotos von A. Simon, Berlin, aus dem Archiv des Ministeriums für Bildung, Jugend und Sport, Brandenburg.
Satz: Weserdruckerei Rolf Oesselmann GmbH, Stolzenau
Druck und Bindung: Clausen & Bosse, Leck
Gedruckt auf chlorfrei gebleichtem Werkdruckpapier
Printed in Germany

Inhalt

»Nun sag', wie hast du's mit der Religion?« Zur Einführung

Die berühmte Gretchen-Frage aus Goethes Faust hat derzeit in der öffentlichen Diskussion einen neuen Gegenstand: Der schulische Religionsunterricht ist – wieder einmal – in die Schlagzeilen geraten. In unserer pluralistischen und zunehmend multireligiösen Gesellschaft erscheint der nach Kirchen-Konfessionen getrennt erteilte Religionsunterricht inzwischen als Anachronismus. Er hat mit dem Desinteresse der Schüler zu kämpfen und er wird trotz ständiger Modernisierungsbemühungen von Lehrerinnen und Lehrern nur schwer das Image los, Missionierungsinstrument der Kirchen zu sein. Wenn man bedenkt, daß jede Schülerin und jeder Schüler im Durchschnitt bis zum 18. Lebensjahr rund 1000 Stunden konfessioneller Unterweisung erhalten, dann können auch die Kirchen über sein Ergebnis – glaubt man den Erhebungen über das Verhältnis der Jugendlichen zur Kirche – nicht glücklich sein. Der Religionsunterricht rangiert auf der Bedeutungsskala der Schulfächer ziemlich weit unten.
Diese schon seit langem schwelende Krise des konfessionellen Religionsunterrichts ist anläßlich der Neugestaltung des Schulwesens in Brandenburg erneut auf die politische Tagesordnung getreten. Zwischen Kirchen und Landesregierung ist ein hartnäckiger Streit über die Erteilung des Religionsunterrichts entbrannt. Brandenburg hat nach der Vereinigung der beiden deutschen Staaten 1990 letztlich als einziges der neuen Bundesländer den herkömmlichen konfessionellen Religionsunterricht nicht als ordentliches Schulfach eingeführt, wie er in den meisten alten Bundesländern angeboten wird. Pädagogische und gesellschaftspolitische Motive haben den Landtag dazu bewogen, zunächst in einem dreijährigen Modellversuch mit einem Lernbereich »Lebensgestaltung-Ethik-Religion« (LER) eine Alternative zu erproben, die den besonderen gesellschaftlichen Verhältnissen in Brandenburg Rechnung zu tragen versucht. Mit dem neuen Schulgesetz des Landes ist dann im

April 1996 »Lebensgestaltung-Ethik-Religionskunde« als neues allgemeinbildendes obligatorisches Schulfach eingeführt worden: zunächst in der Sekundarstufe I und in dem Maß, in dem ausgebildete Lehrer vorhanden sind; daneben kann flächendeckend und von Klasse 1-13 konfessioneller Religionsunterricht in Regie der Kirchen erteilt werden, der als nicht zum Fächerkanon gehörendes Schulfach dennoch vom Land weitgehend finanziert wird. Mit LER will Brandenburg bildungspolitisch dafür Sorge tragen, daß in den Schulen des Landes ein pädagogisch identifizierbarer, offener Diskurs über Grundfragen des menschlichen Lebens in der Gesellschaft stattfindet – und zwar unter Einschluß der Dimension von Religion. Gegen dieses Anliegen, dem öffentlichen Bildungsauftrag des Staates im Zusammenhang von Werte-Bildung Rechnung zu tragen, laufen die Kirchen Sturm.

Brandenburg orientiert sich hinsichtlich der Dimension »Religion« in LER eindeutig an einem religions*kundlichen* Grundverständnis anstelle von »religiöser Unterweisung« und an der Religionswissenschaft als wichtiger Bezugswissenschaft. Die Kirchen wollen nicht hinnehmen, daß in LER als allgemeinbildendem Pflichtfach Religion ohne kirchliche Mitwirkung thematisiert wird. Sie verdächtigen das Land Brandenburg, eine Art von »Staatsreligion« anzustreben. Es sind vor allem drei Theologen, die sich auf evangelischer Seite im »Kampf gegen LER« besonders engagieren: Karl Ernst Nipkow, religionspädagogischer Berater der EKD und geistiger Vater der EKD-Denkschrift zum Religionsunterricht (»Identität und Verständigung«), Wolfgang Huber, Bischof der Evangelischen Kirche in Berlin-Brandenburg, und Richard Schröder, Professor an der Humboldt-Universität in Berlin. Ihre besondere Aufmerksamkeit gilt eben der religionskundlichen Ausrichtung von LER und der Orientierung an der Religionswissenschaft als Fachwissenschaft für das »R« in LER. Die Schärfe der Auseinandersetzung und die Argumentionen lassen sich nur aus einem größeren Zusammenhang heraus erklären, denn hinter diesem Konflikt steht das zunehmende Spannungsverhältnis zweier Wissenschaften, die sich beide mit Religion beschäftigen: *Theologie* als (monokonfessionell betriebene) Wissenschaft der Selbstvergewisserung des Christentums und *Religionswissen-*

schaft als Disziplin einer kulturtheoretischen Analyse und Reflexion von Religion bzw. Religionen.

Die Vertreter der Kirche und der ihr verpflichteten akademischen Theologie befürchten, »weltliche« Spezialisten in Sachen Religion und Wertebildung könnten das Monopol der sich als Teil der Kirche verstehenden Theologischen Fakultäten brechen. Die grundlegende Einbeziehung der Religionswissenschaft könnte diese unter bisher ungekannten Konkurrenzdruck setzen. Sie könnte vielleicht gar darüber hinaus dem Streit über die Frage, was Religion ist, neue gesellschaftspolitische Dimensionen geben. Zeichnet man den Streit um LER in diesen Kontext ein, wird die Aufgeregtheit nachvollziehbar, ebenso die Strategie, auf Macht zu setzen – in diesem Fall in Gestalt des erhofften Richterspruchs aus Karlsruhe – statt auf Diskurs. Theologie und Kirche kämpfen um ihren maßgeblichen Einfluß auf die Thematisierung von Religion in der Schule. Dieser Hintergrund schlägt sich in den populistischen Argumenten gegen LER nieder, deren Verbreitung durch hilfsbereite Presseorgane gesichert ist. Einige wenige Beispiele mögen genügen:

Bezugnehmend auf eine Stellungnahme der Jüdischen Gemeinde Brandenburg[1] verkündet Nipkow, LER verwandle »die Inhalte der Religion in eine Methode« und befördere schließlich »zynische, überhebliche, distanzierte Einstellungen zu Religion und anderen Menschen«. Ein solcher Unterricht produziere Zeitgenossen, »die schulterklopfend gestatten, aus religiösen Gründen Kopftücher tragen zu dürfen, weil sie im Dialog mit Frauen, die das tun, erfahren haben, daß diese Sitte Teil ihrer kulturellen Sonderheit ist«. Richard Schröder unterstützt diese Position, und zwar im selben Stil: Er malt das Schreckbild an die Wand, LER führe religiöse Exoten in einem »zoologischen Garten« vor wie Pygmäen zu Zeiten der Kolonialherrschaft. Bischof Huber polemisiert in gleicher Intention gegen Religionskunde, für die alle Religion gleich gültig und damit letztendlich gleichgültig sei.[2]

1. Anläßlich der Anhörung im Landtag am 21.9.1995, dort von einem Vertreter der Katholischen Kirche verlesen.
2. Bischof Huber möchte darüber hinaus die Gunst der Stunde nutzen, end-

Äußerungen wie diese stehen in krassem Gegensatz zu allen Beschwörungen der »ökumenischen Dimension von Bildung« und lassen die Tatsache befremdlich erscheinen, daß die gleichen Personen dem konfessionellen Religionsunterricht selbstverständlich zutrauen, sachlich angemessen in das Verständnis des Islam oder anderer religiöser Orientierungen einführen zu können. Der inhaltliche Kern dieser in der politischen Auseinandersetzung vorgetragenen und auf emotionale Wirkung zielenden Argumente ist Gegenstand der Erörterung in den Kapiteln zu »Lebensgestaltung-Ethik-Religionskunde« [3]

Inzwischen haben die Evangelische Kirche in Berlin-Brandenburg, die Bonner CDU/CSU-Fraktion sowie katholische Eltern und Schüler Normenkontrollklage bzw. Verfassungsbeschwerde beim Bundesverfassungsgericht in Karlsruhe eingereicht. Die Kirchen fordern auch für Brandenburg den konfessionellen Religionsunterricht als verpflichtendes »ordentliches Schulfach« – als Voraussetzung für die Erfüllung ihres Bildungsauftrags an den Schulen. Die Evangelische Kirche hat einen eigenen Vorschlag vorgelegt, den evangelischen Religionsunterricht als konfessionellen Fachunterricht neben anderem konfessionellem Fachunterricht und Ethik in einem Lernbereich neu zu organisieren.[4] Die Entscheidung von Karlsruhe steht noch aus.

Der Bundestag hat im März 1996 dem Religionsunterricht und dem Streit um LER sogar eine Plenardebatte gewidmet. Hintergrund war ein Entschließungsantrag der Regierungskoalition aus CDU/CSU und FDP, der vom Land Brandenburg die »verfassungsgebotene Einführung des Religionsunterrichts als ordentliches Lehrfach« verlangte – andernfalls werde man das Bundesverfassungsgericht wegen der Einführung von LER anrufen. Angesichts der Länder-

lich auch in Berlin, wo seit 1947 Religionsunterricht in kirchlicher Verantwortung außerhalb der Stundentafel angeboten wird, Religionsunterricht in Verantwortung der Kirchen als »ordentliches Schulfach« einzuführen.

3. Vgl. unten Kap. 4 und 5.
4. Vgl. dazu unten 2.4, 79ff.

zuständigkeit für den Bereich kultureller und schulischer Angelegenheiten stellt dies einen bislang in der deutschen Nachkriegsgeschichte einmaligen Versuch der Einflußnahme des Bundes auf eine Landesgesetzgebung dar. Die CDU-Bundestagsfraktion sieht in LER einen Versuch des Staates, den »Bildungs- und Erziehungsauftrag der Kirchen« zu vereiteln. Unlängst hat sich sogar Bundeskanzler Helmut Kohl persönlich eingeschaltet, um mit der Erkenntnis »Der Verlust an Glauben ist eine Verstärkung der Lebensangst« die Bedeutung des Religionsunterrichts in der Schule zu unterstreichen. Die Orientierung an einem »grundlegenden Wertekonsens« müsse bei der Erziehung von Kindern und Jugendlichen die Vermittlung von Fertigkeiten ergänzen, denn: »Wir sind jetzt zurückgestoßen auf das Eigentliche«. Wegen der grundsätzlichen Bedeutung der Frage, wie Werte vermittelt würden und wer diese vermittle, fordert der Vorsitzende der CDU/CSU-Bundestagsfraktion, Wolfgang Schäuble, die Evangelische Kirche auf, selbstbewußter aufzutreten und ihre inneren Auseinandersetzungen zurückzudrängen zugunsten eines nach außen hin strahlenden Selbstbewußtseins und einer unter Protestanten nicht sonderlich verbreiteten Fröhlichkeit.[5] Diese und ähnliche Ratschläge von politischer Seite beziehen sich auf die Debatte um LER als äußeren Anlaß für die neuerliche Debatte um den Religionsunterricht und auf das ausstehende Karlsruher Urteil, sie sind aber auch Indiz für die Krise des konfessionellen Religionsunterrichts und die ihm schwindende politische und pädagogische Akzeptanz.

Sowohl der Modellversuch als auch das neue Schulfach LER haben über Brandenburg hinaus ein reges Interesse geweckt bis in die europäischen Nachbarländer hinein. Neben den Kirchen haben Lehrer, Eltern und Schüler ebenso wie politische Parteien Stellung bezogen, kirchliche Akademien haben Veranstaltungen durchgeführt, in mehreren Landtagen wurde über die Zukunft des Religionsunterrichts debattiert. Inzwischen haben nicht nur die beiden christlichen Kirchen in offiziellen Dokumenten 1994 und 1996 ihre

5. »Kohl für höheren Rang von Bildung und Erziehung«, F.A.Z vom 19.4.97,1/2.

Positionen neu bestimmt.[6] Durch die Art der Auseinandersetzung und der Argumentation – und nicht zuletzt durch die Anrufung des Bundesverfassungsgerichts – wurden pädagogische Problemstellungen und die Situation der Schülerinnen und Schüler deutlich in den Hintergrund gedrängt zugunsten der Sicherung von vermeintlichen Rechtspositionen. Eine inhaltliche Diskussion über die Bedeutung und Ausgestaltung eines Werte-reflektierenden Unterrichts und über den Ort von Religion in der säkularisierten Schule einer liberalen und demokratischen Gesellschaft ist eher am Rande und erst in Ansätzen geführt worden.

Worum geht es in Karlsruhe? In der Öffentlichkeit wurde der Eindruck erweckt, es gehe um die Frage: Durfte Brandenburg das allgemeinbildende neue Schulfach Lebensgestaltung-Ethik-Religionskunde überhaupt einführen bzw. muß es dieses Fach wieder abschaffen?

Das ist jedoch nicht Gegenstand des Karlsruher Verfahrens, sondern allein Angelegenheit des Landes Brandenburg und seiner gesetzgeberischen Freiheit sowie der Nutzung seiner Gestaltungsräume für das öffentliche Schulwesen im Land. Bundesweite Irritationen waren daher die unvermeidliche Folge der Bundestagsdebatte und des damit verbundenen Einmischungsversuchs der Bonner Mehrheitskoalition in die Bildungspolitik des Landes Brandenburg.

Worum geht es aber tatsächlich in Karlsruhe, wenn nicht um (die Abschaffung von) LER? Es geht im Kern um die Frage, ob das Land Brandenburg gezwungen werden kann, den in den alten Bundesländern üblichen, nach christlichen Konfessionen getrennt erteilten Religionsunterricht einzuführen – und zwar als »ordentliches Lehrfach«. Dieser Begriff signalisiert – im Unterschied zum freiwilligen Angebot in den Räumen der Schule, das die Evangelischen Kirche in Brandenburg bereits realisiert – ein reguläres Lehr-

6. Identität und Verständigung. Standort und Perspektiven des Religionsunterrichts. Eine Denkschrift der Ev. Kirche in Deutschland. Gütersloh 1994. Die deutschen Bischöfe: Die bildende Kraft des Religionsunterrichts. Zur Konfessionalität des katholischen Religionsunterrichts. 27. September 1996.

fach im Fächerkanon der Stundentafel, mit »Ethik« als Zwangsalternative für diejenigen Schülerinnen und Schüler, die von ihrem Recht Gebrauch machen, an diesem konfessionellen Religionsunterricht nicht teilzunehmen.
Die Frage ist also: Muß Brandenburg *zusätzlich zu LER* auch konfessionellen Religionsunterricht gemäß Artikel 7, Absatz 3 des Grundgesetzes als Pflichtfach einführen? Oder steht es Brandenburg frei, sich dagegen zu entscheiden, weil Artikel 141 des Grundgesetzes denjenigen Ländern eine Wahlmöglichkeit eröffnet, die bei Inkrafttreten der Verfassung der Bundesrepublik 1947 eine andere landesrechtliche Regelung hatten? Diese Regelung wird als »Bremer Klausel« bezeichnet, weil sie geschaffen wurde, um den in Bremen seit langem praktizierten, bekenntnismäßig nicht gebundenen Religionsunterricht rechtlich zu ermöglichen.
Darüber hinaus möchte die Kirche geklärt wissen, ob Religion überhaupt Gegenstand von LER sein darf – was sie bestreitet –, und ob sie das alleinige Recht hat, Religion in der Schule zu thematisieren.

Auf den Karlsruher Richterspruch darf man gespannt sein. Er wird – soviel steht vorab bereits fest – die Legitimationskrise des konfessionellen Religionsunterrichts nicht lösen. Alle Seiten täten gut daran, die Zeit, die das Bundesverfassungsgericht für seine Urteilsfindung braucht, dafür zu nutzen, die anstehenden bildungs- und schultheoretischen sowie die pädagogischen Grundsatzfragen zu erörtern, anstatt sich darauf zu fixieren, wer bzw. welche Rechtsinterpretation obsiegen wird. Die pädagogischen Sachfragen und die Krise des Religionsunterrichts bleiben nämlich auch nach dem Karlsruher Richterspruch auf der Tagesordnung.
Die Entwicklung eines eigenen Standpunkts – und darum geht es für alle Beteiligten im Zusammenhang von schulischer Bildung – erfordert die Kenntnis von und die Auseinandersetzung mit unterschiedlichen Orientierungen und Standpunkten. Die neue Grundsatzdebatte über den Umgang mit der Werteproblematik in der Schule insgesamt ist in vollem Gange, und die Palette von Lösungsvorschlägen ist bunt. Sie reicht von der Einführung einer Fächergruppe unterschiedlicher eigenständiger Religionsunterrichte mit

Ethik/Philosophie als Pflichtalternative über einen »Allgemeinen Religionsunterricht« oder »Religionskunde« bzw. »Religionenkunde«, einen »Religionsunterricht für alle« bis zu einem neuen Schulfach »Lebenskunde« oder der Weiterentwicklung von Ethik bzw. Philosophie jeweils zum Pflichtfach für alle. Das neue allgemeinbildende Schulfach LER im Land Brandenburg ist *eine* Antwort auf eine allerorten diskutierte Frage. Diese Grundsatzdebatte bildet den Hintergrund für die hoch emotionalisierte Auseinandersetzung über »Lebensgestaltung-Ethik-Religionskunde« in Brandenburg ebenso wie über das neue Schulfach »Praktische Philosophie«, das in Nordrhein-Westfalen ausgearbeitet worden ist.

Die pädagogisch und bildungspolitisch strittigen Grundsatzfragen lauten:
Welchen Beitrag kann die Schule im Bereich der Werte-Bildung leisten? Und:
Wie soll sie künftig die Auseinandersetzung mit den allgemeinbildenden Themen des menschlichen Selbst- und Weltverständnisses strukturieren?
Die Schule muß in einer pluralen und zunehmend multikulturellen und religiös ausdifferenzierten Gesellschaft nach Wegen suchen, auf die Begegnung zwischen Menschen unterschiedlicher Prägung vorzubereiten, Verstehen und Toleranzfähigkeit anzubahnen und einzuüben. Kann der traditionelle Religionsunterricht, nach Konfessionen getrennt und als exklusives Privileg der christlichen Großkirchen, weiterhin der zentrale Ort für diese Aufgaben bleiben? Oder muß Schule ihr Angebot zur Wertereflexion und -klärung künftig neu strukturieren? Muß sie nicht im Sinne ihrer allgemeinbildenden Aufgabe und ihrer übergreifenden Bildungsziele *allen* Schülerinnen und Schülern, unabhängig von religiösen und weltanschaulichen Bindungen, einen *gemeinsamen* Klärungsprozeß ermöglichen?
Und: Soll es dann neben einer solchen allgemeinbildenden Beschäftigung mit Wert- und Sinnfragen einen *weiteren Ort* in der Schule geben, an dem in *spezielle* religiöse Traditionslinien bzw. religiös vermittelte Lebensorientierungen eingeführt wird – mit dem Ziel

des spezifischen religiösen Vertrautwerdens und der Vermittlung spezieller Zugehörigkeitserfahrungen (im Sinne eines Religionsunterrichts nach 7.3 GG)? Wenn ja, für welche speziellen Traditionslinien soll dies gelten? In diesem gesamten Diskurs geht es auch um die genauere Trennschärfe zwischen *Glaubensbildung* als Sache der Religionsgemeinschaften einerseits und einer didaktisch reflektierten Ausgestaltung der *Werte-Bildung* andererseits, die die Dimension von Religion im Rahmen schulischer Allgemeinbildung einschließt – *allgemeine* Werte-Bildung und -Klärung ist zu unterscheiden von *spezieller religiöser* Werte-Erziehung.

Im folgenden werden die komplexen *Sachfragen* im Zusammenhang von LER ins Zentrum gerückt. Vorgeschichte und Motive für den Modellversuch, sein didaktisches Konzept und die ausgewerteten Erfahrungen sind ebenso Gegenstand dieses Buches wie die Kritik der Kirchen und der Wissenschaftlichen Begleitung sowie die Veränderungen vom Konzept des Modellversuchs bis zum Konzept des Schulfachs. Die Darstellung des Schulfachs LER und die Gewichtung der geführten Debatte wird bezogen auf die Situation des Religionsunterrichts und die Kritik, die sich speziell an seiner Konfessionalität und an der Zwangsalternative Ethikunterricht entzündet. Eingezeichnet wird diese Diskussion in die weitergehende Frage nach wertereflektierender Erziehung in der Schule, wie sie derzeit auch außerhalb von Brandenburg erörtert wird. Stellvertretend dafür stehen die Planungen zum neuen Schulfach »Praktische Philosophie« in Nordrhein-Westfalen, dem einzigen Bundesland, das bislang kein Ersatzfach Ethik für diejenigen eingeführt hat, die sich vom konfessionellen Religionsunterricht abmelden.

Gewidmet sind die vorgetragenen Überlegungen den Lehrerinnen und Lehrern, die den Mut hatten und haben, sich auf das Experiment des neuen Unterrichtsfachs LER einzulassen. Von ihren Erfahrungen wird nicht zuletzt der Religionsunterricht profitieren – das heißt, die Schülerinnen und Schüler, die ihn besuchen.

Bremen, am 1. September 1997 *Jürgen Lott*

1. Konfessioneller Religionsunterricht – ein Anachronismus

Der Religionsunterricht ist das einzige Schulfach, das eine grundgesetzliche Absicherung als »ordentliches Lehrfach« genießt. Diese Regelung verpflichtet den Staat, Religionsunterricht anzubieten und ihn gegenüber anderen Fächern nicht zu benachteiligen. Er wird landauf, landab (mit wenigen Ausnahmen) konfessionell getrennt bekenntnisgebunden als evangelischer und katholischer Religionsunterricht von staatlichen und kirchlichen Lehrkräften erteilt. Obwohl auch Eltern bzw. Schülern anderer Religionsgemeinschaften das Recht auf eine vergleichbare religiöse Unterweisung eingeräumt wird, findet ein solcher Religionsunterricht bis heute in Deutschland kaum statt. Die islamische Unterweisung im muttersprachlichen Unterricht (z. B. in Nordrhein-Westfalen) ist nicht wirklich vergleichbar. Da ihnen ein Monopol auf Religionsunterricht fraglos zugebilligt worden ist, haben die christlichen Großkirchen weder eine Kooperation untereinander noch mit anderen Religionsgemeinschaften bisher für nötig erachtet. So wurden wichtige gesellschaftliche Entwicklungen in der Bundesrepublik ignoriert und der Religionsunterricht in eine grundlegende bildungstheoretische und schulpädagogische Legitimationskrise gebracht. Diese Grundlagenkrise ist nicht neu. Sie begleitet dieses Schulfach bereits seit der Mitte des 19. Jahrhunderts. Schon Adolf Diesterweg forderte – auf dem Hintergrund seiner langjährigen Erfahrungen mit Kirche und Religionsunterricht – dessen Ablösung durch einen »Allgemeinen Religionsunterricht«. Zu Beginn dieses Jahrhunderts gefährdete die kirchenkonfessionelle Ausrichtung und Engführung seine Existenz in der Schule aufs neue. Auch die Einführung von »Ethik« als Zwangsalternative für Schülerinnen und Schüler, die von ihrem Grundrecht Gebrauch machen, sich von diesem Bekenntnisunterricht abmelden zu können, und für solche, die einer anderen oder gar keiner Religionsgemeinschaft angehören, vermochte diese Krise nicht zu beheben, sondern machte sie erst vollends offenkundig.

1.1 Mit didaktischen Modernisierungen aus der Krise?

Die Krise des Religionsunterrichts erwies sich in den vergangenen fünfzig Jahren trotz seiner grundgesetzlichen Absicherung zum einen als Krise seiner theoretischen Begründung im schulischen Kontext, zum anderen aber auch als Krise seiner Unterrichtspraxis. Entsprechend ist die Entwicklung der Didaktik des Religionsunterrichts – vor allem seit der zweiten Hälfte der sechziger Jahre – durch einen Pluralismus von Entwürfen gekennzeichnet. An diesen Versuchen, dem Religionsunterricht durch didaktische Modernisierungen aus der Krise zu helfen, sind – neben den religionspädagogischen Instituten der Landeskirchen – vor allem Lehrerinnen und Lehrer beteiligt, die daran interessiert sind, die Lebenswelt der Schülerinnen und Schüler mit den Inhalten des Religionsunterrichts in Beziehung zu setzen. Dabei fällt die Tendenz auf, einen neuen Entwurf jeweils in programmatischer Abgrenzung von vorhergehenden Konzepten zu formulieren:

- schultheoretisch-pädagogische gegen kirchliche Begründung
- Wissenschaftsorientierung gegen Glaubensvermittlung
- Problemorientierung gegen Bibelorientierung
- Daseins- bzw. Schülerorientierung gegen Traditionsorientierung
- Emanzipation gegen Indoktrination
- Glaubenlernen gegen Emanzipation.

Solche Kontrastierungen können nicht verdecken, daß sich die verschiedenen Ansätze teils überschneiden, teils nur durch unterschiedliche Akzentuierungen voneinander unterscheiden. Elemente früherer Konzepte bestehen häufig neben neuen Akzentuierungen weiter oder werden auf unterschiedliche Weise mit Einzelaspekten dieser Ansätze verknüpft.
Dies ist nicht der Ort für eine ausführliche Theoriegeschichte zum Religionsunterricht.[1] Bilanziert man aus heutiger Perspektive, läßt

1. Vgl. im einzelnen die mehr oder weniger ausführlichen Beschreibungen der einzelnen Konzepte (samt ihrer Aporien aus der Sicht des jeweiligen

sich feststellen, daß jedes dieser Konzepte einen wichtigen Aspekt in den Vordergrund gestellt hat. Auch jeweils neue Versuche einer sachgemäßen Aufgabenbestimmung des Schulfaches »Religionsunterricht« können daran nicht vorbeigehen, ohne wichtige Einsichten wieder zu verlieren oder sich in unlösbaren Problemen zu verstricken, die zu überwinden doch das Anliegen all derer gewesen ist, die sich an diesem Diskussionsprozeß nach 1945 beteiligt haben. Da die Geschichte der didaktischen Modernisierungen des konfessionellen Religionsunterrichts den Hintergrund für die aktuellen Auseinandersetzungen über den künftigen Ort von Religion in der Schule abgibt, seien die wichtigsten Stationen und ihr jeweiliger zentraler Grundgedanke hier genannt:

- Der Religionsunterricht als *Verkündigung* und *Kirche in der Schule*
  Aus dem Konzept der »*Evangelischen Unterweisung*« ist der kritische Blick auf gesellschaftliche veränderte Erwartungen an die Schule und ihre Unterrichtsfächer unverzichtbar, ebenso der Hinweis auf die Bedeutung der Person des Lehrers für pädagogische Prozesse. (H. Kittel u. a.)

- Der Religionsunterricht als *hermeneutische Aufgabe*
  Die Bestimmung des Religionsunterrichts als »*hermeneutische Aufgabe*« verwarf eine einseitige Legitimation des Religionsunterrichts durch die Kirche und nahm den Religionsunterricht als ordentliches Schulfach ernst. Im Blick auf den Umgang mit der biblischen Überlieferung bleibt seine Wissenschaftsorientierung unverzichtbar, was keine Fixierung auf die kognitive Dimension beinhalten muß, aber daran erinnert, daß Auslegungsprozesse Denkbemühungen erforderlich machen. (M. Stallmann, G. Otto, H. Stock).

- Der *problemorientierte* Religionsunterricht
  Mit dem didaktischen Konzept der »*Problemorientierung*« kamen die Schülerin und der Schüler ebenso neu in das Blickfeld

Autors) z. B. J. Lott (1991), 85ff.; K. Wegenast (1981); Ders. (1983); K.E. Nipkow/Fr. Schweitzer (Hg.) (1994); G. Lämmermann (1994); H.-G. Ziebertz/W. Simon (1995).

der Religionsdidaktik wie die gesellschaftlichen Themen- und Konfliktfelder, welche die sie umgebende Alltagswelt prägen. Ein neues Nachdenken über das Problem der Vermittlung von Situation und Tradition wird erforderlich. Religionsunterricht ist pädagogisch zu begründen und theologisch zu verantworten. (H. – B. Kaufmann, K. E. Nipkow)

- »*Religionsunterricht für alle*«
  Bisherige theologische Dominanzmodelle werden problematisiert und eine Orientierung an einem allgemeinen (weit gefaßten) Religionsbegriff gefordert. Nach Begründung, Gegenstand und Aufgaben des Religionsunterrichts soll unter Einbeziehung all der Wissenschaftsbereiche gefragt werden, die sich mit dem Phänomen »*Religion*« und seinen individuellen wie gesellschaftlichen Wirkungen befassen – historisch wie aktuell. (H. Halbfas, S. Vierzig, G. Otto).

- Religionsunterricht als *Sozialisationsaufarbeitung* und *Sozialisationsbegleitung*
  Der Sozialisationsprozeß der Schüler wird didaktisch relevant, weil sich in ihm die Religion der Gesellschaft manifestiert. Der Religionsunterricht soll helfen, die Folgen der um ihre eigentliche Absicht gebrachten Religion zu bearbeiten und zu überwinden. (D. Stoodt, H. Reiser)

- *Religions- und gesellschaftskritische Aufgaben* des Religionsunterrichts
  Beabsichtigt ist eine kritische Einführung der Schülerinnen und Schüler in den komplexen Zusammenhang von Religion und Gesellschaft. Religionskritik wird als die Bedingung der Möglichkeit einer Beschäftigung mit Religion im schulischen Zusammenhang angesehen. (G. Otto, H. J. Dörger, J. Lott, S. Vierzig)

- Religionsunterricht als *korrelative Glaubensauslegung*
  Der Ansatz der »*Korrelationsdidaktik*« mahnt erneut die Reflexion der hermeneutischen Aufgabenstellung des Religionsunterrichts an, aktuelle Lebenssituation und Glaubensüberlieferung

so miteinander zu vermitteln, daß gelebtes Leben und überlieferte Erfahrung einander wechselseitig kritisch befragen, durchdringen und erschließen können. (G. Baudler, G. Lange)

- Religionsunterricht als *Sprachschule des Glaubens* und als *Symbol-Verstehen*
  Eine Didaktik des Religionsunterrichts als »*Sprachlehre des Glaubens*« und als »*Symbolverstehen*« versucht, diese Forderungen einzulösen, indem sie die Vermittlungsfunktion zwischen den Lebenserfahrungen der Zeitgenossen und denen der Bibel so ins Zentrum rückt, daß »Evangelium immer wieder Ereignis« werden kann. Im interkulturellen Vergleich können religiöse Symbole erschlossen, anthropologisch und theologisch interpretiert werden. Ziel ist, Jugendlichen die Möglichkeit zu geben, sich mit dem Symbolangebot des christlichen Glaubens probeweise zu identifizieren, um selbst zu entdecken, ob sie auf ihre Frage nach Identität und Engagement eine Antwort finden. (H. Halbfas, P. Biehl)

- Der *biographische Ansatz* in der Religionsdidaktik
  Die *konkret gelebte* Religion in unserer pluralistischen Gesellschaft soll Unterrichtsgegenstand werden. Der Zusammenhang von Lebensgeschichte und Religion wird thematisiert und daran erinnert, daß Glaube mit den Erfahrungen der Lebens- und Lerngeschichte verwoben ist; unterschiedliche, mit Lebenserfahrung und Persönlichkeitsentwicklung in Korrespondenz stehende Weisen des »Im-Glauben-Seins« sollen beachtet werden. (J. Lott, P. Biehl, F. Schweitzer)

- Religionsunterricht als *interreligiöses Lernen*
  Der Ansatz einer »*interreligiösen Religionsdidaktik*« mahnt, daß – zweifellos wichtige – Kenntnisse über die Welt fremder religiöser Lebensformen und Glaubensweisen allein noch kein interreligiöses Verstehen schaffen, aber dessen elementare Voraussetzung darstellen. Er zeigt darüber hinaus, daß die Beschäftigung mit fremder Religiosität integrativer Bestandteil eigener religiöser Sozialisation sein kann. (J. Lott, H.-G. Ziebertz, H. Gloy)

Soweit der historische Rückblick. Es ist Dieter Stoodt zuzustimmen, der feststellt: »Das Bild ist sehr differenziert, aber alle diese Konzepte folgen den gesellschaftlichen, ideologischen und auch pädagogisch-theologischen Änderungen und reagieren auf sie.«[2] Insofern scheint der Religionsunterricht für die Schule der Zukunft didaktisch gut gerüstet zu sein.
Die Versuche der Modernisierung des Religionsunterrichts spiegeln über 50 Jahre hinweg das Bemühen, veränderten gesellschaftlichen Verhältnissen und Lernbedingungen mit dem Wechsel didaktischer Arrangements gerecht zu werden. Spätestens heute ist unübersehbar, daß dieser Weg, der Krise des traditionellen Religionsunterrichts zu begegnen, auf Grenzen stößt: auf theoretische, schulpädagogisch zu formulierende Grenzen hinsichtlich seiner bekenntnisgebundenen monokonfessionellen Ausrichtung, aber auch auf Grenzen auf Schülerseite. Seit Mitte der achtziger Jahre mehren sich die Anzeichen, daß sie sich gegenüber den didaktischen Künsten und der werbenden methodischen Phantasie zunehmend gleichgültig verhalten – trotz Einzug der Bibel auf CD-Rom in den Religionsunterricht.

1.2 Legitimationsprobleme

Deutschland ist ein multikulturelles, multireligiöses Einwanderungsland geworden. Die beiden christlichen Großkirchen haben Konkurrenz bekommen. Der Islam ist zur dritten Kraft in der religiösen Landschaft der Bundesrepublik avanciert. Für die Schülerinnen und Schüler ist die multireligiöse Gesellschaft vorhandene Realität; sie haben Menschen unterschiedlicher ethnisch-kultureller Prägung als Mitschüler und Freunde. Sie sind Teil der Lebenswelt, in der sie lernen, sich zurechtzufinden.
Aber die bloße Anwesenheit ethnischer, kultureller und religiöser Pluralität macht aus unserer Gesellschaft noch keine »multikulturelle«, wenn damit mehr als ein Nebeneinander von Menschen

2. D. Stoodt (1985), 217.

unterschiedlicher kultureller Lebenswelten gemeint sein soll. Kulturelle Andersartigkeit und Vielfalt werden von weiten Teilen der Bevölkerung eher als bedrohlich erlebt. Mit den sich verstärkenden wirtschaftlichen Problemen im Zuge der deutschen Vereinigung und mit verschiedenen Migrationsbewegungen zeigen sich Ethnozentrismus und Rassismus (wieder) offen. Häufig werden sie erst wahrgenommen, wenn sie handfest und gewalttätig auftreten. Rassismus wird zum zentralen Mobilisierungsmittel einer neuen rechtsradikalen Szene. Das Interesse an den Lebensentwürfen und -problemen von Menschen anderskultureller Herkunft und andersreligiöser Prägung ist in unserer Gesellschaft folglich nicht sehr ausgeprägt. Ein Bewußtsein vom Wert und von der Notwendigkeit einer Vielfalt von Kulturen, Religionen und Lebensstilen fehlt weithin. Auch in der deutschsprachigen akademischen Theologie herrscht eher Dialogattitüde als ein echtes Interesse, die Andersheit von anderen *unvoreingenommen* wahrzunehmen, geschweige denn, sich selbst zur Reflexion herausfordern zu lassen oder den eigenen Exklusivitätsanspruch durch sie in Frage stellen zu lassen, um die eigene Position weiterzuentwickeln. Versuche, im Kontext der Suche nach einer Einheit in der Vielheit religiöser Vorstellungen eine »globale Theologie« zu entwickeln, wie sie im anglo-amerikanischen Bereich unternommen werden, finden hierzulande keine Resonanz. Der Herausforderung durch zunehmenden Fundamentalismus wird dort mit einer »Theologie der Religionen«[3] beantwortet: Sie versucht, die Konkurrenz zwischen den Religionen zu reduzieren und Möglichkeiten der Zusammenarbeit zu erkunden angesichts der Bedrohung durch Lebensfeindlichkeit im Weltmaßstab. Die These: »Man kann sich oder seine Religion nicht wirklich kennen, wenn man nicht andere kennt« (J. F. Knitter) stellt für die deutsche christliche Theologie, die sich zu ihrem Schaden noch immer gern an die Gegenthese hält – »Wer

3. Vgl. etwa den Versuch des von C. G. Jung inspirierten katholischen Theologen P. F. Knitter (1988); vgl. auch: J. Hick (1985); einige relevante Positionen dieses Ansatzes sind für den deutschsprachigen Bereich dokumentiert in: R. Bernhardt (Hg.) (1991).

die christliche kennt, kennt alle Religionen« – eine noch zu bearbeitende Provokation dar.[4]

In diesem Zusammenhang wird der Religionsunterricht Opfer einer allein für den deutschsprachigen Raum charakteristischen, in der Einführung bereits angesprochenen Konkurrenz-Situation in der wissenschaftlichen Beschäftigung mit Religion. Seit rund hundert Jahren hat sich die Religionswissenschaft in einer noch heute andauernden Auseinandersetzung von einer christlich-theologischen Beurteilung fremder Religion gelöst und zu einer eigenständigen wissenschaftlichen Disziplin entwickelt. Dies wäre auch anders denkbar gewesen. So fordert etwa der Theologe Ernst Troeltsch (1865-1923) aufgrund eigener Wertschätzung religionsgeschichtlicher Arbeit bereits im Jahr 1901, die Theologischen Fakultäten zu einer breiteren, wenn nicht sogar allgemeinen Religions-Fakultät umzubauen. Spezielle deutsche Entwicklungen in der Theologie der zwanziger Jahre dieses Jahrhunderts – gemeint ist Karl Barths Wort-Gottes-Theologie mit ihrem abwertenden Verständnis von Religion und die Ausbreitung seiner »Dialektischen Theologie« – haben zu einer bis heute fortwirkenden Entgegensetzung von Evangelium und Religion geführt, die sich in den Abgrenzungsbemühungen zwischen Theologie und Religionswissenschaft fortsetzt. Wo heute an deutschen Universitäten Religionswissenschaft gelehrt und studiert wird, geschieht dies entweder am Rande oder ganz außerhalb der Theologischen Fakultät. In der Bestimmung des Verhältnisses dieser beiden Wissenschaftsdisziplinen, die sich mit der Interpretation von Religion beschäftigen, ist der Weg zu einem perspektivenerweiternden Dialog noch weit.

Dies erhellt schlaglichtartig auch die gegenwärtige Auseinandersetzung um die Bezugswissenschaften von Religionsunterricht

4. Von Max Müller (1823-1900), dem vergleichenden Sprachforscher und Pionier moderner Religionsforschung, stammt der Satz: »Wer eine Religion kennt, kennt keine«. A. von Harnack (1851-1930), der protestantische Theologe, stellte ihm 1901 in seiner berühmten Antrittsrede als Rektor der Berliner Universität, das Christentum meinend, entgegen: »Wer diese Religion nicht kennt, kennt keine, und wer sie samt ihrer Geschichte kennt, kennt alle.«

und Religionspädagogik. Religionspädagogen, die sich um eine religionswissenschaftliche Fundierung des Religionsunterrichts bemühen, werden des Auszugs aus dem verbindlichen Gespräch mit der Theologie bezichtigt. Dahinter steckt ein von einer *bestimmten Theologie* geprägtes Verständnis von Religionspädagogik – nämlich der sich in der Nachfolge Barths verstehenden Theologie –, das »Religion« als singulär versteht. Der Gedanke, daß zwei oder mehrere religiöse Orientierungssysteme wahr sein könnten – für den sich die religionswissenschaftliche Betrachtung von Religion offenhält – ist für diese religionspädagogische Richtung aufgrund normativer dogmatischer Vorentscheidungen und Sperren undenkbar. Einen gewissen Höhepunkt erlebt diese Auseinandersetzung im Streit über »Lebensgestaltung-Ethik-Religionskunde« (LER) in Brandenburg als dem Symbol für die Option für eine integrierte religionswissenschaftlich fundierte Religionskunde.

Drei zentrale Aspekte kennzeichnen das grundlegende Legitimationsproblem, das den herkömmlichen konfessionellen Religionsunterricht als Anachronismus erscheinen läßt:

a) Christentum und Gesellschaft bilden in unserem Land keine Einheit mehr, erst recht nicht christliche Kirchen und Gesellschaft.[5] Weder ist Deutschland ein homogen christliches Land (ob es das überhaupt je gewesen ist, kann man in Frage stellen), noch haben wir konfessionell homogene Bundesländer. In der Bevölkerung haben die innerchristlichen Bekenntnisunterschiede weitgehend an Bedeutung verloren. Mit der Entwicklung zu einem Einwanderungsland ist auch die Religionslandschaft in Deutschland vielfältiger geworden. Hinzu kommt, daß viele Zeitgenossen – und keineswegs nur im Osten der Republik – Probleme mit dem Konzept von Religion überhaupt haben. Religion ist zu einer persönlichen Ermessenssache geworden – man kann sich dafür und dagegen entscheiden, einschließlich eines breiten Spektrums neuer religiöser Bewegungen. Die Kirchen können folglich kein Mono-

5. Vgl. G. Otto (1992).

pol auf die religiöse Kultur Deutschlands beanspruchen. Die beliebte Gleichung Religiosität = Kirchlichkeit geht nicht mehr auf.

b) Parallel zu dieser Pluralisierung religiöser und weltanschaulicher Orientierungen ist eine Individualisierung von Lebenslagen und Lebensentwürfen festzustellen. Traditionelle Muster der Lebensführung verlieren zunehmend an Allgemeingültigkeit. Die Ordnung der gesamten Welt durch einen allgemeinen, verbindlichen und gemeinschaftsstiftenden Deutungsrahmen ist nicht mehr möglich. Die Ausbildung von Wertorientierungen und Lebensdeutungen ist weithin Privatsache geworden. Es erscheint zunehmend zweifelhaft, ob die traditionellen Religionssysteme überhaupt in der Lage sind, in komplexen Gesellschaften wie der unseren allgemeinverbindliche Leitlinien zur Lebensorientierung bereitzustellen. Leistungen, die traditionell von der Religion als sinnstiftendem System erbracht worden sind, können auch von anderen »Sinnproduzenten« erbracht werden wie z.B. Musik, Sport, Medien, Beziehungen.

c) Diese Pluralisierung und Individualisierung von Lebensstilen und Wertorientierungen konfrontieren die Heranwachsenden mit sehr unterschiedlichen Anforderungen, Erwartungen und Normen in Familie, Schule, Gleichaltrigengruppe und in den Medienwelten. Die Widersprüche und Spannungen, die sie dabei erleben, erweitern einerseits ihre individuellen Entfaltungsmöglichkeiten und gewähren ein gewisses Maß an Autonomie. Andererseits bergen sie auch die Gefahr zunehmender »Außenleitung« bzw. des Eintauchens in wechselnde Moden und Trends. Diese Situation erfordert von Heranwachsenden schon früh individuell zu erbringende und zu verantwortende Reflexionsleistungen, Wahlen und Entscheidungen.

Wolff Fleischer-Bickmann beschreibt diese Legitimationskrise aus der Perspektive eines staatlichen Lernplaners als Symptom einer in der Gesellschaft sich vollziehenden Marginalisierung religiöser Sprach- und Denkformen – »dem christlichen Denken wird ein Lösungs- und Orientierungsgehalt offenbar nicht mehr zugetraut« –, bei gleichzeitigem enormem Orientierungsbedarf, der in den unterschiedlichen gesellschaftlichen und kulturellen Suchbewegungen zum Ausdruck kommt. Diese – häufig beklagte – Enttraditionalisierung verdeutlicht, »daß eine radikalere Form der Entzauberung der Welt stattfindet als im ersten Schub der Aufklärung und daß diese Form des Bruchs mit der Tradition sich nicht nur auf die Intellektuellen beschränkt, sondern daß dieser Prozeß sich als Massenphänomen begreifen läßt«.[6]

Der herkömmliche konfessionelle Religionsunterricht bleibt von dieser Entwicklung natürlich nicht ausgenommen. Wilfried Bergau hat die Situation unter dem Stichwort »Traditionsabbau bei Jugendlichen« zutreffend beschrieben. Er konstatiert den Traditionsabbruch zum einen in der Privatisierung religiöser Fragen, andererseits im Verschwinden einer »Sprache, mit der sich die christliche Religion artikuliert«. Gleichzeitig schwindet christliches Traditionswissen, ein Prozeß, der nicht etwa in einem antireligiösen Bewußtsein oder einer antichristlichen Attitüde begründet sei, sondern der eher schleichend als »unreflektierte, unbemerkte Verflüchtigung solchen Wissens« stattfindet.[7]

Die aktuelle Legitimationskrise geht – im Unterschied zu der Krise um die Jahrhundertwende (vgl. S. 26, 85) oder auch zur Diskussion Anfang der siebziger Jahre – weniger zurück auf das Anliegen, Religion etwa im Interesse von Mündigkeit bzw. Emanzipation generell aus der Schule zu verbannen, wenngleich dieser Religionsvorbehalt unausgesprochen hinter mancher schulorganisatorischer Benachteiligung des Religionsunterrichts stecken dürfte. Heute wird vielmehr durchweg die Bedeutung der Dimension von Religion für die allgemeinbildende Aufgabe von Schule betont, so z. B. auch in dem von den Kirchen bekämpften neuen Schulfach »Lebensgestaltung-Ethik-Religionskunde« in Brandenburg. Auch in der in Nordrhein-Westfalen vorgelegten Denkschrift der Bildungskommission zur künftigen Schulentwicklung, wird die Aufgabe, »mit unterschiedlichen Weltanschauungen und Wertvorstellungen vertraut zu machen und zu begründeter Orientierung für das eigene Handeln und Urteilen zu füh-

6. W. Fleischer-Bickmann (1992), 458.
7. W. Bergau (1989), 25.

ren«[8] als integraler Bestandteil des Bildungsauftrags der Schule der Zukunft betrachtet.

1.3 Was will das Grundgesetz? Rechtliche Vorgaben und Probleme

Der Religionsunterricht als »ordentliches Lehrfach«

Abgesehen von allen theologischen und pädagogischen Implikationen ist das Verhältnis von Religionsunterricht und Schule eine spezielle Variante des Verhältnisses von Kirche und Staat. Die für den Religionsunterricht (wie für die Schule insgesamt) geltenden Erlasse und gesetzlichen Regelungen sind Resultate historischer Entwicklungen, politischer Absichten, Auseinandersetzungen und Kompromisse und meistens weniger aus pädagogischen Einsichten und Prinzipien geboren.

a) Artikel 4 des Grundgesetzes (im folgenden abgekürzt Art. 4 GG) sichert die freie Religionsausübung für alle Bürger als Grundrecht. Niemand darf wegen seiner religiösen Überzeugung benachteiligt oder zu einem religiösen Bekenntnis gezwungen werden. Für den Religionsunterricht folgt aus diesem Grundrechtsartikel der Freiwilligkeitscharakter. Weder können Schüler verpflichtet oder gezwungen werden, am Religionsunterricht teilzunehmen, noch Lehrer, ihn zu erteilen. Dieses Grundrecht darf nicht eingeschränkt oder ausgehöhlt werden, was faktisch allerdings zunehmend geschieht – beispielsweise durch die Einführung einer Pflichtalternative für die Schülerinnen und Schüler, die von ihrem Grundrecht auf Abmeldung vom Religionsunterricht Gebrauch machen[9], oder etwa durch schulinterne Bestimmungen, nach denen die Abmeldung bzw. der Antrag auf Befreiung nur in den ersten zwei Wochen des Schuljahres erfolgen kann.

8. Zukunft der Bildung – Schule der Zukunft. Denkschrift der Kommission »Zukunft der Bildung – Schule der Zukunft« beim Ministerpräsidenten des Landes Nordrhein-Westfalen/Bildungskommission NRW (1995), 109.
9. Vgl. dazu unten 1.4.

Die Möglichkeit zur Abmeldung vom Religionsunterricht als Anwendung des Grundrechts auf Religions- und Gewissensfreiheit hat zur Voraussetzung, daß der Religionsunterricht normativ auf die Vermittlung eines religiösen Bekenntnisses abzielt. Dies entspricht dem allgemein verbreiteten inhaltlichen Selbstverständnis des Faches zur Zeit der Formulierung des GG. Religionsunterricht verstand sich – auf dem Hintergrund der Erfahrungen mit der Schulpolitik der Nazidiktatur – als »Kirche in der Schule« und als »evangelische Unterweisung« bzw. katholische Katechese.

b) Die Kooperation der Kirchen mit dem Staat regeln auf Länderebene Staats-Kirchenverträge der Evangelischen Landeskirchen mit den jeweiligen Landesregierungen bzw. auf katholischer Seite das Konkordat für alle Bundesländer. Hier sind schulpraktische Fragen wie die Entwicklung von Lehrplänen und Schulbüchern, Erteilung von Unterrichtserlaubnis, Einsichtnahme in den Unterricht durch Beauftragte der Kirche etc. festgelegt.

c) Schulrechtliche und schulorganisatorische Fragen im Zusammenhang mit der Erteilung von Religionsunterricht werden geregelt durch die Schulgesetze der einzelnen Bundesländer.

Keineswegs zufällig wurde in der politischen Situation nach 1945 der in den parlamentarischen Auseinandersetzungen der Weimarer Zeit heftig umstrittene Artikel 149, 1 und 2 der Weimarer Verfassung, der die Rechte der Kirchen in Staat und Schule regelt, ins Grundgesetz der Bundesrepublik übernommen. Die Alliierten waren sich mit den politischen Parteien darin einig, den Kirchen eine herausragende Stellung in dem neuen Staatswesen sichern zu wollen.[10] Während CDU/CSU im Rahmen der Diskussion über Artikel 7 des Grundgesetzes (GG) forderten, daß der Religionsunterricht nach den Grundsätzen der Kirchen, in ihrem Auftrag und unter ihrer Aufsicht erteilt werden soll, wurde im Parlamentarischen Rat dann die folgende Fassung beschlossen:

10. Vgl. D. Ehlers (1975); B. Schlink (1992); Chr. Link (1994), § 54.; Ev. Kirche in Deutschland (1994), 37ff.; U. K. Preuß (1996), 11ff.;
Zu Art. 141 GG und der besonderen Situation in Bremen vgl. M. Spieß (1992).

Artikel 7

1) Das gesamte Schulwesen steht unter der Aufsicht des Staates.
2) Die Erziehungsberechtigten haben das Recht, über die Teilnahme des Kindes am Religionsunterricht zu bestimmen.
3) Der Religionsunterricht ist in den öffentlichen Schulen mit Ausnahme der bekenntnisfreien Schulen ordentliches Lehrfach. Unbeschadet des staatlichen Aufsichtsrechtes wird der Religionsunterricht in Übereinstimmung mit den Grundsätzen der Religionsgemeinschaften erteilt. Kein Lehrer darf gegen seinen Willen verpflichtet werden, Religionsunterricht zu erteilen.[11]

Daß der Religionsunterricht »ordentliches Lehrfach« ist, besagt zunächst, daß der Staat für die Kosten aufkommt und verpflichtet ist, Einrichtungen und Lehrkräfte zur Verfügung zu stellen sowie für die Präsenz bestimmter Inhalte im Gesamtlehrangebot der Schule in einer angemessenen Stundenzahl zu sorgen. Als ordentliches Lehrfach – so der Verfassungskommentar von Zinn und Stein 1954 – ist er ein relatives Pflichtfach insofern, als er Pflichtfach als lehrplanmäßiges Pflichtfach nach Art. 7 Abs. 3 S. 1 GG und persönliches Wahlfach nach Art. 7 Abs. 2 und Abs. 3 S. 3 GG ist, mithin *Pflichtfach nur für die öffentlichen allgemeinbildenden Schulen* – mit Ausnahme der bekenntnisfreien Schulen, *nicht für die Lehrer und die Schüler.* Mitte der siebziger Jahre ändert sich der Sprachgebrauch. Der Staatskirchenrechtler Christoph Link bezeichnet 1975 den Religionsunterricht als ein »*Pflichtfach mit verfassungsverbürgter Befreiungsmöglichkeit*«. Diese Interpretation ist ganz im Sinne der beiden christlichen Kirchen und wird zunehmend auch von den Kultusbehörden übernommen. Aus der Qualifizierung als ordentliches Lehrfach wird abgeleitet, damit sei jeder Schüler grundsätzlich zur Teilnahme am Religionsunterricht seines Bekenntnisses verpflichtet. Aus dem ursprünglichen Angebot eines »ordentlichen Lehrfachs«, zu dem man sich im Grunde anmelden müßte, wurde

11. Zur Interpretation aus rechtlicher Sicht vgl. R. Schmoeckel (1964); zusammenfassend Chr. Link (1995), 439ff.

ein Fach mit Teilnahmepflicht. Nebenbei bemerkt hat es sich in der Zwischenzeit auch eingebürgert, anstatt – wie in der Grundgesetzregelung – von »Abmeldung« vom Religionsunterricht von »Befreiung vom Religionsunterricht« zu sprechen. Der Unterschied liegt auf der Hand: Wer sich abmeldet, handelt aktiv, aus eigenem Entschluß und selbstbestimmt, eine Befreiung wird gewährt, auf Antrag und gegebenenfalls nur unter bestimmten Bedingungen. Mittlerweile haben sich auf Drängen der Kirchen auch seine Merkmale als »ordentliches Lehrfach« verändert: Anfangs wurde der Religionsunterricht in der Regel nicht benotet und war nicht versetzungsrelevant. Inzwischen wird er als Ergebnis jahrzehntelanger kirchenfreundlicher Schulpolitik und intensiver Lobbyarbeit der beiden christlichen Kirchen benotet und ist auch versetzungserheblich.[12] Welches Interesse verbindet der Staat bzw. verbinden bestimmte Parteien und Gruppen mit einer solchen Repräsentanz von Religion und Kirche in der Schule, die – selbst nach kirchlichen Aussagen – nicht nur in Europa, sondern weltweit ihresgleichen sucht? Der evangelische Kirchenrechtler Axel von Campenhausen beantwortet diese Frage so: »Die Hereinnahme der religiös bestimmten sittlichen Erziehung in die Schule ist eine Voraussetzung für das Bestehen der freiheitlich-demokratischen Ordnung. ... Die Verfassungen der Bundesländer legen Ehrfurcht vor Gott, Achtung vor der religiösen Überzeugung anderer, Selbstbeherrschung und Verantwortungsbewußtsein, Hilfsbereitschaft, Duldsamkeit, Wahrhaftigkeit, Nächstenliebe und ähnliche Eigenschaften als Erziehungsziel fest. Hier wird deutlich, welches Gewicht das religiös neutrale Gemeinwesen der von der religiösen Überzeugung bestimmten sittlichen Erziehung zuerkennt.«[13] Was der evangelische Religionspädagoge Karl-Ernst Nipkow hinsichtlich des gesellschaftlichen Verwendungszusammenhangs von Schule und Religion in der Analyse

12. Der Leitsatz einer Entscheidung des Bundesverwaltungsgerichts vom 6.7.1973 lautet: Das Grundgesetz gebietet nicht, daß der Religionsunterricht bei der Versetzungsentscheidung berücksichtigt wird, verbietet dies aber auch nicht, sondern läßt insoweit den Ländern als Trägern der Schulhoheit einen Spielraum offen.« (BVerwGE 42, 346, 352).
13. A. v. Campenhausen (1970), 87.

des »Bericht der Sektion des Cultus und Unterrichts« an den preußischen König (Autor: Wilhelm von Humboldt) kritisch feststellt, gilt offenbar keineswegs nur für diese historische Konstellation: »Religion wird das emotionale ›Bindemittel‹, der ideologische Kitt, der jeden Bürger von Kindesbeinen an in die bestehende Ordnung integriert. Sie hilft, die staatlichen und gesellschaftlichen Normen so ›tief einzupflanzen‹, daß sie im ›Handeln‹ und im ›Charakter‹ sichtbar werden. Dies erst gibt Gewähr auf Dauer. Dauerhaften Erfolg verspricht auch ein anderer Umstand, der so nur durch Religion gegeben ist: die ständige ehrfürchtig-liebevolle Unterordnung unter ein ›immer allgegenwärtiges‹ höheres Wesen. ›Äußere Belohnung und Bestrafungen‹ werden jetzt überflüssig, ›unnütz‹: das ineinander gelagerte politisch-gesellschaftliche und religiöse Pflichtbewußtsein ist so dauerhaft abgesichert, wie es äußerer Zwang nie vermöchte.«[14]
Von allen anderen Schulfächern unterscheidet sich der Religionsunterricht durch seine grundgesetzliche Absicherung und durch die Möglichkeit der Abmeldung (Reichsgesetz über die religiöse Kindererziehung von 1921), die inzwischen durch die Einführung eines Fachs »Ethik« o. ä. als Pflichtersatz[15] konterkariert worden ist, was die Einschätzungen von Campenhausens und Nipkows über die gesellschaftliche Erwartung an Religion wohl bestätigen dürfte.

»... in Übereinstimmung mit den Grundsätzen der Religionsgemeinschaften«

Hinsichtlich der konkreten Ausgestaltung des Religionsunterrichts sowie seiner Stellung zwischen staatlichem Erziehungsauftrag der Schule und Mitgestaltung der Kirche läßt der Artikel 7 GG unterschiedlichen Interpretationen Raum. Während in den einschlägigen Beratungen zu Artikel 7 Absatz 3 im Parlamentarischen Rat zwei mögliche Interpretationsmodelle dominierten:

14. K. E. Nipkow (1972), 38.
15. Vgl. dazu unten 1.4, 46ff.; vgl. auch G. Otto (1986); Chr. Reents (1989)

- der Staat ist Veranstalter des Religionsunterrichts; er stimmt sich über die Grundsätze, nach denen er erteilt wird, mit den Kirchen bzw. Religionsgemeinschaften ab
- der Religionsunterricht wird vom Staat »im Auftrag« der Kirchen erteilt,

sprechen z. B. bayerisches Konkordat und Staats-Kirchenvertrag von »Leitung« durch die Kirchen, die baden-württembergische Verfassung in der Tradition »kirchlicher Schulaufsicht« von seiner »Beaufsichtigung« durch die Kirchen.

Die Weimarer Reichsverfassung Artikel 149, deren Formulierung in Art. 7 GG fast wörtlich übernommen wurde, verstand die »Grundsätze der Religionsgemeinschaften« als »positive Lehrsätze und Dogmen« und setzte im Sinne traditionellen katholisch-theologischen Denkens voraus, daß sich ein religiöses Bekenntnis in eindeutig überprüfbaren Aussagen niederschlägt. Diese nun inzwischen 75 Jahre alte Formel entstand aus einem Denkhorizont, der voraussetzte, daß tendenziell alle Schüler und deren Eltern Christen sind und einer der beiden Großkirchen angehören. Die vorherrschende juristische Deutung der Formel »Grundsätze der Religionsgemeinschaften« im GG steht ganz im Geist dieser Tradition und läßt klar erkennen, daß normative, schriftlich formulierte Glaubenssätze, dogmatische Lehren, ethische Vorschriften und Gebote etc. gemeint sind, an denen man – analog zu Gesetzestexten – die »Übereinstimmung« überprüfen kann. Entsprechend wird festgestellt: Der Religionsunterricht »ist das Lehrfach, in welchem den Schülern das Glaubensgut der jeweiligen Religionsgesellschaft vermittelt wird. Hierbei sind die Glaubenssätze nicht Gegenstand eines referierenden Berichts. ... Sie sollen als verbindliche Norm erscheinen«. Und: Religionsunterricht darf »nicht historisierender und relativierender Art ... sein, sondern muß ein bekenntnisgebundener, dogmatischer Unterricht sein, und zwar auch in dem Sinne, daß die Heilslehre und die sonstigen Glaubenssätze mit absolutem Geltungsanspruch vorgetragen werden«.[16] Mangels präziser inhaltlicher Bestimmung dessen, was die »Grundsätze der Religionsgemeinschaften« im einzelnen sind (keine der evangelischen

16. H. v. Mangoldt/F. Klein (1957), 284.

Landeskirchen hat z. B. solche Grundsätze formuliert, sondern sie verweisen statt dessen auf die altkirchlichen Symbole und Bekenntnisschriften des 16. Jahrhunderts, in abgestufter Bewertung noch auf die Theologische Erklärung von Barmen 1934) geraten letztlich die Unterrichtenden in eine schwierige Lage: »Ein religiöses Bekenntnis erhebt einen Anspruch auf absolute Geltung ... Ein Abweichen von den Grundsätzen im Religionsunterricht – mag es auch noch so geringfügig sein – ist, wenn es nicht völlig unbewußt und unbeabsichtigt geschieht, immer eine eigene, unterschiedliche weltanschauliche Stellungnahme des Lehrers«.[17]

Diese vorherrschende juristische Auslegung, die noch einmal 1987 vom Bundesverfassungsgericht bestätigt worden ist,[18] widerspricht allerdings in gravierender Weise dem grundlegend veränderten Selbstverständnis des Religionsunterrichts. Eine intensive religionsdidaktische Reformdebatte seit den ausgehenden sechziger Jahren konnte den Religionsunterricht vom Odium des indoktrinierenden und missionierenden Bekenntnisfachs befreien.[19] Nicht die normative Bekenntnisvermittlung, sondern der Erwerb kritischen Urteilsvermögens angesichts einer Vielzahl religiöser Orientierungen ist sein didaktisches Ziel. Je weiter sich der Religionsunterricht allerdings vom Konzept »religiöser Unterweisung« entfernt und je mehr er sich zu einem Diskursfach entwickelt, das den Schülerinnen ein Forum bietet für Selbstfindung und kritische Orientierung in religiösen Fragen unter grundlegendem Einschluß christlicher Überlieferung und christlichen Glaubens, de-

17. R. Schmoeckel (1964), 132f.
18. In dem Urteil des BVerfG vom 25.2.1987 ging es um die Klage katholischer Eltern gegen die Nichtzulassung ihrer katholischen Kinder zum evangelischen Religionsunterricht. Das BVerfG stellte fest, Gegenstand des Religionsunterrichts sei der Bekenntnisinhalt, »nämlich die Glaubenssätze der jeweiligen Religionsgemeinschaft. Diese als bestehende Wahrheiten zu vermitteln ist seine Aufgabe.« In diesem Zusammenhang führt das BVerfG weiter aus, eine Gestaltung des Unterrichts als allgemeine Religionskunde sei vom Begriff des Religionsunterrichts nicht mehr gedeckt und fiele daher auch nicht unter die Garantie des Art. 7 Abs. 3, Satz 1 GG.
19. Vgl. dazu oben 1.1.

sto deutlicher wird die Diskrepanz zwischen pädagogisch begründetem und theologisch verantwortetem didaktischem Reformansatz einerseits und der in der juristischen Interpretation vorherrschenden, an der katholischen Dogmatik orientierten Aufgabenbestimmung des Religionsunterrichts als normativer Bekenntnisvermittlung andererseits.

Für die Katholische Kirche ist bis heute der Maßstab, an dem die geforderte »Übereinstimmung« gemessen werden muß, die »lehramtlich festgestellte Lehre der Katholischen Kirche«; allein dieser Maßstab »schützt vor privater Verengung und beugt subjektiver Beliebigkeit vor« und gewährleistet die vom Religionsunterricht »angezielte Verankerung der Schülerindividualität in eine Glaubensgemeinschaft«.[20]

Dagegen ist die Interpretation der Übereinstimmungsformel in Artikel 7 auf evangelischer Seite nach 1945 dadurch gekennzeichnet, daß die Beachtung pädagogischer Erwägungen und didaktischer Entwicklungen zu unterschiedlichen Akzentuierungen geführt hat. Die kirchlicherseits immer wieder erinnerte Erklärung der Synode der EKD in Berlin-Weißensee 1958 hat das Engagement der Kirche für den schulischen Religionsunterricht als einen »freien Dienst an einer freien Schule« definiert. Seitdem interpretiert die Evangelische Kirche die Übereinstimmungsformel des Grundgesetzes im Rahmen ihrer verstärkten Bemühungen, den Religionsunterricht nicht länger als »Kirche in der Schule« zu begreifen, sondern ihn im Kontext der Bildungsaufgabe der Schule zu begründen und zu gestalten.

Einen gewissen Orientierungsrahmen zu einem solchen Verständnis der »Grundsätze« im evangelischen Verständnis gibt die »Gutachtliche Äußerung zu verfassungsrechtlichen Fragen des Religionsunterrichts« einer vom Rat der EKD eingesetzten Kommission aus dem Jahr 1971.[21] Die Regelungen des Artikel 7 werden von der Kommis-

20. Vgl. H.-W. Winden (1992), 30f.
21. Die Ev. Kirche und die Bildungsplanung. Eine Dokumentation, hg. von der Kirchenkanzlei der EKD, Gütersloh 1972, 120ff., auch abgedruckt in D. Stoodt (Hg.) (1985),145ff.; vgl. im Blick auf die Sekundarstufe II auch: Kirchenkanzlei der EKD (Hg.): Entschließung des Rates der EKD zum Religionsunterricht in der Sekundarstufe II (1974)

sion im Zusammenhang mit Artikel 4 GG interpretiert, der von einem »modernen pluralistischen Staat« ausgeht, »der dem einzelnen wie auch den weltanschaulichen Gruppen eine freie Entfaltung ihrer Anschauungen wie auch eine ungehinderte Betätigung ihrer glaubens- oder weltanschauungsmäßigen Überzeugungen eröffnet«. Außerdem wird auf die Notwendigkeit der Interpretation des Begriffs »Grundsätze der Religionsgemeinschaften« im Horizont aktueller »theologischer und pädagogischer Erkenntnis und Praxis« hingewiesen. Konkret hält die Kommission als Leitlinien vier inhaltliche Punkte fest:

1. In der heutigen theologischen und kirchlichen Sicht ist das Verständnis des christlichen Glaubens durch folgende Grundsätze gekennzeichnet:
   a) Die Vermittlung des christlichen Glaubens ist grundlegend bestimmt durch das biblische Zeugnis von Jesus Christus unter Beachtung der Wirkungsgeschichte dieses Zeugnisses.
   b) Glaubensaussagen und Bekenntnisse sind in ihrem geschichtlichen Zusammenhang zu verstehen und in jeder Gegenwart einer erneuten Auslegung bedürftig.
   c) Die Vermittlung des christlichen Glaubens muß den Zusammenhang mit dem Zeugnis und Dienst der Kirche wahren.
2. Die Bindung an das biblische Zeugnis von Jesus Christus schließt nach evangelischem Verständnis ein, daß der Lehrer die Auslegung und Vermittlung der Glaubensinhalte auf wissenschaftlicher Grundlage und in Freiheit des Gewissens vornimmt.
3. Die »Grundsätze der Religionsgemeinschaften« schließen in der gegenwärtigen Situation die Forderung ein, sich mit den verschiedenen geschichtlichen Formen des christlichen Glaubens (Kirchen, Denominationen, Bekenntnisse) zu befassen, um den eigenen Standpunkt und die eigene Auffassung zu überprüfen, um Andersdenkende zu verstehen und um zu größerer Gemeinsamkeit zu gelangen. Entsprechendes gilt für die Auseinandersetzung mit nichtchristlichen Religionen und nichtreligiösen Überzeugungen.
4. Das theologische Verständnis der »Grundsätze der Religionsgemeinschaften« korrespondiert mit einer pädagogischen Gestal-

tung des Unterrichts, der zugleich die Fähigkeit zur Interpretation vermittelt und den Dialog und die Zusammenarbeit einübt.

Mit dieser Interpretation hat sich die Kommission bemüht, die offensichtliche Diskrepanz zwischen der institutionell-rechtlichen Regelung, die eher noch den Geist eines Staatskirchentums atmet, und den Einsichten pädagogischer und religionspädagogischer Theorie und Praxis wenigstens ein Stück weit zu überwinden. Die Evangelische Kirche grenzt sich von solchem staatskirchlichen Verständnis ab, weil sie die pädagogisch-didaktische Entwicklung des Religionsunterrichts und die Bemühungen um scine Integration in den schulischen Bildungsauftrag ernstzunehmen bereit ist. Allerdings ist heute, 25 Jahre später, deutlich, daß die Grenzen einer solchen interpretativen Fortentwicklung dieser Verfassungsvorgabe erreicht sind. Der evangelische Religionspädagoge Gert Otto, selbst rund vierzig Jahre lang an der didaktischen Modernisierung des Religionsunterrichts vielfältig beteiligt, fordert angesichts der in der Gesellschaft der Bundesrepublik eingetretenen gravierenden Veränderungen, auf die der Gesetzgeber reagieren müsse, entsprechende Änderungen in der Verfassung und den Schulgesetzen ein. Angesichts des schleichenden Verfassungswandels stellt Artikel 7 für Otto einen Anachronismus dar. Der Erläuterung Ottos ist nichts hinzuzufügen: »Der juristische Topos ›schleichender Verfassungswandel‹ meint: Ein Verfassungsgrundsatz wird durch permanente gegenläufige *Praxis* ausgehöhlt. Mit einer sublimeren Form von schleichendem Verfassungswandel haben wir es dann zu tun, wenn sich im Laufe eines längeren Zeitraumes zeigt, daß sich die *Situation*, auf die sich der Verfassungsartikel bezieht und die er regeln will, derart einschneidend verändert, daß der Verfassungswandel unvermeidlich eine andere Funktion erhält, als ursprünglich intendiert worden war. Was ursprünglich eine Ordnung gegebener Verhältnisse war, kann zu anderer Zeit zur Verhinderung vernünftiger Regelungen werden.«[22] Eine Initiative zu einer angemessenen Korrektur der rechtlichen Rahmenbedingungen ist derzeit allerdings

22. G. Otto (1992), 363f.

nicht in Sicht – über ihr mögliches Ergebnis gehen die Meinungen mit gutem Grund auseinander.

Wer ist »Religionsgemeinschaft«?

Das GG beantwortet nicht direkt die Frage, für welche unter den Schülern vertretenen religiösen Bekenntnisse und Weltanschauungen Religionsunterricht zu erteilen ist. Art. 7 Abs. 3 S. 2 spricht von »den Religionsgemeinschaften«, mit deren »Grundsätzen« der Religionsunterricht in Übereinstimmung stehen muß und macht keinerlei Einschränkungen. Die gängige Interpretation dieser GG-Regelung versteht noch heute recht eigenwillig unter »Religionsgemeinschaften« nur die beiden christlichen Kirchen: »In Deutschland haben die christlichen Kirchen vom Staat den Auftrag, den Religionsunterricht der öffentlichen Schule inhaltlich zu verantworten.«[23]
Aus der in Art. 4 GG niedergelegten weltanschaulichen und konfessionellen Neutralität des Staates folgt zwingend das grundsätzliche Verbot der Privilegierung bestimmter Bekenntnisse. Die öffentlich-rechtlichen Religionsgesellschaften genießen »gleiche Rechte«; die Vereinigungen, die sich »die gemeinschaftliche Pflege einer Weltanschauung zur Aufgabe machen«, sind den Religionsgemeinschaften gleichgestellt (Art. 137 WRV in Verbindung mit Art. 140 GG). Hinzu kommt, daß nach dem GG das Grundrecht der Glaubens- und Bekenntnisfreiheit sich nicht nur auf die Religionsgemeinschaften bezieht. Unter den Begriff des »Glaubens« fallen neben den religiösen auch die weltanschaulichen Überzeugungen – auch areligiöse oder religionskritische. Nach dem allgemeinen Grundsatz der Parität muß der Staat zudem alle Weltanschauungen gleichbehandeln.[24]

23. So erst jüngst in einem Grundsatzpapier der Dozent/innen des RPZ und der Studienleiter/in des RPA der Ev. Kirche in Hessen und Nassau: Zur theologischen Begründung des ev. Religionsunterrichts in ökumenischer Öffnung, in: Schönberger Hefte, 4-8, Zitat S. 4.

24. Ob dies eine generelle Gleichstellung in bezug auf alle Rechte in allen Lebens- und Rechtsgebieten bedeutet, wird unterschiedlich gesehen. Vgl. U.K. Preuß (1996), 25.

Das Grundgesetz kennt die Eltern und den Staat als Erziehungsträger. Weder die Kirchen noch andere Religions- und/oder Weltanschauungsgemeinschaften haben ein Anrecht darauf, Religionsunterricht zu erteilen, sondern allenfalls die Erziehungsberechtigten bzw. die Schüler haben das Recht, einen solchen erteilt zu bekommen. In der gegenwärtigen Praxis wurde das Elternrecht zu einem ausschließlichen Recht der Kirchen auf Religionsunterricht umgedeutet. Über die Teilnahme am Religionsunterricht bestimmen die Eltern bzw. (in der Regel) ab dem 14. Lebensjahr die Schülerinnen und Schüler selbst. Es besteht keine Teilnahmepflicht für Konfessionsangehörige kraft Gesetzes; eine solche wird erst durch freie Willenserklärung begründet. Dem entspräche eigentlich das Erfordernis einer Anmeldung zum Religionsunterricht statt der praktizierten diffamierenden Abmelderegelung für diejenigen, die nicht am Religionsunterricht teilnehmen wollen. Aus der Vorgabe des GG, der Religionsunterricht sei »ordentliches Lehrfach«, ist unter der Hand ein staatlich verordneter »Pflichtunterricht« geworden, obwohl es in weltanschaulichen Fragen einen solchen gar nicht geben kann.

Für den Staat als Erziehungs- und Schulträger stellen sich aufgrund der faktischen pluralistischen und multireligiösen Situation unserer Gesellschaft in diesem Zusammenhang u. a. folgende Fragen: Wie soll nach berechtigten und unberechtigten Wünschen auf Erteilung von Religionsunterricht unterschieden werden, wenn sich Schüler bzw. Eltern auf Art. 4 Abs. 1 GG berufen? Mit welchen Argumenten soll den Mitgliedern bestimmter Religions- und Weltanschauungsgemeinschaften der Zugang zum Religionsunterricht und damit zur Schule verwehrt werden? Wer soll darüber urteilen? Verschiedene Kriterien werden in der Diskussion erwogen:

1. Formaler Status und Zahl der Mitglieder

Die Möglichkeit einer Auswahl sowohl nach der formalen Qualität der diesen Unterricht erteilenden Institutionen (Körperschaft des öffentlichen Rechts oder juristische Personen in Gestalt eines eingetragenen Vereins e.V.) als auch nach ihrer zahlenmäßigen Größe ist fragwürdig. Objektivierbare Größen wie rechtlicher

Status, Zahl der Mitglieder können zwar in Bereichen, die nicht die Wahrnehmung persönlicher Grundrechte betreffen, herangezogen werden (z. B. Verleihung öffentlicher Körperschaftsrechte nach Art. 137 WRV), wenn aber individuelle Grundrechte aus Art. 4 Abs. 1 GG eingefordert werden (können), sind solche Kriterien verfassungsrechtlich problematisch. Aus dem Grundsatz der religiösen Neutralität des Staates und dem Verbot der Diskriminierung wegen religiöser Anschauungen hat der Staat »auf eine am Gleichheitssatz orientierte Behandlung der verschiedenen Religions- und Weltanschauungsgemeinschaften zu achten«, wobei es weder auf die soziale Relevanz noch auf die zahlenmäßige Stärke ankommt.[25]
Bei der Wahrnehmung des individuellen Grundrechts auf freie religiöse Betätigung kommt es nicht auf die Größe der Religions- oder Weltanschauungsgemeinschaft an, der die Schüler angehören, sondern auf das Einfordern dieses persönlichen Rechtes einerseits und auf die faktische Möglichkeit des Staates, ihm zu entsprechen. Für die Frage des schulischen Religionsunterrichts hieße das, daß gegebenenfalls pädagogisch sinnvolle Gruppengrößen (z. B. 12) festgelegt werden könnten, von deren Erreichen die Erteilung von Religionsunterricht abhängig gemacht werden könnte. Dabei wäre offenzuhalten, daß die Gruppengröße nicht nur in einem Jahrgang, sondern auch z. B. in einer Jahrgangsstufe, einer Schule, einem Schulbezirk etc. erreicht werden kann.

2. Inhaltliche Bewertung der Glaubens- oder Weltanschauungslehre
Eine inhaltliche Bewertung der Glaubens- oder Weltanschauungslehren durch den Staat (z. B. in Gestalt der Schulbehörde) dürfte ebenfalls nicht zulässig sein. Da Art. 4 GG keine inhaltliche Beschränkung kennt, müßten strafrechtlich relevante Tatsachen geltend gemacht werden. Es darf sicher nicht zwischen »staatsnahen« und »staatsfernen« Religionsgesellschaften unterschieden werden, wie das in der Vergangenheit faktisch der Fall gewesen ist. Staatliche Benachteiligungen wegen politisch möglicherwei-

25. Vgl. BVerfG. NJW 1995, 2477, 2478 (Kruzifix)

se mißliebiger Programmatik sind unzulässig. Der Grundsatz, daß eine Partei oder Organisation ihren verfassungsmäßig geschützten Status erst durch eine rechtsstaatlich erfolgte Verbotsentscheidung verliert, muß auch gegenüber den Religionsgemeinschaften angewandt werden.
Daß religiöse Lehren den modernen Staats-, Rechts- und Lebensauffassungen widersprechen und widerstreiten, ist bekanntlich heute nicht selten. Man denke z. B. an die in allen Religionen – einschließlich der christlichen – existierenden »fundamentalistischen« Ausprägungen oder an bestimmte moderne Ideologien in religiösem Gewand. Auch die Entscheidung des Oberverwaltungsgerichts Berlin vom 14.12.1995 bezüglich der Zuerkennung der Rechte einer Körperschaft des öffentlichen Rechts an die »Zeugen Jehovas« zeigt Risiken und Probleme auf, die auf den Staat zukommen, wenn er Religionsgemeinschaften für den öffentlichen Unterricht zuläßt bzw. ihn als Ersatz für staatlichen Unterricht anerkennt. Die Berufungsentscheidung, den Zeugen Jehovas die Anerkennung als Körperschaft des öffentlichen Rechts zu verweigern, löst das Problem im Hinblick auf den Religionsunterricht keineswegs.
Eine inhaltliche Grenze für inhumane und totalitäre Inhalte des Religionsunterrichts einer Religionsgemeinschaft könnte allenfalls aus den Erziehungsgrundsätzen und -zielen und den pädagogischen Schulzielen konstruiert werden, die in der jeweiligen Landesverfassung bzw. im Schulgesetz formuliert sind, weil der Religionsunterricht – obwohl er »in Übereinstimmung mit den Grundsätzen der Religionsgemeinschaften« (Art. 7 Abs. 3) zu erteilen ist – gleichwohl als »ordentliches Lehrfach« im Rahmen der für die Schule insgesamt geltenden Bestimmungen steht.

3. Strukturelle Voraussetzungen

Axel von Campenhausen nennt Bedingungen, die religiöse Vereinigungen bzw. Gesellschaften erfüllen müßten, um als »Religionsgemeinschaften« betrachtet zu werden:

- Verbände ein und desselben Bekenntnisses, die sich die allseitige Erfüllung der durch das gemeinsame Bekenntnis gestellten Aufgaben zum Ziel gesetzt haben

- »es muß sich auch tatsächlich (nicht nur nach Behauptung und eigenem Selbstverständnis, J. L.) nach geistigem Gehalt und äußerem Erscheinungsbild um eine Religionsgemeinschaft handeln«
- geistliche Institutionen müssen bestehen
- es muß ein stabiles mitgliedschaftliches Substrat vorhanden sein, das einen Lebensverband auf religiöser Grundlage bildet
- Strukturen, die eine klare Organisationsform mit Verfahren der Willensbildung, mit Organen und mit Instanzen erkennen lassen, die authentisch und verbindlich über Lehre und Ordnung zu entscheiden haben.

Zusammenfassend: »Eine Religionsgemeinschaft setzt nach alledem den Zusammenschluß natürlicher Personen auf Grund übereinstimmender Auffassungen (Konsens) in religiöser Hinsicht und ein umfassendes Bekenntnis dieses Konsenses nach außen voraus«.[26]

Solche strukturellen Bedingungen sind als Auswahlkriterium höchst fragwürdig, weil mit ihnen stillschweigend die Verfassungsstruktur der christlichen Großkirchen zur Norm und zum Entscheidungskriterium erhoben wird. Dies verkennt, daß Religionen sehr unterschiedliche Strukturen und Institutionen entwickeln können. Andernfalls bedient man sich der zwar beliebten, aber dennoch völlig unzutreffenden Gleichsetzung Religion = Kirche. Allenfalls könnte »die Gewähr der Dauer« als institutionelle Mindestvoraussetzung geltend gemacht werden sowie die Existenz eines Organs, das die »Grundsätze« festzulegen befugt ist, mit denen ein solcher Unterricht in Übereinstimmung stehen muß.

Wer darf also Religionsunterricht erteilen?

Religionsunterricht gilt in der Bundesrepublik Deutschland als Teil der durch Art. 4 Abs. 2 GG gewährleisteten Religionsausübungsfreiheit. Dieses Recht steht nicht allein den deutschen Staatsbürgern, sondern allen in der BRD wohnenden Menschen zu. Die Religionsfreiheit des GG ist nicht an den Kreis christlich-abendländischer Religion gebunden. Der Genuß der Religionsfreiheit steht Anhängern fremder Religionen zu, ohne daß dies davon abhängig ist, daß die Kirchen in ihren Heimatländern gleiche Rechte haben.[27]

26. A. v. Campenhausen (1994), 6.
27. Mit A. v. Campenhausen, a.a.O.

Die Kirchen können in einer pluralistischen Gesellschaft kein Monopol in Sachen Religion für sich reklamieren. Die für die Beurteilung maßgebenden Kriterien für das Erteilungsrecht von Religionsunterricht müssen Kriterien staatlichen Rechts sein und im Zusammenhang des gesellschaftlichen Bildungsauftrags von Schule und ihren Erziehungszielen sowie ihren didaktischen Leitvorstellungen stehen. Dazu gehören mindestens eine wissenschaftliche Ausbildung und fachliche sowie pädagogische Qualifikation der Lehrkräfte sowie die Orientierung der Vermittlung an den Menschenrechten, den Grundrechten der Verfassung und den Erziehungszielen der Schule.

Eine ganz andere Frage ist, ob man aus pädagogischen Gesichtspunkten diese Konsequenz aus Art. 7 GG überhaupt für sinnvoll und erstrebenswert hält. Alle diejenigen, die auf dem (vermeintlichen) Recht eines nach Konfessionen getrennt erteilten bekenntnisgebundenen Religionsunterrichts bestehen, müssen die Frage beantworten, ob sie die Entwicklung zu einer Schule bejahen, in der es nebeneinander die unterschiedlichsten bekenntnisgebundenen religiösen Unterweisungen bzw. Religionsunterrichte in der schulischen Stundentafel gibt: katholischen und evangelischen neben russisch-orthodoxem und jüdischem Religionsunterricht, gegebenenfalls mehrere islamische religiöse Unterweisungen und je nach Region buddhistischen Religionsunterricht usw., einen Unterricht in »Lebenskunde« des Humanistischen Verbandes (wie derzeit in Berlin), gegebenenfalls Religionsunterricht der Zeugen Jehovas und natürlich ein Angebot für Kinder von Eltern, die einen weltanschaulich nicht gebundenen Unterricht wünschen.[28] Daß diese Zersplitterung pädagogisch nicht wünschenswert sein kann, liegt auf der Hand. So stellt sich in diesem Zusammenhang – ebenso wie mit Blick auf den fragwürdi-

28. Nach einer Umfrage unter den kleineren Religions- und Weltanschauungsgemeinschaften in Berlin sind 21 von 41, die sich beteiligt haben, sicher, daß ihre Gemeinschaft das *Recht* hat, neben den bisherigen Anbietern auch Religions- bzw. Weltanschauungsunterricht anzubieten und dafür staatliche Zuschüsse zu erhalten, 11 von ihnen haben sich in der Vergangenheit schon darum bemüht (z. T. auf dem Klageweg), 8 von ihnen streben dies an. Vgl. J. Neumann/G. Eggers (1997), Tab. 3.

gen Ethik-Ersatzunterricht – ein weiteres Mal die Frage nach sinnvollen Alternativen zur gegenwärtigen Regelung eines die christlichen Großkirchen privilegierenden konfessionellen Religionsunterrichts. Die Schule von heute muß nach Wegen suchen, auf die Herausforderungen des Nebeneinanders verschiedener Kulturen, weltanschaulicher und religiöser Orientierungen in einer sich immer weiter ausdifferenzierenden Lebenswelt angemessen zu reagieren. Sie muß der Tatsache pädagogisch Rechnung tragen, daß Schülerinnen und Schüler (und deren Eltern) in ein und derselben Schulklasse unterschiedlichen christlichen Konfessionen und Kirchen sowie verschiedenen Weltanschauungen und Religionsgemeinschaften angehören oder sich an keine Religion gebunden fühlen.

1.4 Ethik – Ersatzfach ohne eigenes Fundament

Nach seinem juristischen Status ist »Ethik« ein Ersatzfach, das zusätzlich zum Religionsunterricht angeboten wird.[29] Sein Entstehen verdankt das Fach Ethik, das Anfang der 70er Jahre zunächst von Bayern und – etwas später – von Rheinland-Pfalz eingeführt worden ist, zwei Überlegungen. Einerseits war das Motiv für seine Einrichtung ein *schul- und bildungspolitisches*: Über die Einführung eines obligatorischen »Ersatzfaches« sollte die Abmeldefreudigkeit der Schülerinnen und Schüler vom konfessionellen Religionsunterricht gedämpft werden. So stellt die Gemeinsame Synode der Bistümer 1997 fest: »Durch ein solches Fach werden Unzuträglichkeiten gemildert, die sich aus der Sonderstellung eines Faches mit Abmeldemöglichkeit ergeben.« Gesellschaftlicher Hintergrund war eine Abmeldewelle im Gefolge der antiautoritären Schüler- und Studentenbewegung, die sich auch in den Zahlen der Kirchenaustritte niederschlug.[30]

29. Vgl. H. Zinser (Hg.) (1991); D.Pohlmann/J.Wolf (Hg.) (1982); G. Otto (1986), bes. 102ff.
30. Dies wird zwar heute gelegentlich bestritten, ist aber aus einschlägigen Dokumenten und Presseveröffentlichungen aus den Jahren 1972 und später zweifelsfrei zu entnehmen; einige Belege in: G. Czermak (1996) .

Andererseits sollte Ethik als Pflichtersatz die *schulorganisatorische* Frage lösen, was mit denjenigen Schülerinnen und Schülern geschehen soll, die von der Möglichkeit Gebrauch machen, sich vom konfessionellen Religionsunterricht abzumelden. Fällt ihre Freistunde nicht in eine Randstunde, stellen sich praktische Fragen der Schulaufsicht. Diese Situation wurde nicht für eine grundsätzliche didaktische Infragestellung des Konzepts eines nach Konfessionen getrennt erteilten bekenntnisgebundenen Religionsunterrichts genutzt. Schon der Begriff »Ersatzfach« macht deutlich, daß »Ethik« kein eigenes didaktisches Fundament hat, sondern aus der Perspektive des Religionsunterrichts entworfen ist, der sich selbst nicht in Frage stellt, sondern sachliche und juristische Priorität beansprucht.[31] Dieser didaktische Mangel läßt sich auch am ungeklärten Verhältnis des Ethikunterrichts zum Gegenstand »Religion« beobachten. Wenn er Religion überhaupt in den Blick nimmt, dann entweder im Sinne eines philosophischen Systems oder im Rahmen der christlich-abendländischen Tradition als normativen Bezugshorizont des Fachs. Auf religionswissenschaftliche Kompetenz etwa bei der Behandlung seiner Gegenstände verzichtet der Ethikunterricht weitgehend.[32]
Der Ethikunterricht ist inzwischen in den meisten Bundesländern[33] Pflichtfach für alle Schüler, die sich vom Religionsunterricht abgemeldet haben, die keiner Religionsgemeinschaft angehören oder einer, für die kein eigener Religionsunterricht angeboten wird. In Niedersachsen heißt das Fach »Werte und Normen«, in Schleswig-Holstein Philosophieunterricht, in Mecklenburg-Vorpommern »Philosophie(ren) mit Kindern«. Das neue Schulgesetz des Landes Bremen bestimmt, daß Schülerinnen und Schüler, die nicht am Unterricht in Biblischer Geschichte/Religionskunde teilnehmen, an einer geeigneten Alternative teilzunehmen haben. Allein das Land

31. Für Hessen vgl. R. Prerow (1983).
32. Dies beklagt auch etwa die Deutsche Vereinigung für Religionsgeschichte (DVRG), eine Vereinigung von Religionswissenschaftlerinnen und Religionswissenschaftlern an deutschen Universitäten, in einer Erklärung ihres Vorstands: Beteiligung der Religionswissenschaft an der Ausbildung von Ethik-Lehrern, in: DVRG Mitteilungsblatt Nr. 28, 4/1996, 7.
33. Vgl. M. F. Meyer (1996).

Nordrhein-Westfalen sieht bislang weder eine Pflicht- noch eine Wahlpflicht-Alternative vor.[34]
Die Benachteiligung zeigt sich u. a. auch darin, daß es bis heute keine eigenständige wissenschaftliche Ausbildung für Ethiklehrer an den Universitäten gibt (mit Ausnahme von Sachsen)[35] sowie an der Ungleichbehandlung beim Kursangebot, ebenso darin, daß Ethik im Unterschied zum Religionsunterricht nicht als Abiturfach gewählt werden darf, und daß man Ethik nicht wählen kann, wenn man am Religionsunterricht teilnehmen möchte. Symptomatisch für die Situation des Fachs ist auch, daß die einzige systematische Didaktik von einem Religionspädagogen stammt.[36] Inzwischen mausert sich »Ethik« zunehmend vom Ersatz zur »Alternative«,[37] ohne inhaltlich und positionell eine wirkliche Alternative zu sein – und ohne daß die genannten Benachteiligungen ausgeräumt wären. Sachsen-Anhalt hat in seinem Schulgesetz als erstes Bundesland den Zugang zu »Ethik« als Wahlpflicht-Alternative zum Religionsunterricht ermöglicht (ähnlich Sachsen), ohne daß man sich zuvor vom Religionsunterricht abgemeldet haben muß, was in den anderen Bundesländern diskriminierende Voraussetzung für die Teilnahme an Ethik ist. Außerdem findet zunehmend eine grundlegendere Diskussion über die Zielperspektiven und die Inhalte des Ethikunterrichts statt.[38]

34. Zu Nordrhein-Westfalens Plänen über die Einführung eines neuen Schulfaches »Praktische Philosophie« siehe unten Kap. 3.5.
35. Die Universität Tübingen z. B. bemüht sich – ohne Erfolg – seit rund 10 Jahren um die Einführung eines Studiengangs »Ethik/Religionswissenschaft«, die zuständige Ministerin erklärte 1993: »Die Einrichtung solcher Studiengänge ist ... nicht geplant«.
36. H. Schmidt: (1983 ff).; Ansätze zu einer Didaktik für Werte und Normen: Ph. Wiesehöfer (1981); J. Wolf (1982).
37. In den siebziger Jahren legten die Vertreter der Kirchen gesteigerten Wert auf den Begriff »Ersatzunterricht«. So betonte der ev. Oberkirchenrat Dr. K. Dienst 1978, »ein ›Alternativunterricht‹ würde der Verfassung widersprechen«. In gleicher Richtung äußert sich R. Ilgner, Leiter der Zentralstelle Bildung der Deutschen Bischofskonferenz 1991, da es »keine adäquate ›Alternative‹« zum Religionsunterricht gibt.
38. Dies dokumentieren beispielhaft die letzten Jahrgänge der Zeitschrift »Ethik und Unterricht«.

Unabhängig davon, daß »Ethik« durchaus unterschiedlich konzeptionalisiert sein kann, entwickelt sich jedoch das Neben- bzw. Gegeneinander von Religionsunterricht und Ethik zunehmend zu einem Problem für beide Fächer. Beide thematisieren weithin die gleichen Gegenstandsbereiche, die Lehrpläne und Schulbücher nähern sich immer weiter an, ihre Fragestellungen und – als besondere schulische Pikanterie – sogar ihre Lehrkräfte sind z. T. identisch, ganz abgesehen davon, daß die suggerierte strikte inhaltliche Trennung und Entgegensetzung von Religion und Ethik problematisch ist und auch nicht durchgehalten wird. So beschreibt die EKD-Denkschrift »Identität und Verständigung« die Situation zutreffend: »Längst werden im Religionsunterricht ... auch andere Weltreligionen mitbehandelt. Ebenso sollen religionskundliche Fragestellungen ... zum Aufgabenspektrum des Ethikunterrichts gehören.«[39] Die unterschiedlichen Auslegungshorizonte der weithin gleichen Gegenstände bestimmt die Denkschrift an gleicher Stelle folgendermaßen: Während sich der Ethikunterricht »an den Möglichkeiten und Grenzen der philosophischen *Vernunft*« orientiert, hat der Religionsunterricht »seine unveräußerlichen Grundlagen in den geschichtlichen Überlieferungen und gegenwärtigen Ausdrucksformen des christlichen *Glaubens*.« Auch die Autoren der Denkschrift räumen eine Tendenz der Diskriminierung des Ethikunterrichts zugunsten des Religionsunterrichts ein, warnen aber auch vor einer grundsätzlichen wissenschaftlichen Abwertung des Religions- zugunsten des Ethikunterrichts.
Hinzu kommt ein weiteres gravierendes Problem: Ethik als Pflichtersatz oder -alternative, motiviert und begründet allein durch die Möglichkeit zur Abmeldung vom Religionsunterricht, ist auch verfassungsrechtlich fragwürdig. Es stellt sich die Frage, ob der Staat für die Wahrnehmung des Grundrechts, sich vom konfessionellen Religionsunterricht abmelden zu dürfen, eine Gegenleistung in Form von Teilnahme an »Ethik« verlangen darf. Gerhard Czermak hat aus juristischer Sicht unlängst nachdrücklich darauf hingewiesen: »Da es in Deutschland keine Religionspflicht gibt, kann es schon

39. Ev. Kirche in Deutschland (1994), 78.

begrifflich dafür keine Pflicht geben, die ersatzweise an die Stelle der Religionspflicht tritt.« Czermak zieht eine Analogie heran: »Auch etwa eine Pflicht zur Ableistung des Zivildienstes, der früher Ersatzdienst hieß, gibt es nur für solche Bürger, die wehrpflichtig sind.«[40] Es käme auch niemand auf die Idee, »Menschen eine Ersatzleistung abzuverlangen, die von ihrem Versammlungsrecht oder dem Recht auf freie Meinungsäußerung keinen Gebrauch machen«.[41] Wer aus Gewissensgründen nicht am konfessionellen Religionsunterricht teilnehmen will, was sein erklärtes Grundrecht ist, muß deswegen und nur deswegen an Ethik teilnehmen. Gäbe es keinen Religionsunterricht, wäre er nicht dazu verpflichtet, und absurderweise erlischt offenbar diese Verpflichtung wieder, wenn sich nicht genug Schülerinnen und Schüler vom Religionsunterricht abgemeldet haben, um Ethik überhaupt anzubieten. Darüber hinaus ist es mehr als kurios, daß denjenigen Schülerinnen und Schülern, die das Angebot des konfessionellen Religionsunterrichts wahrnehmen wollen, der Zugang zum Ethikunterricht versperrt wird und umgekehrt denen, die sich für Ethik entscheiden wollen, der Zugang zum Religionsunterricht. Die Absurdität wird vollends deutlich, wenn man bedenkt, daß »Ethik« inzwischen auch für Konfessionslose Pflichtfach ist, die selbst in der Augen der Kirchen nicht religionsunterrichtspflichtig sind. Folgt man dem Argument, der Ethikunterricht ersetze mit dem Religionsunterricht ein Schulfach, das die Werte der freiheitlich-demokratischen Grundordnung vermitteln soll, entbehrt es nicht einer gewissen Paradoxie, daß sich z. B. die Zeugen Jehovas vom Ethikunterricht befreien lassen können, wenn sie eine Bescheinigung beibringen, daß sie an einer außerschulischen religiösen Unterweisung ihrer Religionsgemeinschaft teilnehmen, der wiederum von staatlichen Stellen abgesprochen wird, auf dem Boden des Grundgesetzes zu stehen und der

40. G. Czermak sieht in der Pflichtkombination Religion/Ethik sowohl einen Verstoß gegen die Teilnahmefreiheit nach Art. 7 II GG als auch gegen das Differenzierungsverbot des Art III GG. Vgl. G. Cermak (1995); Ders. (1994); vgl. auch Ders. (1996).

41. U. Neumann (1997), 97.

daher die Anerkennung als Körperschaft des öffentlichen Rechts gerichtlich verweigert wird.
Die jetzige Abhängigkeit des Ethikunterrichts vom Religionsunterricht, der von einer bestimmten Mindestzahl von Schülern nicht besucht wird, verstößt gegen die Glaubens- und Weltanschauungsfreiheit bzw. das elterliche Erziehungsrecht, da die Wahrnehmung eines Grundrechts mit einer Sanktion belegt wird.
Das ganze Szenario rund um den Ethikunterricht belegt den von Anfang an ausgesprochenen Verdacht, den Kirchen (und dem Staat) gehe es weniger darum, bei den Schülern, die sich vom Religionsunterricht abmelden, dadurch bedingte Defizite im Bereich wertereflektierender Bildung auszugleichen – dann müßte Ethik verstärkt dort erteilt werden, wo am meisten Religionsunterricht ausfällt –, sondern in erster Linie um die Abschreckungsfunktion: Wer dem Regen »Religionsunterricht« meint entfliehen zu können, dem soll die Traufe »Ethik« nicht erspart bleiben. Das Bundesverfassungsgericht wird sich mit dieser Frage in absehbarer Zeit befassen, da das Verwaltungsgericht Hannover das Klageverfahren eines konfessionslosen Schülers gegen die Zwangsteilnahme am niedersächsischen Ersatzfach »Werte und Normen« ausgesetzt und zur Verhandlung nach Karlsruhe weitergegeben hat. Das Verwaltungsgericht sieht eine »unzulässige Anknüpfung« in dem Tatbestand, daß der 16jährige Gymnasiast »Werte und Normen« nur deshalb besuchen muß, weil er keiner Religionsgemeinschaft angehört.[42]
Wie widersprüchlich die Argumentation der Befürworter von Ethik als »Ersatz« oder »Alternative« ist, macht nicht zuletzt der Konflikt um LER in Brandenburg deutlich.[43] Während im Hinblick auf den Ethikunterricht ganz selbstverständlich unterstellt wird, es sei möglich, auf wissenschaftlicher Grundlage weltanschaulich neutral Fragen von Ethik (und Religion) zu behandeln – was auch die Zwangsteilnahme rechtfertige –, stellen die gleichen Diskussionspartner zu LER fest: »Einen solchen neutralen und wertfreien Stand-

42. Vgl. F.A.Z vom 21.8.97: Ersatzfach »Werte und Normen« verfassungswidrig? Klage dem Bundesverfassungsgericht vorgelegt.
43. Vgl. dazu ausführlich unten S. 115ff.

punkt kann es aber gar nicht geben, es sei denn, man verschleiert sich und anderen die eigenen Voraussetzungen.«[44] Im Blick auf das Fach »Ethik« haben die Kirchen kein Problem mit dem Gebot weltanschaulicher Neutralität des Staates. Der Ethikunterricht sichert vielmehr »den sittlichen Erziehungsauftrag der Schule« (Zentralkomitee der Deutschen Katholiken, 1989). Gleichzeitig wird bei LER in Brandenburg mit der Behauptung agitiert, aus weltanschaulicher Neutralität resultiere »notwendig« eine »glaubensfeindliche(n) Erziehung, sollte auch der Glaube nicht unmittelbar angegriffen werden« (Hirtenwort der Bischöfe von Berlin, Görlitz und Magdeburg, 1996).

Fazit: Das Plädoyer für »Ethik« als einen (vermeintlich) weltanschauungsneutralen Pflichtersatz oder auch als Wahlpflicht-Alternative zum bekenntnisgebundenen und nach Konfessionen getrennt erteilten Religionsunterricht greift zu kurz und vermag dessen Legitimationskrise nicht zu lösen. Wenn die kirchenkonfessionelle Orientierung des Religionsunterrichts in der Bundesrepublik nicht aufgehoben wird, wenn nicht zu neuen Formen von »Religion in der Schule« übergegangen wird, besteht durchaus die Möglichkeit, daß sich das bisherige Ersatzfach Ethik, sollte es nicht vom Bundesverfassungsgericht als verfassungswidrig beanstandet werden, allmählich zu einem Unterrichtsfach für (fast) alle Schüler entwikkelt. In den alten Bundesländern gilt dies sicher in besonderem Maße für die Klassenstufen nach Eintreten der sogenannten »Religionsmündigkeit« sowie für großstädtische Bereiche. Sie haben schon heute Klassen und Schulen, in denen das Verhältnis der Teilnehmer von Religionsunterricht und Ethik 20:80 beträgt. In den neuen Bundesländern ist für viele Regionen mindestens ein ähnliches Verhältnis zu erwarten. Es ist außerdem angesichts der vielfältigen gesellschaftlichen und individuellen Probleme auch zu erwarten, daß die Didaktik des Ethikunterrichts sich relativ bald eigenständig weiterentwickeln wird – weg von einer vornehmlich philosophiepropädeutisch ausgerichteten Didaktik hin zu einer integrativen Didak-

44. Die deutschen Bischöfe (1996), 18.

tik, die zeitgemäße entwicklungspsychologische und religionsdidaktische Konzepte in sich aufnimmt und sich hinsichtlich ihrer Bezugswissenschaften interdisziplinär orientiert. Nicht nur von seiten der Philosophie, sondern auch von der Religionswissenschaft als universitärer, sich mit Religion beschäftigender Fachdisziplin ist deutliches Interesse am Ethikunterricht artikuliert worden, so erst jüngst von der Deutschen Vereinigung für Religionsgeschichte (DVRG)[45] Die bisherige bildungspolitische Benachteiligung von »Ethik« gegenüber anderen Schulfächern (z. B. hinsichtlich eigenständiger universitärer Fachlehrerausbildung) werden die Gerichte den Politikern nicht länger durchgehen lassen.[46]

1.5 Die »Konfessionalität« des Religionsunterrichts als Problem

Die gesamte Legitimationsproblematik findet in der Frage der Konfessionalität des Religionsunterrichts ihre Zuspitzung. Der Religionsunterricht ist »in Übereinstimmung mit den Grundsätzen der Religionsgemeinschaften« zu erteilen (GG Art. 7 Abs. 3). In der einschlägigen verfassungsrechtlichen Auslegung wird daraus die Verpflichtung zur »konfessionellen Positivität und Gebundenheit« abgeleitet,[47] in der schulischen Praxis seine getrennte Erteilung als katholischer bzw. evangelischer Religionsunterricht. Die Religionslehrer/innen müssen entsprechend über die ausdrückliche Zulassung der jeweiligen Kirche verfügen (vocatio/missio). Vor allem

45. Beteiligung der Religionswissenschaft an der Ausbildung von Ethik-Lehrern, in: DVGR Mitteilungsblatt 28, 4/96, 7.
46. So hat das Verwaltungsgericht Freiburg in einem Urteil 1995 bezüglich eines Antrags zur Befreiung vom Ethikunterricht festgestellt, das Land Baden-Württemberg könne seine Praxis der Benachteiligung des Ethik-Unterrichts gegenüber dem Religionsunterricht gegenwärtig noch damit rechtfertigen, daß der Ethik-Unterricht noch nicht voll entwickelt ist und seine volle Gleichwertigkeit erst angestrebt wird. »Doch wird man das dem beklagten Land letztlich nur dann abnehmen können, wenn es weitere Anstrengungen zur Fortentwicklung des Ethik-Unterrichts unternimmt.«
47. Vgl. oben 1.2, 35.

aus der Schulpraxis kommen zunehmend häufiger Stimmen, die das gängige Modell des bekenntnisgebundenen Religionsunterrichts in Frage stellen. Viele Lehrerinnen und Lehrer versuchen, ihren Religionsunterricht für die Lebenswelt der Schülerinnen und Schüler zu öffnen, die Grenzen der eigenen Kirche, Konfession und sogar Religion zu überschreiten und auf diese Weise aus der Not eine Tugend zu machen. Sie investieren viel Phantasie, um Lerngruppen nicht ausgerechnet nach religiös-weltanschaulichen Gesichtspunkten auseinanderzudividieren. Die Religionspädagogik verdankt ihnen einen geschärften Blick für die Lebenswirklichkeit der Heranwachsenden. Die Praxis des Religionsunterrichts ist längst ökumenischer und dialogischer als die kirchliche Programmatik in dieser Frage. Was pädagogisch sinnvoll und im einzelnen gut begründet ist, findet aus der Sicht der Amtskirchen (vor allem der katholischen) in einer »Grauzone« bzw. außerhalb der Legalität statt, weil die Übereinstimmung von Lehre, Lehrer und Schüler in solchen didaktischen Modernisierungen ausgehöhlt bzw. mißachtet werde. Was schon seit langem für den Grundschul-Religionsunterricht festgestellt worden ist, wird zunehmend für den Religionsunterricht insgesamt beklagt: Die alltägliche Schulerfahrung macht unübersehbar, daß ein Religionsunterricht deplaziert und pädagogisch kontraproduktiv ist, der die Klassengemeinschaft spaltet, statt integrierend zu wirken.

»So wird ... täglich neu von Grund auf Glaubensspaltung initiiert unter Kindern, die (noch) keinen Sinn für konfessionelle Differenzierungen besitzen, die ›von Haus aus‹ eher ökumenisch als konfessionell, eher ›religiös desinteressiert‹ als konfessionell, auf jeden Fall aber (bis auf einen verschwindend geringen Rest) nicht geschlossen konfessionell denken. Der ... monokonfessionelle Religionsunterricht baut (allein schon durch die wöchentlich mehrere Male erzwungene Klassenspaltung) wenigstens eine affektive Glaubensspaltung auf, die gleichzeitig kognitiv abgebaut werden soll. Kinderpsychologisch und pädagogisch ist dieser Zwiespalt nicht zu verantworten.«[48]

Von verschiedenen Seiten ist daher immer wieder die interpretative Fortentwicklung der Verfassung gefordert worden. Die EKD

48. W.G. Esser (1972), 9.

hat dies in ihrer Hilfe zur Interpretation der Formel von der »Übereinstimmung mit den Religionsgemeinschaften« bereits 1971 nahegelegt,[49] ohne dem weitere Taten folgen zu lassen. Inzwischen hat sich der Druck aus der religionspädagogischen Theorie ebenso wie seitens der Praxis verschärft. Mehrere überregionale Voten und Erklärungen mahnen eine mehr oder minder weitreichende Revision des Konfessionsprinzips an. Zu nennen sind aus den letzten Jahren beispielsweise der Braunschweiger Ratschlag »Welchen Religionsunterricht braucht die öffentliche Schule?« (1991), das »Memorandum zum Religionsunterricht« (Hamburg 1992) und das Plädoyer des Deutschen Katecheten-Vereins, eines Zusammenschlusses von über 11.000 religionspädagogisch tätigen Katholiken, »Religionsunterricht in der Schule« für einen Religionsunterricht, »der zunehmend von den Kirchen gemeinsam verantwortet wird« (1992). Diese kirchlichen Voten betrachten es insgesamt als gefährlich für den Bestand des Religionsunterrichts, an seinen rechtlichen Säulen zu rütteln – Grundgesetz und Länderverfassungen, Konkordate und Staats-Kirchenverträge, Rechtsvorschriften der Länder und Erlasse der Kultusministerien –, weil dies dazu beitragen könnte, einem allgemeinbildenden Unterricht nach brandenburgischem Lebensgestaltung-Ethik-Religionskunde-Modell den Weg zu bereiten. Statt dessen wird die Auffassung einiger Staatskirchenrechtler favorisiert, die Formel »Übereinstimmung mit den Grundsätzen der Religionsgemeinschaften« schreibe nicht zwingend vor, den Unterricht nach Konfessionen getrennt zu erteilen. Auch unter dieser Formel sei ein gemeinsames Handeln z. B. der evangelischen und der katholischen Kirche denkbar. In rechtlicher Hinsicht erforderlich wäre dafür allerdings, daß beide Kirchen erklärten – entweder grundsätzlich oder für einzelne Fälle –, daß ein solcher konfessionell-kooperativer Religionsunterricht ihren Grundsätzen entspreche und in Übereinstimmung damit erteilt werde. Verschiedene Verwaltungsgerichtsurteile, in denen beispielsweise klargestellt wird, der Staat dürfe den Kirchen nicht vorschreiben, was sie als »übereinstimmend mit ihren Grund-

49. Vgl. oben 1.2, 38.

sätzen« ansehen, werden zur Untermauerung dieser Auffassung herangezogen. Im Grunde lasse der rechtliche Rahmen jede Regelung zu, welche die Kirchen gemeinsam als mit ihren Grundsätzen übereinstimmend bezeichnen.
Beide Kirchen sahen sich aufgrund des wachsenden Drucks aus der Religionspädagogik und von seiten der Lehrer- und Elternschaft sowie aus der Öffentlichkeit in den letzten Jahren zu grundlegenden Äußerungen über das Konfessionalitätsprinzip veranlaßt: 1994 die Evangelische Kirche in ihrer Denkschrift »Identität und Verständigung«, 1996 – nach intensiven Geburtswehen – die katholischen deutschen Bischöfe: »Die bildende Kraft des Religionsunterrichts. Zur Konfessionalität des katholischen Religionsunterrichts«.
Beide Kirchen halten an der Konfessionalität des Religionsunterrichts grundsätzlich fest. Sie grenzen sich von einer »konfessionalistischen Engführung« im Sinne eines intoleranten Konfessionalismus und dogmatisch ausgerichteter religiöser Indoktrination ab. Der Religionsunterricht sei in »Offenheit für die christliche Ökumene« und für die übrigen Weltreligionen zu erteilen, allerdings auf konfessioneller Grundlage, d. h. von einer identifizierbaren konfessionellen und konfessorischen Position aus. Damit grenzen sich beide Kirchen von Versuchen in ihren eigenen Reihen ab, das Konfessionsprinizp fundamentalistisch oder missionarisch zu instrumentalisieren. Beim Umgang mit dem Konfessionalitätsprinzip gehen die Positionen dann zwar auseinander: Während die Bischöfe grundsätzlich an der berühmten »Trias« der konfessionellen Übereinstimmung von Inhalt, Lehrer und Schüler festhalten, ist die Evangelische Kirche bereit, den Religionsunterricht für anderskonfessionelle, andersreligiöse und konfessionslose Schülerinnen und Schüler zu öffnen im Sinne eines Angebots, das niemanden ausschließt.[50] Einig sind sich beide Kirchen aber in dem Grundsatz, daß Religionslehre konfessioneller Fachunterricht bleiben muß. Darüber kann auch der Vorschlag der EKD-Denkschrift zu einem Lernbereich nicht hinwegtäuschen; auch dort bleibt es beim Ne-

50. Vgl. dazu auch unten 2.1, 63.

beneinander unterschiedlicher konfessioneller Religionsunterrichte mit Ethik als Wahlpflicht-Alternative, was durch vorgesehene Kooperationsmöglichkeiten untereinander allenfalls kosmetisch geschönt wird.[51]

Die Kirchen beteuern zwar, ihrem heutigen Selbstverständnis nach schlössen sich Konfessionalität und ökumenische sowie interreligiöse Offenheit und Verständigungsbereitschaft keineswegs gegenseitig aus, grundlegende Taten folgen diesen Beschwörungen im Blick auf den Religionsunterricht aber nicht. Aus der Forderung, sich an einer »ökumenischen Hermeneutik« zu orientieren und konfessionelle Kooperation an der Schule zu verstärken[52] wäre durchaus auch eine andere Schlußfolgerung möglich als diejenige, die in der Denkschrift gezogen wird – eine Schlußfolgerung nämlich, die eindeutig in Richtung eines ökumenischen Religionsunterrichts weist.

Diese Idee stößt aber auf die kompromißlose Ablehnung der Katholischen Kirche. Modifikationen des Konfessionalitätsprinzips in Richtung Kooperation der Konfessionen werden auf »Modellversuche, Sonderfälle und Ausnahmesituationen«[53] beschränkt. Ökumenische Blütenträume stünden in der Gefahr, »das Trennende in Fragen der Heilsvermittlung, -verwirklichung und -gemeinschaft« zu ignorieren. Dagegen stellen die Bischöfe unmißverständlich fest: »Kirchliche Identität« ist und bleibt das Kennzeichen des Religionsunterrichts, »das den pädagogischen und religiösen Erfordernissen in der pluralistischen Gesellschaft am besten gerecht wird«. Zur Abstützung ihres dogmatisch-heilspädagogischen Ansatzes, dessen Orientierungspunkt die gemeindliche religiöse Praxis bildet, die erschlossen und zu der hingeführt werden soll,[54] berufen sich die Bischöfe auf die vom Bundesverfassungsgericht 1987 bestätigte herkömmliche Interpretation, nach der die »Übereinstim-

51. Zu Einzelheiten vgl. auch 2.4, 79ff.
52. Ev. Kirche in Deutschland (1994), 65-72.
53. H.-W. Winden (1992), 29; Vgl. auch: Die deutschen Bischöfe (1996), 78f.
54. A.a.O., 53; vgl. dazu die Kritik des katholischen Theologen und Religionspädagogen Erich Feifel an der Erklärung der Bischöfe, E. Feifel (1997).

mung mit den Grundsätzen der Religionsgemeinschaften« als »konfessionelle Positivität und Gebundenheit« zu verstehen sei, mit dem Ziel, »die Glaubenssätze« der jeweiligen Religionsgemeinschaft als »bestehende Wahrheiten« zu vermitteln.[55] Mit einem solchen satzhaft-deduktiven Glaubensverständnis gehen die Bischöfe erkennbar hinter die Position des Synodenbeschlusses von 1974 zurück, die es als Aufgabe des Religionsunterrichts ansah, Fragen zu wekken, verantwortliches Denken auszubilden und zur Entscheidung zu befähigen. Religion ist für die Bischöfe identisch mit verfaßter Religion, sprich Kirche. Mit kirchlicher Gebundenheit ist aber die gelebte Religion unserer Alltagswelt in ihrer Komplexität keineswegs erfaßt. Das hier offenkundige Verständnis der römisch-katholischen Kirche als der Weltkirche sowie die sich darin ausdrückende dogmatisch argumentierende Theologie fallen zurück hinter die seit dem II. Vatikanischen Konzil Mitte der sechziger Jahre veränderte kirchliche Praxis. Es gibt sicher keine ökumenische Kirche, und auch eine Ökumene ohne die Konfessionskirchen ist unrealistisch, aber es gibt weit mehr gelebte Ökumene, als die Bischöfe und die Kirchenleitungen wünschen und zulassen.

Daß die Evangelische Kirche wirklich zum ökumenischen Religionsunterricht bereit wäre, wenn die Katholische Kirche mitzöge, bleibt derzeit eine bloße Vermutung, die jedenfalls in der Denkschrift von 1994 und in den kirchenoffiziellen Stellungnahmen zu LER in Brandenburg keinerlei Nahrung findet. Auch die religionshermeneutischen Prinzipien der evangelischen Kirche zielen auf die Legitimation einer traditionellen konfessionellen Hermeneutik. Gegen die Verfechter eines religionskundlichen Unterrichts[56] auf religionswissenschaftlicher Basis wird der erklärte Anspruch von Religion bekräftigt, auf die Wahrheit zu verweisen und zu ihr zu führen, die den Menschen zu ihrem unbedingten Heil gereiche. Gerade die Wahrheitsfrage werde bei einer religionswissenschaftlich-vergleichenden Betrachtung ausgeklammert, gehöre aber als das »konfessorische Element« unverzichtbar in den Religionsun-

55. Vgl. oben Anm. 18.
56. Siehe unten 2.2, 68ff.; 5.3, 185ff.

terricht. Zudem werde Religion in der Gesellschaft nur in konkreten Ausformungen von Konfessionen und Religionen erfahrbar und vermittelbar. Andernfalls werde eine abstrakte »Schulreligion« erzeugt, eine Zivil- bzw. Staatsreligion, welche die Entfremdung zwischen schulischer und gesellschaftlicher Realität nur noch verstärke. Der »Zivilreligion« wird unterstellt, sie habe a priori keine kritische Distanz zu den herrschenden Trends ihres gesellschaftlichen Kontextes. Angesichts der Rolle beider Kirchen im Nationalsozialismus wirkt solche Kritik aus ihrem Munde deplaziert. Es scheint kein Gespür mehr dafür zu existieren, daß die Behauptung der prophetischen Widerstandskraft der Kirche »nur in Form des Bußrufes im Bekenntnis zur eigenen kirchengeschichtlichen Schuld«[57] möglich ist.

Beide Kirchen folgen der These, allein auf der Basis einer in der Sozialisation erworbenen religiösen Position und *Identität* sei *Verständigung* möglich. In dem Wort der deutschen Bischöfe ist das auf die auch für die evangelische Kirche zustimmungsfähige Formel gebracht: »Eine ›multikulturelle Identität‹ gibt es nicht. Aber es gibt eine eigene kulturelle Identität, die sich mit anderen kulturellen Identitäten verständigen kann.«[58] Hier leitet ein ausgesprochen starres und statisches Verständnis von kultureller und religiöser Identität, das die Prozesse von Individualisierung und Pluralisierung von Lebensformen und Lebenswelten in der eigenen Kultur nicht erfaßt und dem der Gedanke verschlossen bleibt, daß Identität – und eben auch religiöse Positionalität – sich unter unseren gesellschaftlichen Bedingungen überhaupt erst auf dem Weg der Verständigung entwickeln kann.

Neben den kirchenoffiziellen Positionsbestimmungen gibt es sowohl im Bereich der evangelischen wie der katholischen Religionspädagogik Bemühungen, ein weniger statisches Verständnis von »Konfessionalität« zu erarbeiten. Beispielhaft kann auf Dietrich Zilleßen für die evangelische und Norbert Mette für die katholische Religionspädagogik verwiesen werden.

57. B. von Issendorf (1997), 26.
58. Die deutschen Bischöfe (1996), 28.

Auffällig bleibt auch die Diskrepanz zwischen konfessioneller Programmatik beider Kirchen und schulischer Wirklichkeit. Abgesehen davon, daß schulorganisatorische Probleme die reguläre Erteilung von Religionsunterricht beeinträchtigen, wirken sich auch grundlegende pädagogische Entwicklungen auf den Religionsunterricht aus. Vor allem in den ersten zwei Jahren der Grundschulen, in den Berufsschulen sowie den Sonderschulen werden reformpädagogische Vorstellungen wie Projektarbeit, fächerübergreifendes Lernen und möglichst viel Unterricht im Klassenverband umgesetzt. Hier wird der separate Lehrgang in konfessionell getrennten Gruppen – wo er überhaupt in dieser Form stattfindet – als störender Fremdkörper empfunden, noch dazu häufig von einer bzw. einem Außenstehenden (Pfarrer/in) erteilt. Die Schulen erhalten zunehmend die Autonomie, je nach spezifischen Umfeldbedingungen »Schulprofile« zu entwickeln. Wenn der Religionsunterricht hier überhaupt eine Rolle spielt, dann nicht in konfessionell getrennt erteilter Gestalt, sondern in Form von Projektangeboten, die religionsübergreifend angelegt sind. Als weitere Abweichung vom Konfessionalitätsprinzip praktizieren die Kirchen auch den Lebenskunde-Unterricht der Bundeswehr nicht in monokonfessionell separaten Gruppen (Gert Otto). Angesichts dieser Realität hat z. B. die Evangelische Kirche in Hessen und Nassau pragmatische Konsequenzen ins Auge gefaßt, deren Bandbreite vom traditionell konfessionell getrennt erteilten Religionsunterricht auf der einen bis hin zum Religionsunterricht im Klassenverband auf der andern Seite reicht. Allerdings wird auch hier versichert, es gehe nicht darum, den konfessionell getrennt erteilten Religionsunterricht generell durch einen Religionsunterricht im Klassenverband zu ersetzen, sondern darum, für die jeweils unterschiedlichen Umfeldbedingungen die passende Lösung zu finden.[59]
Sollten die Kirchen auf ihrem Verständnis des Konfessionalitätsprinzips beharren und sich nicht bereit finden, ihre religionshermeneutischen Reflexionen zu differenzieren, wird der Religionsunter-

59. Vgl.Religionsunterricht in einer sich wandelnden Gesellschaft, in: Schönberger Hefte 2/1997, 8ff.

richt sich weiter selbst an den Rand des schulischen Bildungszusammenhangs bringen und weiter marginalisieren. Die Argumente derer werden immer gewichtiger, die den Staat auffordern, Fragen der Wertorientierung in seinen Bildungsbemühungen mehr Aufmerksamkeit zu schenken und ein allgemeinbildendes Schulfach einzuführen, das auf alle Schülerinnen und Schüler bezogen ist, die kenntnisreiche Auseinandersetzung mit den Religionen unseres kulturellen Raums ebenso einbezieht wie Probleme ethischer Urteilsbildung und Lebensgestaltung. Horst Gloy, Leiter des Pädagogisch-Theologischen Instituts in Hamburg und Pastor der Nordelbischen Evangelisch-Lutherischen Kirche, benennt das Risiko zutreffend:

»Grundgesetzliche Garantie hin oder her: Ein schulischer Religionsunterricht auf der Basis der herrschenden Auslegung und Praxis nach Art. 7,3 wird in einer Gesellschaft, die sich aller Voraussicht nach noch weiter pluralisieren, und das heißt eben auch: durch wachsende Multikulturalität und Multireligiosität gekennzeichnet sein wird, in einer schulischen Sackgasse und damit endgültig im pädagogischen Abseits enden; denn zumal während der Grundschulzeit käme eine generelle Teilung der Schülerinnen und Schüler in mehrere Religions-Gruppen einer pädagogischen Absurdität gleich: Sich ausgerechnet in Religion in mehrere Gruppen trennen zu müssen, das stünde quer zu allen wesentlichen Einsichten und Anliegen gegenwärtiger Grundschulreform und könnte die durchaus vorhandene Tendenz bestärken, das Phänomen Religion endgültig aus den Wahrnehmungs- und Bearbeitungsaufgaben der öffentlichen Schule herauszudrängen, also auch die schulisch ausgewiesene, pädagogisch verantwortete Kommunikation über und mit Religion konsequent zu ›privatisieren‹.«[60]

60. H. Gloy (1997), 235; vgl. zu Gloys eigenen Vorschlägen zur Struktur künftigen Religionsunterrichts unten 3.3 und 5.3; zu dem Vorschlag, die Kommunikation über und mit Religion konsequent zu privatisieren vgl. unten 3.4.

2. Konfessionell-kooperativer, allgemeiner oder interkultureller Religionsunterricht? Vorschläge zu einer strukturellen Reform

In den vergangenen 25 Jahren gab es eine Reihe von Versuchen, die Legitimationsprobleme des Religionsunterrichts durch Änderungsvorschläge zu lösen. Die neuen Ansätze wollen produktiv mit der veränderten religiösen Landschaft in der Bundesrepublik umgehen. Sie betrachten einen Religionsunterricht, der nach Kirchenkonfessionen getrennt erteilt wird, als Relikt einer historischen Epoche, die unwiderruflich zu Ende geht. Seine Existenz sei an volkskirchliche Verhältnisse gebunden, von denen heute keine Rede mehr sein könne, nicht im Westen Deutschlands und erst recht nicht im Osten. Was sich in unserer Gesellschaft vollziehe, sei weniger ein dramatischer »Traditionsabbruch« als vielmehr eine »schleichende Verdunstung der traditionell kirchlich orientierten religiösen Bindungen, deren Auswirkungen jedoch dramatisch genannt werden müssen« (N. Mette). Diese Situation hat die Qualität der Debatte gegenüber der seit Ende der 60er Jahre geführten grundlegend verändert. Ging es bislang vorrangig um eine Krise der *Praxis* des konfessionellen Religionsunterrichts, die in immer neuen Modellen didaktisch bewältigt worden ist,[1] so stellt sich die Frage künftig curricular ein Stück grundsätzlicher. Zunächst wäre eine »interpretative Fortschreibung« der Verfassungsnorm des Art. 7 GG anzudenken in Richtung auf einen von den beiden christlichen Kirchen gemeinsam erteilten Religionsunterricht, in dem die erforderliche »Übereinstimmung mit den Grundsätzen« eingelöst wird. Angesichts der zunehmend multireligiösen Wirklichkeit in unseren Schulen sowie angesichts der Tatsache, daß im Grundgesetz von »Religionsgemeinschaften« und nicht von »Kirchen« die Rede ist, mit deren Grundsätzen der Religionsunterricht übereinstimmen muß, stellt sich darüber hinaus die noch weitergehende Frage nach einer neuen Strukturierung

1. Vgl. oben 1.1, 20ff.

nicht nur des Religionsunterrichts, sondern des *gesamten* Lernfeldes, das bislang vom mono- und kirchenkonfessionellen Religionsunterricht besetzt gehalten wird und durch Fächer angereichert wird, die ihm als Ersatz-, Alternativ- oder als Komplementärfach zugeordnet werden (Ethik, Werte und Normen, Philosophie).[2]

2.1 Bikonfessioneller bzw. Ökumenischer Religionsunterricht

Das Spektrum von Vorschlägen zu einer strukturellen Reform beginnt damit, daß der traditionelle konfessionelle Religionsunterricht lediglich geöffnet wird für Schülerinnen und Schüler des anderen christlichen Bekenntnisses oder – einen Schritt weiter – auch für Anhänger anderer Religionen oder auch für Religionslose. Daneben gibt es den weitergehenden Vorschlag eines »kooperativ-konfessionellen« Religionsunterrichts, in dem die beiden christlichen Kirchen auf unterschiedliche Weise und Intensität kooperieren. Und schließlich gibt es Vorschläge zu einem »bikonfessionellen« bzw. »ökumenischen« Religionsunterricht, auf dessen Grundsätze sich die beiden christlichen Konfessionen einigen sollen.[3]

Öffnung des konfessionellen Religionsunterrichts

Kennzeichnend für den traditionellen konfessionellen Religionsunterricht ist die normative Orientierung von Lehre, Lehrern und Schülern am gleichen Bekenntnis. Dieses traditionelle Verständnis von Konfessionalität wird bereits dort didaktisch relativiert, wo neuere pädagogische Prinzipien aufgegriffen werden wie z. B. schülerorientierte, sozialisationsbegleitende, emanzipatorische, gesellschafts- und religionskritische, biographische Ansätze (siehe oben, Kap. 1). Es wird faktisch zwangsläufig auch dann relativiert, wenn die »Lehre«, bedingt durch theologische Diskussionszusammenhänge, ihren normativen Anspruch verliert, und/oder wenn Religi-

2. Vgl. dazu W. Fleischer-Bickmann (1992); vgl. dazu auch unten Kap. 3.4.
3. Zum Thema »Konfessionalität« des Religionsunterrichts vgl. oben Kap. 1.5.

onslehrer zu ihrer Kirche auf Distanz gehen, wenn immer weniger Schüler sich am Bekenntnis ihrer Kirche orientieren bzw. immer mehr Schüler anderer Konfessionen, Religionen oder weltanschaulicher Prägung am konfessionellen Religionsunterricht teilnehmen. Um zu verhindern, daß andere religiöse oder weltanschauliche Gruppierungen Zugriff auf das traditionelle Privileg der Kirchen erhalten, wird für eine offenere Gestaltung des Religionsunterrichts plädiert: informierend, nicht missionierend.
Nach Auffassung der Evangelischen Kirche kann eine Öffnung des konfessionellen Religionsunterrichts damit beginnen, daß auch Schülerinnen und Schüler daran teilnehmen dürfen, die nicht der evangelischen Kirche angehören. Sie können aus anderen christlichen Konfessionen kommen oder auch konfessionslos sein; es kann sich um junge Angehörige nichtchristlicher Religionen handeln oder um überhaupt nicht religiös erzogene Schüler und Schülerinnen. Die Evangelische Kirche beruft sich dabei auf die ausdrückliche Bestätigung dieser ihrer bereits seit Mitte der siebziger Jahre praktizierten Verfahrensweise durch ein Urteil des Bundesverfassungsgerichts aus dem Jahr 1987, nach dem es allein den Kirchen zusteht zu entscheiden, ob und in welchem Umfang sie den Religionsunterricht bekenntnisfremden Schülern öffnen. Um Mißverständnissen vorzubeugen, betont die jüngste EKD-Denkschrift dazu ausdrücklich:

»Auch ein Religionsunterricht, der sich für Schülerinnen und Schüler eines anderen Bekenntnisses öffnet, bleibt im Sinne des Grundgesetzes konfessionell gebunden.«[4]

Die Kath. Kirche sieht dies zurückhaltender und spricht eindeutig von »Ausnahmefällen« und »Gaststatus« und möchte die Öffnung auf Einzelfälle beschränkt sehen. Die Bischöfe formulieren dies in ihrem »Wort« zur Konfessionalität des Religionsunterrichts 1996 folgendermaßen:

»Konfessioneller Religionsunterricht im ökumenischen Geist erlaubt in Ausnahmefällen den Gaststatus von Schülern und Schülerinnen einer anderen Konfession insbesondere dann, wenn der Religionsunterricht dieser Konfession nicht

4. Ev. Kirche in Deutschland (1994), 66.

angeboten werden kann und das Profil des katholischen Religionsunterrichts nicht in Frage gestellt wird.
Dem Wunsch konfessionsloser Eltern und Kinder mit dem Anliegen, im Religionsunterricht das Christentum mit seinen Werten und seiner Kultur kennenzulernen, kann entsprochen werden, wenn der katholische Religionsunterricht als solcher gewährleistet bleibt. Analog gilt dies für die besondere Situation z. B. in den neuen Bundesländern, wenn Regelungen getroffen werden, die eine Aufnahme nichtgetaufter Schülerinnen und Schüler in größerer Zahl ermöglicht.«[5]

Die Evangelische Kirche sieht in der ihrerseits ermöglichten Durchlässigkeit eine Voraussetzung für weitergehende konfessionelle Kooperationen. Ein weiterer Schritt in diese Richtung ermöglicht in der gymnasialen Oberstufe aufgrund zwischenkirchlicher Regelungen den Schülerinnen und Schülern auch den Besuch von Kursen der jeweils anderen Konfession. Für die Sekundarstufe II sieht die Evangelische Kirche damit dem pädagogischen Erfordernis Rechnung getragen, das Kennenlernen konfessioneller Alternativen zuzulassen. Dies soll allerdings nur für die älteren Schülerinnen und Schüler gelten, weil diese »der größeren Pluralität von Auffassungen besser gewachsen« seien. So sollen ihnen »Vergleichsmöglichkeiten« für ihre Identitätsbildung eröffnet werden. *Konfessionelle Zusammenarbeit im Unterricht* biete sich bei »fächerübergreifenden Unterrichtseinheiten« an oder lege sich bei »zwischenkirchlich umstrittenen Themen« nahe.[6] Auch Projektwochen bieten aus der Sicht der Evangelischen Kirche sinnvolle Möglichkeiten der konfessionellen Zusammenarbeit, in denen sich auch Gelegenheiten ergeben – etwa durch Besuch eines jüdischen Friedhofs oder die Gestaltung einer »Türkischen Woche« – »Judentum und Islam kennenzulernen«.[7]

Kooperativ-konfessioneller Religionsunterricht

Ein »kooperativ-konfessioneller« Religionsunterricht definiert sich ebenfalls von der konfessionellen Gebundenheit des Lehrers und der Lehre her. Die beiden christlichen Großkonfessionen sollen nach

5. Die deutschen Bischöfe (1996), 79.
6. A.a.O., 69.
7. A.a.O., 70.

diesem Konzept insofern zusammenarbeiten, als sie sich z. B. über Themen in Lehrplänen abstimmen und gegebenenfalls Projekte gemeinsam realisieren. Als Vorstufe eines kooperativ-konfessionellen Religionsunterrichts kann auch eine Form der Zusammenarbeit gelten, welche die EKD-Denkschrift vorsieht, nämlich den Wechsel von »differenzierenden« Phasen in konfessionellen Gruppen mit »gemeinsamen« Phasen im Klassenverband. Die Evangelische Kirche sieht es ausdrücklich als problematisch an, wenn der Religionsunterricht der beiden Konfessionen hinter dem Stand des interkonfessionellen Gesprächs zurückbliebe, warnt aber auch deutlich: »Der Religionsunterricht verfehlt ... die Wirklichkeit, wenn er eine Gemeinsamkeit voraussetzt, die es noch nicht gibt«.[8] Noch deutlicher sind die deutschen Bischöfe, wenn sie an der »kirchlichen Identität« als Kennzeichen des Religionsunterrichts festhalten und schlußfolgern, denjenigen Konzepten eines Religionsunterrichts, »die auf eine gemeinsame Gestaltung und Verantwortung der christlichen Kirchen für den Religionsunterricht abzielen, kann deshalb ebensowenig zugestimmt werden wie den Modellen eines auf Religions- oder Lebenskunde reduzierten Unterrichts.« (1996, 79f.)
In die Richtung einer engeren Kooperation der beiden Kirchen im Religionsunterricht weist aber gerade z. B. das jüngste Plädoyer des Deutschen Katechetenvereins »Künftig zunehmend in gemeinsamer Verantwortung der Kirchen« (1992) für einen Religionsunterricht, der »zunehmend von den Kirchen gemeinsam veranstaltet wird« sowie das »Gutachten der Theologischen Fakultät Rostock zur Einrichtung des Religionsunterrichts in den Schulen des Landes Mecklenburg-Vorpommern«[9] sowie das »Hamburger Memorandum« (1992)[10], die hier nicht im einzelnen vorgestellt und erörtert werden können. Ihnen allen ist, gleichgültig, ob sie aus katholischer oder evangelischer Sicht und Tradition argumentieren, aufgrund der Nähe ihrer Verfasserinnen und Verfasser zur schulischen Wirklichkeit gemeinsam, daß sie einen nach Kirchenkonfessionen

8. A.a.O., 72.
9. abgedruckt in J. Lott (Hg.) (1992a), 33ff.; 201ff.
10. A.a.O., 131ff.

getrennt erteilten Religionsunterricht nicht als zukunftsfähig betrachten. Entsprechend deutlich fällt auch die Kritik des Vorstands des Deutschen Katechetenvereins an der Position der deutschen Bischöfe aus, wenn er die »geradezu triumphalistische Vollmundigkeit« ihrer Aussagen beklagt.[11]

Bikonfessioneller Religionsunterricht

Bikonfessioneller Religionsunterricht wird bereits 1969 von *Gert Otto* gefordert. Er beschreibt das Konzept folgendermaßen: »Bikonfessioneller Religionsunterricht ist weder ›überkonfessionell‹ noch ›unkonfessionell‹, weil dies beides unsachgemäße Weisen sind, sich dem Problem der Konfessionalität zu stellen. Bikonfessioneller Religionsunterricht reflektiert vielmehr das Faktum konfessioneller Prägungen und Bindungen. Er leitet zu Verständnis und Beurteilung an – wogegen überkonfessioneller Religionsunterricht sie umgeht und unkonfessioneller sie überspielt.«[12] Bikonfessioneller Religionsunterricht soll nicht zu Religion hinführen, sondern er soll »den Ursprung christlichen Glaubens ... und die wirkungsgeschichtliche christliche Verkündigung verständlich« machen.
Dreierlei soll für das Konzept des bikonfessionellen Religionsunterrichts charakteristisch sein:

- Die jeweilige konfessionelle Prägung wird nicht als unbefragbare Voraussetzung genommen, sondern
- als historische und also relative Bedingtheit erkennen und verstehen gelehrt,
- und zwar gemäß unserer Verhältnisse, konzentriert auf protestantische und katholische Konfessionalität in einem Unterrichtsfach, wobei der Blick auf andere ökumenische Verflechtung und auf das Gegenüber zu den Weltreligionen eingeschlossen ist.

Als Beispiel für einen solchen im wesentlichen bikonfessionellen Religionsunterricht in staatlicher Verantwortung und mit einer be-

11. Der Vorstand des Deutschen Katecheten-Vereins (1997), 38.
12. G. Otto (1969), 123ff.

reits auf das 19. Jahrhundert zurückgehenden Tradition, wäre der Unterricht im Fach Biblische Geschichte in Bremen zu nennen.[13] In der Bremer Landesverfassung von 1947 heißt es im Artikel 32: »Die allgemeinbildenden öffentlichen Schulen sind Gemeinschaftsschulen mit bekenntnismäßig nicht gebundenem Unterricht in Biblischer Geschichte auf allgemein christlicher Grundlage ... Kirchen, Religions- und Weltanschauungsgemeinschaften haben das Recht, außerhalb der Schulzeit in ihrem Bekenntnis oder in ihrer Weltanschauung diejenigen Kinder zu unterweisen, deren Erziehungsberechtigte dieses wünschen.«

2.2 Religionsunterricht für alle

Die Konzeption eines »Religionsunterrichts für alle« engt die Kooperation nicht auf die beiden großen christlichen Kirchen ein, sondern nimmt die Pluralität der Konfessionen und Religionen ernst und fragt nach dem, was ihnen gemeinsam ist und danach, was sie trennt. Schon Anfang der siebziger Jahren fordert der katholische Religionspädagoge *Hubertus Halbfas* einen Religionsunterricht, der sich vollständig aus dem Bildungsauftrag der Schule legitimiert und der, statt im Sinne einer »staatlich institutionalisierten Missions- und Seelsorgestation der Kirchen« zu »verkündigen«, informiert und aufklärt. Nur so könne er ordentliches Lehrfach für alle Schüler bleiben. Da dieser Religionsunterricht »konsequent vom religiösen und weltanschaulichen Pluralismus unserer Gesellschaft her« zu definieren sei, könne nicht mehr von einem konfessionellen Religionsunterricht und »nicht einmal von einem christlichen Religionsunterricht« gesprochen werden. Das »Nebeneinander und die Differenz der Religionen wie Konfessionen (ist) ausdrücklich als eine didaktische Aufgabe zu erkennen, so daß auch hier die Geschichtlichkeit der Religionen und Kirchen im Unterricht umfassend zu reflektieren bleibt«. Dieser Religionsunterricht sei

13. Ähnliche Regelungen finden wir auch in einzelnen Regionen der Schweiz; vgl. K. Wegenast: (1992), 489ff.; vgl. dazu auch unten 3.6 sowie 83ff.

obligatorisch zu machen, nicht gegen die Kirchen, sondern mit ihnen. Die gesellschaftliche Entwicklung sollte die Kirchen »selbst zur Einsicht in notwendige Reform führen«.[14]

Allgemeiner Religionsunterricht / Religionskunde

Gert Otto klagt seit vielen Jahren einen »*Religionsunterricht für alle*« bzw. einen »*Allgemeinen Religionsunterricht*« ein, der die »konfessionellen Verengungen« ebenso überwindet wie die Gegenübersetzung zu dem Ersatzfach »Ethik«. Der Ethik-Unterricht könne zu diesem »Religionsunterricht für alle« ausgestaltet werden und mache einen Alternativ- oder Ersatzunterricht überflüssig. In Zusammenhang mit der deutsch-deutschen Einigung nimmt Otto seine Reforminitiative erneut auf. In sieben Thesen plädiert er für ein neues Profil des Religionsunterrichts, für den er nunmehr die Bezeichnung »Religionskunde« vorschlägt.[15] Religionskunde aber nicht als »distanzierte, neutrale Information«, sondern im Sinne des Verständnisses von »Kunde« als einer »systematischen Erhellung komplexer Lebens- und Sachzusammenhänge«. Diese Definition von Kunde erscheint Otto offen für die mit der Aufnahme des Begriffs »Religionskunde« gewollten didaktischen Akzentuierungen: »orientiert an den Lernaufgaben von Schülerinnen und Schülern in ihrer spezifischen Situation angesichts unserer Welt, nicht orientiert an fachwissenschaftlicher Systematik, offen für die Komplexitäten, die in einem Lernbereich zu Tage treten, in den Inhalte aus Theologie, Religionswissenschaft, Philosophie und Ethik eingehen«.[16]

Der »Braunschweiger Ratschlag« (1991) nimmt auf Ottos Vorschlag positiv Bezug: »Wer den Wandel von Kindheit und Jugend, der Konfessions- bzw. Religionsgeographie sowie der religionspädagogischen Praxis im Westen ernstnimmt und im Osten auf eine faire und behutsame Dialogfähigkeit zwischen den gesellschaftli-

14. H. Halbfas (1971), 173ff.
15. G. Otto (1992), 359ff.
16. A.a.O., 373.

chen Kräften hinarbeiten möchte ..., wird sich der Anziehungskraft der Forderung nach einem »allgemeinen Religionsunterricht« nicht verschließen, sie verspricht den besonderen Bedingungen im Osten und im Westen in je eigener Weise eine gemeinsame Zukunftsperspektive«.[17] Der Vorschlag gewinne die Sympathie der Autoren »gerade auch als Christen, denen daran liegt, die christliche Botschaft im gleichberechtigten Dialog mit alten und neuen Botschaften für ein gelingendes Leben zur Geltung zu bringen«.

Otto begründet die Notwendigkeit des Religionsunterrichts aus der Präsenz religiöser Denkweisen und Lebensformen: Geschichte und Werte unserer Kultur seien nicht ohne ihre religiöse Herkunft zu verstehen; so ließen sich etwa viele Werke der Literatur von Goethe bis Christa Wolf nur vor dem Hintergrund eines christlichen Deutungshorizontes rekonstruieren.

Diese Feststellung ist sicher zutreffend, ist sie aber auch schon hinreichend, um die Notwendigkeit eines *eigenständigen Religionsunterrichtes* zu begründen? Zu erörtern wäre die Frage nach der Geltung dieser christlichen Werte in einer Gesellschaft, die einerseits durch ihre Enttraditionalisierung, andererseits durch radikale Individualisierung der Lebensformen gekennzeichnet ist. Es muß der Gefahr begegnet werden, christliches Bildungswissen weiterhin als unhinterfragten Bezugspunkt menschlichen Selbst- und Weltverständnisses zu nehmen und mit dem berechtigten Anspruch auf Kenntnis und Verstehen von Herkunft und Grundlagen des christlichen Erbes zugleich auch seine Verbindlichkeit für alle zu postulieren.

Die Vision eines Unterrichts, an dem alle unabhängig von ihrer religiösen und weltanschaulichen Prägung teilnehmen können, ist überzeugend, weil die gemeinsame Erfahrung des Verschiedenen und des Verbindenden identitätsstiftend ist. An ihr ist unbedingt festzuhalten. Richtig ist auch, daß die Behandlung ausschließlich religiöser Themen in isolierender Betrachtung nicht ausreichend ist. Es bleibt aber die Frage: Kann ein solcher Unterricht, der notwendig die Grenzen der Religion überschreitet, aus nur *einer* Per-

17. In: J. Lott (Hg.) (1992a), 346.

spektive heraus entwickelt werden? Kann er *Religions*unterricht sein? Werden dabei nicht die verschiedenen integrierten Perspektiven (»Deutungsschemata, Weltauffassungen, Philosophien, Ideologien und die durch sie bedingten Verhaltensstrukturen«) letztlich auf religiöse Kernfragen reduziert?[18] In der Konsequenz des Ansatzes von Otto liegt eher das Plädoyer für eine Lernbereichskonstruktion in Richtung des Vorschlags von F. Doedens in Hamburg (Religion/Philosophie/Ethik, vgl. unten 3.4.) oder in Richtung der Prinzipien des Modells »Lebensgestaltung-Ethik-Religionskunde« (Brandenburg, vgl. unten Kap.4).

Obligatorische Religionen-Kunde

Heiner Kappel, evangelischer Pfarrer und Mitglied des Hessischen Landtags (FDP), und Claudia Strobecke, Wissenschaftliche Mitarbeiterin der FDP-Fraktion im Hessischen Landtag, schlagen in Aufnahme von Argumenten und konzeptionellen Überlegungen eines religionskundlich orientierten Religionsunterrichts eine für alle *»obligatorische Religionen-Kunde«* vor. Sie betonen die Notwendigkeit, in der Schule ein Wissen über die »Religionen mit ihren vielfältigen Erscheinungs- und Ideenwelten« als »kulturell maßgebliche sowie identitäts- und gemeinschaftsstiftende Bestimmungsfaktoren in unserer Gesellschaft« ihrer großen Bedeutung gemäß zu vermitteln. Der konfessionelle Religionsunterricht setze eine vergangene gesellschaftliche Realität voraus.

»Diese Realität besteht schon seit Jahrzehnten längst nicht mehr darin, daß die Einwohner einer Gemeinde der selben Konfession angehören ... Besonders gut illustriert diese Entwicklung das Beispiel der Stadt Frankfurt, die mit ihren 635.000 Einwohnern inzwischen einen Ausländeranteil von rund 25 % zu verzeichnen hat. Auf diese Weise leben in den deutschen Gemeinden immer mehr Christen und Nichtchristen in gemeinsamen Wohngebieten zusammen. Die ehemals Fremden und Einheimischen pflegen ihre eigenen Kulturen und Religionen, was z. B. darin seinen Ausdruck findet, daß die Muslime eigene Moscheen erbaut haben. Hinzu kommen außerdem die Asylbewerber, die zunehmend das Bild in unseren Gemeinden und Städten prägen. Dies ist nicht nur in

18. Ich folge hier der Kritik Fleischer-Bickmanns (1992), 461ff.

Frankfurt außerschulische Realität, sondern in ganz Deutschland. Wie aber ist ein Schulunterricht, in dem Schülerinnen und Schülern nach wie vor gesagt wird, sie lernten für das Leben und nicht für die Schule, zu verantworten, wenn dieser Unterricht sie nicht wirklich auf das Leben vorbereitet?« ... »Das Ziel eines offenen und eines vom Glaubensbekenntnis unabhängigen Religionsunterrichts, der von seinen Inhalten her der multikulturellen Gesellschaft adäquat ist, ist von seinem Selbstverständnis her folglich auch die Vermittlung von Wissen um kulturelle und religiöse Besonderheiten anderer Religionen, Kirchen, Konfessionen und Weltanschauungen, um durch eine solche Öffnung des Horizonts Fremdheit und Unverständnis abzubauen.«[19]

Von einer solchen religionskundlichen Umgestaltung des Religionsunterrichts erhofft man sich eine »extreme Aufwertung« des Religionsunterrichts. Die Teilnahme an diesem Schülerinnen und Schüler unterschiedlicher religiös-kultureller Prägung integrierenden Unterricht soll genauso obligatorisch sein wie für andere Schulfächer. Im Zentrum des Ansatzes steht das Interesse an »kulturell und religiös übergreifender Wissensvermittlung«. In der schulpolitischen Verlängerung eines bestimmten Verständnisses von »Liberalität« soll »Religionen-Kunde« die gleichberechtigte Behandlung von Minderheiten sicherstellen. »Die Kulturen der verschiedenen Länder werden als gleichwertig akzeptiert, und die Schülerinnen und Schüler werden auf ein Leben in einer multinationalen Gesellschaft vorbereitet.« Es dominiert in diesem liberalen Religionen-Kunde Konzept ein einseitig kognitiver Umgang mit der Vielfalt religiöser Orientierungen in der Hoffnung, differenzierteres Wissen ziehe automatisch verändertes Verhalten nach sich. Auch bleibt das Verständnis von Bildung und Allgemeinbildung, das Religionen-Kunde schulisch legitimieren soll, auffallend inhaltsleer. Es regiert ein problematisches oder unreflektiertes Verständnis von »Neutralität« der Schule, das letztlich Verzicht auf »Positionalität« zu verlangen scheint. Wenn dies so sein sollte, bleibt diesem Konzept offensichtlich verborgen, daß Erziehung immer schon ein »intentionales«, ein interessengeleitetes Unternehmen war und ist, für dessen inhaltliche Ausrichtung Landesverfassungen, Schulgesetze und Lehrpläne stets die Richtung vorgeben.

19. In: J. Lott (Hg.) (1992a), 407ff., 416.

2.3 Reformvorschläge aus der ehemaligen DDR

Im Zusammenhang mit der Diskussion über die Einführung von Religionsunterricht in den neuen Bundesländern wird erneut auf den pädagogisch und bildungspolitisch fragwürdigen Tatbestand aufmerksam gemacht, daß im Religionsunterricht die Kinder und Jugendlichen nicht nur in Christen, Muslime, Atheisten auseinanderdividiert werden, sondern auch noch in Protestanten und Katholiken. Auch aus Kreisen der Kirchen wird nachdrücklich gewarnt: »Kinder sollen nicht sortiert werden in ›Kleinstgruppen‹ religiöser Menschen einerseits und das Gros ethikbeflissener Areligiöser andererseits«, sondern Schule soll ermöglichen, daß sie »aus ihren unterschiedlichen beschädigten Traditionslinien zusammenkommen, um in einem integrierten Unterricht herauszufinden, worauf Menschen setzen können, was ihnen lieb, wichtig und teuer ist, damit das Leben gelingt« (W. Hülsemann, Stadtjugendpfarrer in Berlin-Ost 1990, an die Adresse der Kirchenleitungen in Ost und West. Vielen Eltern und Lehrern in den neuen Bundesländern will es, nachhaltig von den Erfahrungen mit einer dirigistischen Weltanschauungsschule beeindruckt, nicht einleuchten, Kinder im Unterricht nach Weltanschauungsgesichtspunkten aufzuteilen. Die Schule soll nicht der Ort sein, Kinder und Jugendliche zu »missionieren«. Gleichzeitig trifft die Forderung auf breite Zustimmung in der Öffentlichkeit, im Rahmen des schulischen Bildungsangebots einen festen Ort vorzusehen, an dem Heranwachsende sich mit der Komplexität unserer pluralistischen und multikulturellen Gesellschaft auseinandersetzen können. Bildungstheoretische Überlegungen lassen es problematisch erscheinen, das bisherige Aussparen religiöser Fragestellungen aus dem Bildungskanon der Schulen der ehemaligen DDR beizubehalten. Ein Religionsunterricht nach westdeutschem Muster ist jedoch keine adäquate Lösung. Für viele in Ostdeutschland, so bringt Roland Degen, Mitarbeiter am Comenius-Institut in Berlin, die Stimmung zutreffend auf den Begriff, erschien »ein Religionsunterrichtsfach ein ähnliches Westimportprodukt zu sein wie das weitgehend westdeutsche Warenangebot in den nach Osten verlängerten Handelsketten, mit dem Eigenständiges und hier Entstehendes oft bewußt oder unbewußt blockiert wurde«.[20]

Religionsunterricht und/oder Ethik?

Auch vor dem Zusammenschluß sind in der damaligen DDR seit 1989 Vorschläge entwickelt worden, die auf Kennen- und Verstehenlernen religiöser/weltanschaulicher Prägung und Systeme zielen, statt auf Hinführung zu bestimmten religiösen Bekenntnissen und Frömmigkeitsformen. Die im einzelnen verästelte Diskussion braucht hier nicht nachgezeichnet zu werden, aber einige Stimmen sollen zur Sprache kommen und die Richtung der Argumentation verdeutlichen:

1990 antwortet *Gottfried Forck*, evangelischer Bischof der Berlin-Brandenburgischen Kirche, auf die Frage nach Absichten zur Einführung von Religionsunterricht:

»Es könnte eigentlich nur ein Religionsunterricht sein, der darlegt, was Religion ist, nicht nur die christliche, sondern meinetwegen Buddhismus, Islam, Hinduismus und andere. Und was Grundaussagen der Religion sind, damit die Schüler der Schule überhaupt erst einmal Kenntnis davon bekommen, was in der langen Menschheitsgeschichte gedacht worden ist. In dieser Hinsicht ist ja bisher nichts vermittelt worden. Und Unterricht, der zum Glauben hinführen will, der müßte ganz und gar in der Verantwortung der Kirche bleiben – nach meiner Sicht.«

Eckhard Schwerin, in der mecklenburgischen Landeskirche für Fragen des Religionsunterrichts zuständiger Oberkirchenrat, schlägt – nachdem die ursprüngliche Idee, ein Fach »Lebensfragen« einzurichten, sich nach einem eingeholten Rechtsgutachten als nicht umsetzbar erwiesen hat – eine Neuinterpretation von Art. 7 Abs. 3 vor, die einen offenen und kooperativen Religionsunterricht ermöglicht. Es müsse ein Religionsunterricht konzipiert werden, der bei möglichst allen Schülern Akzeptanz finden kann. Eine von Kirchen-

20. R. Degen (1995), 15.

leitung und Landessynode autorisierte Arbeitsgruppe formuliert folgende allgemeine Zielperspektive:

»Das Fach Religion soll Schülerinnen und Schülern Orientierungs- und Entscheidungsräume eröffnen, die ihnen eine eigene, freie Entscheidung ermöglichen. Die Sinnfrage und Sinnantworten sollten an den gegenwärtigen und künftigen Lebens- und Überlebensfragen Frieden, Gerechtigkeit und Bewahrung der Schöpfung auf der individuellen, sozialen und gesellschaftlichen und der globalen Ebene entfaltet werden.«

Die Synode der mecklenburgischen Kirche beschließt entsprechend: »Das Fach Religion ist nicht einseitig konfessionell ausgerichtet.« Schwerin betont, daß mit der Formulierung »nicht einseitig konfessionell« ein Perspektivenwechsel angestrebt war, in dessen didaktischer Konsequenz auch die Möglichkeit liegen könnte, statt an ein Fach Religion an einen Lernbereich zu denken – »vergleichbar den Arbeitsstandpunkten zu einem ›Unterrichtsfach (Lernbereich) Lebensgestaltung/Ethik/Religion‹«.
Auch die Einführung eines *obligatorischen Ethikunterrichts* erschien als ein Weg aus dem Dilemma und der Legitimationskrise des Religionsunterrichts sowie des unsäglichen Nebeneinanders von Religion und Ethik; schon seit 1988 existierte in Westdeutschland ein entsprechendes Modell des katholischen Religionspädagogen Josef Brechtgen. An solche Überlegungen knüpfte der *Bund der evangelischen Kirchen in der DDR* 1990 in einem internen Diskussionspapier an. Ausgehend von der Einschätzung, eine Übertragbarkeit der westdeutschen gesellschaftlichen Situation auf die Schulen Ostdeutschlands sei nicht gegeben, wurde erwogen, Ethikunterricht als ordentliches Lehrfach bei den Pflichtfächern anzusiedeln und als »Ausdruck der erwarteten dialogischen Grundstruktur der zu gestaltenden Schule« zu begreifen. Der Zugang zu dem Fach »Ethik« war auf Kirchenseite ein ausgesprochen positiver, verbanden sich mit ihm doch Hoffnungen auf eine innere Schulreform. In dieser Form wollte die Kirche ihre Mitverantwortung für den Bereich der öffentlichen Bildung und Erziehung wahrnehmen. Dies alles auf dem Hintergrund einer langjährigen kircheneigenen pädagogischen Arbeit und Erfahrung in der »Christenlehre« im Raum der Kirche.

Im Juli 1990 wurde dieser Vorschlag in einer Vorlage für die gemeinsame Bildungskommission BRD/DDR, Unterkommission »Allgemeine schulische Bildung«, wiederholt, wobei ergänzend konfessioneller Religionsunterricht ab Klasse 5 als Wahlfach empfohlen wurde. Während die Synode der Evangelischen Kirche Anhalts im März 1992 sich »mit überwältigender Mehrheit« für die Einführung des konfessionellen Religionsunterrichts aussprach, schlug die SPD in Sachsen-Anhalt das Schulfach Ethik als Pflichtfach für alle Schüler vor. Im Schulgesetzentwurf vom Oktober hieß es in § 6, Ethikunterricht, Religionsunterricht:[21]

1. Der Ethikunterricht ist an den öffentlichen Schulen ordentliches Lehrfach, das für alle Schüler verpflichtend ist.
2. Im Fach Ethik sind religionskundliche Kenntnisse, das Verständnis für die in der Gesellschaft anerkannten Wertvorstellungen und Normen und der Zugang zu weltanschaulichen und religiösen Fragen zu vermitteln. Ziel des Ethikunterrichts ist es, zu Toleranz und Dialogfähigkeit mit Andersdenkenden zu erziehen sowie zu gewaltfreier Konfliktbewältigung zu befähigen.
3. Der Religionsunterricht ist ordentliches Lehrfach. *Er ist dann einzurichten, wenn mindestens fünf Schüler eines Bekenntnisses oder einer Religionsgemeinschaft dies wünschen.*
4. Der Religionsunterricht wird in Übereinstimmung mit den Grundsätzen der Religionsgemeinschaften erteilt. Die Schulbehörden erlassen Richtlinien und genehmigen die Lehrbücher in Einvernehmen mit den Religionsgemeinschaften.

Mit dieser Regelung soll den besonderen ostdeutschen Verhältnissen angemessen Rechnung getragen werden. Ein Vorbehalt, diese Entscheidung zu überprüfen, war mitformuliert: »Wie sich die gesellschaftliche Situation entwickeln und verändern wird, ist gegenwärtig offen. Ein gemeinsames neues Nachdenken in den Kirchen

21. Landtag von Sachsen-Anhalt / Erste Wahlperiode: Fraktion der SPD: Entwurf eines Schulgesetzes für das Land Sachsen-Anhalt. Drucksache 1/1928 vom 20.10.1992 (Hervorhebung J. L.).

kann zukünftig zu anderen situationsgemäßen Erkenntnissen und Entscheidungen führen.«[22] Inzwischen sind die ostdeutschen Kirchen dem nachhaltigen Druck aus politischen und kirchlichen Kreisen Westdeutschlands gefolgt und haben sich mit ihrer Entscheidung für konfessionellen Religionsunterricht anders positioniert. Ob dies eine »situationsgemäße« Erkenntnis und Entscheidung war, darf man bezweifeln.

»Lebensgestaltung« als neues Schulfach

In der Zeit des gesellschaftlichen Umbruchs in der DDR ist Ende 1989 auch der Vorschlag für ein Schulfach »*Lebensgestaltung*« entstanden, der 1990 öffentlich im Zusammenhang mit der Bildungsreform diskutiert worden ist.[23] Der Schwerpunkt des Konzepts lag auf der Thematisierung von Lebensfragen der Schüler inklusive philosophisch und religionsbezogen zu behandelnder Themen. Solche Fragen nach dem Individuum und seiner Identitätsbildung standen in der DDR unter dem Verdacht des »pädagogischen Revisionismus«. Mitte 1989 gelang es nach mehrjährigen schwierigen Vorbereitungsarbeiten, einen, wenn auch fakultativen Kurs »Zur Gestaltung des persönlichen Lebens« im Schulkanon unterzubringen. Das Konzept war von einer Forschungsgruppe an der Pädagogischen Hochschule Güstrow unter Leitung von Ingeborg Bastian ausgearbeitet worden. Daran konnte die »Volksinitiative Bildung« im Frühjahr 1990 anknüpfen. In der im Rahmen dieser Bildungsinitiative eingerichteten Arbeitsgruppe »Allgemeinbildung und Lebensgestaltung« wurde die Schaffung eines neuen integrativen Schulfaches »Lebensgestaltung« erarbeitet, das ab Schuljahr 1991/92 erprobt werden sollte.[24] Inhaltlich sollte das neue Fach auf »Le-

22. Zitiert in W. Simon: Religionsunterricht in der Schule. Zur Entwicklung des schulischen Religionsunterrichts in den neuen Bundesländern, in: J. Brune (Hg.) (1993), 108ff, 112.
23. Ähnliche Fächer gibt es seit den sechziger Jahren in Österreich (»Lebenskunde«) und neuerdings in den Niederlanden (»lebenskundliche Bildung«). Zu Einzelheiten vgl. G. Eggers (1997), bes. Kap.1.
24. Vgl. Volksinitiative Bildung (1990).

bensgestaltung« bezogene Vorleistungen anderer Fächer aufnehmen und integrierend vertiefen. Im einzelnen waren folgende Fragestellungen und Themen vorgesehen:

- die Gestaltung sozialer Beziehungen, einschließlich der Lösung von Konflikten in Familie, Schule, Freizeit und gesellschaftlichem Leben,
- Freundschaft, Liebe und Ehe, Elternschaft und Kindererziehung,
- Fragen der Identitätsfindung, Selbsterkenntnis und Selbstveränderung,
- Fragen der Gestaltung des eigenen Bildungsprozesses, der Berufsfindung und des Berufslebens,
- Fragen der Freizeitgestaltung einschließlich des Umgangs mit Massenmedien,
- Psychohygiene, Gesundheit, Krankheit und Leidbewältigung, Sterben und Tod.

Als wichtigste Ziele des Fachs galten die Förderung der bewußten Auseinandersetzung mit dem eigenen Leben und der Umwelt sowie des Willens und der Fähigkeit zur selbstbestimmten und sinnvollen Gestaltung des Lebens, insbesondere der sozialen Beziehungen in Einheit mit einem produktiven Beitrag zur Gestaltung des gesellschaftlichen Lebens. Bei aller beabsichtigten Vermittlung von Orientierungs- und Handlungswissen, stand eine ganzheitliche Förderung der Fähigkeit zu Lebensgestaltung im Zentrum, das heißt auch die Reflexion der Dimension von Gefühlen, Haltungen, Konflikten. Als Aneignungs-, Reflexions- und Auseinandersetzungsformen sollten kollektive Entscheidungsprozesse, Gruppendiskussionen, Rollenspiele, soziales Training, gemeinsame Aktionen, psychodynamische Methoden die gewohnte Herrschaft des Lehrbuchs ablösen. Zensuren waren nicht vorgesehen.[25] Im Laufe der weiteren curricularen Entwicklung des neuen Fachs Lebensgestaltung wurden auch Fragen von Ethik und Religion organisch eingebun-

25. Das »Positionspapier« der Arbeitsgruppe ist abgedruckt in: Arbeitsmaterialien der Koordinierungsberatung bildungspolitischer Initiativgruppen in der DDR. Berlin 1990, 49ff.

den, die im Positionspapier auffällig ausgespart worden waren. Einerseits sollten Assoziationen eines (sozialistischen) Moral-Unterrichts vermieden werden, andererseits wirkte bei der Abwehr dieser Themen die erlernte vorurteilsbeladene Sicht von Religion fort.[26] Auf die weitere konzeptionelle Ausarbeitung und Erprobung im größeren Maßstab sowie die institutionelle Durchsetzung fielen dann im Frühsommer 1990 bereits die Schatten der inzwischen gebildeten »Gemeinsamen Bildungskommission BRD/DDR«, in der die Vertreter der evangelischen und katholischen Kirche mehrheitlich und möglichst schnell die Einführung von Religionsunterricht nach westdeutscher Gewohnheit an den Schulen der neuen Länder betrieben. Zu einer weiteren Ausarbeitung dieses Ansatzes ist es ab 1991/92 dann nicht mehr gekommen, da von fast allen neuen Ländern das altbundesrepublikanische Modell »konfessioneller Religionsunterricht« mit »Ethik« als Ersatz- bzw. Alternativfach weitgehend schematisch übernommen worden ist. Eingegangen ist dieser Ansatz allerdings in das Konzept des Brandenburger Modellversuchs zu einem Lernbereich »Lebensgestaltung – Ethik – Religion«.[27]

2.4 Religionsunterricht und Ethik in einer Gruppe eigenständiger Fächer (EKD)

Um den Planungen des Landes Brandenburg zum neuen Lernbereich »Lebensgestaltung-Ethik-Religion« (LER)[28] eine Alternative entgegenzusetzen, ist seitens der Evangelischen Kirche das Kon-

26. Die Grundannahmen dieses in der DDR-Erziehung vermittelten Bildes von Religion spiegeln sich in Sätzen wie den folgenden:
    - »Religion ist zum Absterben verurteilt. Sie ist etwas Überflüssiges, zu Überwindendes, ein Rest des Alten. Dieser Rest hat eine Verbindung zum ›Feind‹. Darum ist Wachsamkeit und Mißtrauen vonnöten.«
    - »Religion hat eine Vertröstungsfunktion, ist Opium für das Volk, die Armen, Unterdrückten, Ausgebeuteten.«
    - »Priester, Mönche, Pfarrer sind kluge Leute. Sie haben viel entdeckt. Aber Vorsicht! Sie beuten aus, sind nur auf reiche Abgaben aus, unterdrücken, führen Krieg.« Vgl. K. Dang (1992),169ff.
27. Vgl. unten Kap. 4.
28. Vgl. dazu unten Kap. 4.

zept einer eigenständigen Fächergruppe in die Debatte gebracht worden – im Sinne eines Pflichtbereichs, in dem mehrere eigenständige Fächer zusammengefaßt sind, deren Besuch für alle Schülerinnen und Schüler unter bestimmten Bedingungen verpflichtend ist: Evangelische Religionslehre, Katholische Religionslehre, Ethik für diejenigen Schüler, die sich von einem der beiden ordnungsgemäß abgemeldet haben, sowie gegebenenfalls orthodoxer, jüdischer und islamischer Religionsunterricht.[29] Bei diesem Konstrukt wird in der EKD-Denkschrift ausdrücklich auf den Modellversuch des Landes Brandenburg abgrenzend Bezug genommen, weil dort die verschiedenen zusammengeführten Elemente gerade nicht eigenständige Fächer bleiben, sondern integriert werden sollen. Vom Zusammenführen von konfessioneller Religionslehre und »Ethik« in einer »Fächergruppe« bzw. einem »Pflichtbereich« verspricht sich die Evangelische Kirche eine Betonung des Gewichts dieser Fächer im Schulkanon, stärkere fachliche Kooperation (die allerdings nicht weiter konkretisiert wird), sowie »eine bessere Voraussetzung für die in Zukunft noch zunehmende Aufgabe interreligiösen Lernens« und die Qualifizierung für einen »Dialog, der auch die atheistischen Einstellungen ernst nimmt«.[30] Eine Auseinandersetzung mit den gewichtigen Argumenten, die für das Erreichen solcher Ziele den Dialog unterschiedlich konfessionell oder religiös bzw. weltanschaulich geprägter Schüler in *einer* Lerngruppe für notwendig erachten, um Dialog auch erfahren und einüben zu können, findet in der EKD-Denkschrift nicht statt.[31] Ihr religionshermeneutischer Ansatz steht dem insgesamt entgegen. Er geht davon aus, Verständigung sei allein auf der Basis einer zuvor erworbenen religiösen Identität im Sinne traditionell konfessionell-christlicher Bekenntnis-Positionen sinnvoll.

Dieser Vorschlag für eine Gruppe in sich eigenständiger Fächer als Zukunftsmodell für den Religionsunterricht ist auch innerhalb der Kirchen nicht unumstritten. So hat kürzlich die neugewählte Syn-

29. Ev. Kirche in Deutschland (1994), 80.
30. A.a.O., 80f.
31. Zur Auseinandersetzung darüber vgl. unten Kap. 5.3.

ode der EKD während ihrer ersten Sitzung in Friedrichroda deutlich gebremst. Sie sieht in dem Fächergruppe-Modell nicht mehr als »eine Möglichkeit« angesichts »der Situation in den neuen Bundesländern«. Im Konflikt um das neue Schulfach »Lebensgestaltung-Ethik-Religionskunde« (LER) in Brandenburg haben sich die Evangelische Kirche Berlin-Brandenburg und die regionale katholische Kirche auf das Fächergruppe-Modell festgelegt. Es ermöglicht beiden Kirchen, ihre z. T. recht unterschiedlichen Zielvorstellungen für den Religionsunterricht und die Gestaltung seiner Konfessionalität[32] beizubehalten.
Wolfgang Huber, Bischof der Evangelischen Kirche in Berlin-Brandenburg, räumt zwar selbst ein, daß zumindest für die neuen Bundesländer die Übernahme von Religionsunterricht allein oder auch verbunden mit Ethik als Ersatz oder Alternative für diejenigen, die am Religionsunterricht nicht teilnehmen, der schulischen Situation nicht Rechnung trägt, zieht daraus aber keine weitergehende Schlußfolgerung:

»Auch ein zwar gleichberechtigtes aber unverbundenes Nebeneinander von Religionsunterricht und zum Beispiel Ethik/Philosophie ist aus unserer Sicht keine überzeugende Lösung, denn hier würden Schülerinnen und Schüler je nach einmal vollzogener Teilnahmeentscheidung ausschließlich getrennt voneinander unterrichtet, und das wichtige Gespräch miteinander käme nicht zustande. Im übrigen würden dann die Teilnehmerinnen und Teilnehmer am Ethik/Philosophie-Unterricht den Bereich ›Religion‹ nicht kennenlernen.«[33]

Huber setzt daher auf die in dieser Fächergruppe in einem Rahmenplan vorzusehende Kooperation in gemeinsamen Projekten. Solche Projekte aber, kämen sie denn zustande, wären mit der Aufgabe völlig überlastet, die nach unterschiedlichen religionshermeneutischen Konzepten strukturierten Fächer *problembezogen zu integrieren*. Von daher stellt das Fächergruppe-»Modell« nicht mehr als eine kosmetische Operation am Status quo dar. Es bleibt mit der ganzen Hypothek des konfessionellen Religionsunterrichts beladen, einschließ-

32. Vgl. dazu oben 1.5.
33. Bischof Huber in einem Brief an die Mitglieder des Landtages Brandenburg vom 10.06.1995, 1.

lich der hochproblematischen Zwangs-Alternative »Ethik«.[34] Es wird benutzt, um letztlich doch zwei selbständige und getrennt voneinander erteilte Fächer beizubehalten. Dafür wird sogar in Kauf genommen bzw. inzwischen auch verbal gefordert, was in der Vergangenheit nicht zuletzt seitens der Kirchen stets verhindert wurde: islamische religiöse Unterweisung bzw. religiöse Unterweisung anderer Religionen und Weltanschauungen im Range eines ordentlichen Lehrfaches einzuführen. Damit soll das Argument widerlegt werden, der Religionsunterricht stelle ein – durch die gesellschaftliche Realität nicht mehr gedecktes – Privileg der beiden christlichen Großkirchen dar.

34. Vgl. dazu ausführlicher oben 1.4.

3. Alternativen zur Wahlmöglichkeit Religion – Ethik

Selbst ein konfessionell-kooperativer oder ein christlich-ökumenischer Religionsunterricht ist nicht in der Lage, sich sachlich angemessen auf die Vielfalt und Komplexität der in unserer Gesellschaft nebeneinander existierenden religiösen Traditionen und Glaubensüberzeugungen sowie der religiös nicht gebundenen Welt- und Lebensdeutungen zu beziehen, da er das gesamte religiöse Spektrum nur unter dem Blickwinkel »christlich« – »nichtchristlich« wahrnimmt. Folkert Doedens folgert mit Blick auf die Interpretation der Formulierung »Grundsätze der Religionsgemeinschaften« in Art. 7.3 GG durch die EKD 1971 (vgl. Kap. 1.3):

»Auch muß radikaler als bisher gefragt werden, ob in einer multikulturellen und multireligiösen Gesellschaft die ›Versäulung‹ des religiös-weltanschaulichen Pluralismus in verschiedene, konfessionell geprägte Religionsunterrichtsangebote ... die pädagogisch angemessene Angebotsform ist, oder ob sie nicht statt zu Kooperation und Dialog eher zu Abgrenzung bzw. Ausgrenzungen beizutragen droht.«[1]

Diese Frage ist auch an die EKD-Denkschrift »Identität und Verständigung« und ihren Vorschlag eines Lernbereichs aus unterschiedlichen Religionsunterrichten und Ethik/Philosophie zu stellen.

3.1 Biblische Geschichte auf allgemein christlicher Grundlage (Bremen)

Von der grundgesetzlichen Norm des Art. 7 gibt es eine Ausnahme: Art. 141 GG räumt einem Bundesland, in dem am 1.1.1949 eine abweichende landesrechtliche Regelung bestand, die Möglichkeit ein, diese Regelung beizubehalten. Im Rahmen der Beratungen über das neue Grundgesetz im Jahr 1948 kämpfte Senator Ehlers als Vertreter Bremens im Parlamentarischen Rat nachdrücklich dar-

1. F. Doedens (1992).

um, daß der gerade zuvor in Bremen erreichte Kompromiß über den Religionsunterricht als »bekenntnismäßig nicht gebundenen Unterricht« nicht durch das GG zunichte gemacht würde. Die Anerkennung, die diese Initiative aus föderativen Gesichtspunkten u. a. bei Theodor Heuss, dem späteren Bundespräsidenten fand, führte nach zähen Verhandlungen dazu, daß mit Art. 141 GG Ländern, die vor Inkrafttreten des GG eine andere landesrechtliche Regelung praktizierten, das Recht eingeräumt wurde, auf einen Religionsunterricht »in Übereinstimmung mit den Grundsätzen der Religionsgemeinschaften« (Art. 7.3) verzichten können, aber nicht zu müssen.[2] Weil diese Klausel auf Initiative des Landes Bremen in die neue Verfassung der Bundesrepublik Deutschland aufgenommen worden ist, spricht man auch, den Sachverhalt verkürzend, von der »Bremer Klausel«; sie bezieht sich nicht nur auf Bremen, sondern auf alle Länder mit einer von Art. 7.3 abweichenden Praxis, dazu gehörten noch Hamburg und Berlin sowie die Länder der damaligen Ostzone.[3]
Von dieser Ausnahmemöglichkeit macht Bremen nach wie vor Gebrauch und regelt den Religionsunterricht in Art. 32 der Landesverfassung so:

»Die allgemeinbildenden öffentlichen Schulen sind Gemeinschaftsschulen mit *bekenntnismäßig nicht gebundenem Unterricht in Biblischer Geschichte auf allgemein christlicher Grundlage.*
Unterricht in Biblischer Geschichte wird nur von Lehrern erteilt, die sich dazu bereiterklärt haben. Über die Teilnahme der Kinder an diesem Unterricht entscheiden die Erziehungsberechtigten.
Kirchen, Religions- und Weltanschauungsgemeinschaften haben das Recht, außerhalb der Schulzeit in ihrem Bekenntnis oder in ihrer Weltanschauung diejenigen Kinder zu unterweisen, deren Erziehungsberechtigte dies wünschen.«

2. Zu Art. 141 und seinen konfessions- und bildungspolitischen Hintergründen vgl. unten Kap. 4.3.
3. Inwieweit damit auch Länder z. B. der sowjetisch besetzten Zone gemeint waren, ist eine Grundsatzfrage im Streit um die Frage, ob Brandenburg heute eine von Art. 7.3 abweichende Regelung praktizieren darf oder nicht. Darüber zu entschieden, ist das Bundesverfassungsgericht in Karlsruhe angerufen worden.

Damit war die bisherige Praxis eines allgemeinprotestantischen Religionsunterrichts zu einer allgemeinchristlichen Ausrichtung fortgeschrieben worden. die auch die in Bremen inzwischen relevant gewordene Gruppe der Katholiken einbezog.
In der Sache wird dieser Artikel durch Art. 33 BLV ergänzt, der festschreibt, daß in den Schulen »der Grundsatz der Duldsamkeit« herrschen und »der Lehrer in jedem Fall auf die religiösen und weltanschaulichen Empfindungen aller Schüler Rücksicht« nehmen soll. Diese Situation in Bremen ist Ergebnis eines langen historischen Prozesses und einer komplizierten kirchen- und bildungspolitischen Gemengelage in der Stadt, ohne deren Kenntnis sie nicht zu verstehen ist. Näheres dazu findet sich in den Untersuchungen von Manfred Spieß.[4]
Bremen hatte 1522 das lutherische Bekenntnis angenommen, nur der Dom (noch Hannoversches Gebiet) blieb katholisch. Ende des 16. Jahrhunderts trat der Rat der Stadt zum reformierten Bekenntnis über – ein Schritt, den der lutherisch gewordene Dom nicht mitvollzog. Die so entstehende konfessionelle Spaltung zwischen Reformierten und Lutheranern war von großer politischer Bedeutung für die Stadt, deren innerer Frieden dadurch litt. Der Senat versuchte spätestens seit 1803 (Reichsdeputationshauptschluß), eine Kirchenunion herzustellen – vergeblich. Daher legte der Senat Wert darauf, wenigstens in der Schulpolitik seine Einigungswünsche durchzusetzen. Um den »Konfessionsgeist« nicht länger zu nähren, wurde gegen Kirchenprotest die Trennung der Schüler nach lutherischem und reformiertem Bekenntnis in den 20er Jahren des 19. Jahrhunderts abgeschafft. Motiviert von der pädagogischen Reformbewegung schlugen um die Jahrhundertwende bremische Lehrer in Anlehnung an Forderungen Adolf Diesterwegs vor, den konfessionellen Religionsunterricht zugunsten eines allen Konfessionen gemeinsamen Religionsunterrichts abzuschaffen. 1905 legte die bremische Lehrerschaft eine »Denkschrift« vor, in der die Abschaffung jeder Form von Religionsunterricht in der Schule gefordert wurde. Die Denk-

4. Vgl. auch M. Spieß (1992); Ders. (1996).

schrift ging davon aus, daß die Schule Angelegenheit des Staates und Religion Privatsache sei. Die Bürgerschaft unterstützte die Position der Denkschrift; der Senat verzögerte die Entscheidung, um schließlich – mit aller ihm zu Gebote stehender Entschlossenheit – an der alten Regelung festzuhalten. Auch in einer leicht veränderten Fassung des Lehrplans von 1916 blieben die Argumente und Vorstellungen der Lehrer weitgehend unberücksichtigt. Neu war allerdings, daß hier (1916) erstmals der Begriff »Biblischer Geschichtsunterricht« (BGU) im Lehrplan festgelegt wurde, um den Religionsunterricht von dogmatisch-konfessionellen Missionierungsabsichten abzugrenzen. Am 07.01.1919 verordnete der Arbeiter- und Soldatenrat die *Abschaffung von BGU* und Morgenandachten in der Schule. Ein Teil der Lehrerschaft begrüßte diese Verordnung ausdrücklich. Kirchliche Vereine und die neu gebildete »Bremer Lehrervereinigung zur Erhaltung des Religionsunterrichts« stritten dagegen. Die nachfolgende mehrheitssozialistische Regierung bestätigte die Verordnung über die Abschaffung des BGU.

Nach Weimarer Schulkompromiß und Reichsverfassung forderte der Reichsminister des Innern 1920, auch in Bremen wieder Religionsunterricht einzuführen, ließ aber offen, ob als konfessioneller Religionsunterricht oder als BGU in Bremer Tradition. Bürgerschaft und Senat waren sich einig, der BGU wurde wieder eingeführt auf der Grundlage des Lehrplans von 1916. Eine gute Chance zur Revision und weiteren didaktischen Entfaltung des BGU blieb ungenutzt.

Nach 1945 kommt es im Zusammenhang der Erarbeitung einer neuen Landesverfassung in Bremen zu zähen Verhandlungen, in denen sich vor allem die CDU für die Einführung des konfessionellen Religionsunterrichts, die Beteiligung der Kirchen an Lehrplangestaltung und Schulbuchkonzipierung aussprach und das Recht zur Einsichtnahme in den staatlichen Religionsunterricht durch kirchliche Beauftragte forderte. Nach langwierigen Verhandlungen einigte man sich schließlich auf die Kompromißformel, die als Art. 32 in die BLV aufgenommen wurde: »bekenntnismäßig nicht gebundener Unterricht in Biblischer Geschichte auf allgemein christlicher Grundlage«. Die ursprünglich vorgesehene Formel enthielt den Zusatz »auf allgemein christlicher Grundlage« nicht, war aber von der Kirche abgelehnt worden, weil ein bekenntnismäßig nicht gebundener Unterricht auch ein Unterricht *gegen* Bibel und Christentum sein könne. Für die Verfechter der Tradition eines konfessionellen Religionsunterrichts bedeutete diese Regelung eine zweifache Kränkung, zum einen einen Übergriff des Staates auf ihre konfessionelle Integrität, die gerade nicht als allgemeinchristliche, sondern als eine jeweils spezifische katholische bzw. evangelische konfessionelle Identität zu verstehen sei, sowie zweitens eine »Degradierung« des in ihren Augen »eigentlichen« Religionsunterrichts zu einer freiwilligen Veranstaltung der Kirchen in der Schule.

Die Verabschiedung der BLV führte zu der Frage, wie ein nun allen christlichen Bekenntnissen (innerprotestantischen wie katholischen) gemeinsamer Religionsunterricht als BGU didaktisch auszugestalten ist. Ein entsprechendes theoretisches Konzept wurde nicht erarbeitet. Die Klärung erfolgte lediglich auf der Ebene von Lehrplankonstruktionen.

In den *sechziger Jahren* tauchten im politischen Raum – auf dem Hintergrund der genannten doppelten Kränkung – Erwägungen auf, über eine Änderung der Verfassung auch in Bremen wieder konfessionellen Religionsunterricht einzuführen. Es war Innensenator Hans Koschnick, der 1964 öffentlich anregte, die Möglichkeit (zu) schaffen, daß an den Schulen durch entsprechende Lehrer sowohl katholischer wie auch evangelischer Religionsunterricht erteilt werden kann. Koschnick: »Wir kommen ... um eine Verfassungsänderung nicht herum.«[5] Koschnick interpretierte »allgemein christliche Grundlage« als »allgemein protestantische« Grundlage; damit stand er keineswegs allein. Die Mehrzahl der Lehrer strukturierten ihren Unterricht nach den Grundsätzen der evangelischen Konfession. Die Schulbücher, die benutzt wurden, waren Schulbücher, die andernorts von den Kirchen für evangelischen Religionsunterricht zugelassen waren. Walter Hartmann,

5. Bremer Nachrichten vom 28.05.1964.

Dozent an der Pädagogischen Hochschule Bremen, erklärte, daß er während seiner Tätigkeit in der Lehrerbildung und -fortbildung stets von einem protestantisch orientierten BGU ausgegangen sei.[6] Auf seine Empfehlung war 1961 das Religionsbuch »Erhalt uns, Herr, bei deinem Wort« für den BGU eingeführt worden, gegen dessen Benutzung 1963 wegen antikatholischer und antisemitischer Passagen Einspruch eingelegt wurde.
Um unterhalb der Ebene einer Verfassungsänderung doch noch zum Ziel zu kommen, wurde 1964 von Eltern und den Kirchen der bremische *Staatsgerichtshof* bemüht. Er sollte feststellen, daß der Art. 32 BLV mit dem »bekenntnismäßig nicht gebundenen Unterricht in Biblischer Geschichte auf allgemein christlicher Grundlage« einen »christlichen Gesinnungsunterricht auf evangelischer Grundlage« meint. Der Staatsgerichtshof lehnte diese Interpretation der LV ab. Er stellte fest, mit der Formulierung »auf allgemein christlicher Grundlage« sei die Verfassung über die Tradition »auf allgemein protestantischer Grundlage« oder »im protestantischen Geist« eindeutig hinausgegangen. Die Formulierung weise zweifelsfrei auf ein über das Protestantische hinausgehende aller christlichen Welt Gemeinsames hin. Wenn die Väter der Verfassung dies nicht gewollt hätten, hätten sie »auf allgemein protestantischer Grundlage« in die Verfassung setzen können. Nach Auffassung des Staatsgerichtshofes war es aber Absicht des Verfassungskompromisses, *angesichts des Zustroms vieler Katholiken nach Bremen, den BGU zeitgemäß weiterzuentwickeln* und eine Formulierung zu finden, die *neben den innerprotestantischen Bekenntnissen auch die katholische Konfession einbezieht*. Die Beschwerden der Antragsteller gegen dieses Urteil des Staatsgerichtshofes wurden 1971 vom *Bundesverfassungsgericht* zurückgewiesen. Inhaltliche Festlegungen zur Ausgestaltung des BGU wurden vom Staatsgerichtshof selbstverständlich nicht getroffen.[7]

6. Weser Kurier vom 19.08.1964.
7. Vgl. G. Otto (1972).

Die Evangelische Kirche hat sich inzwischen mit den Urteilen arrangiert. Sie bietet Lehrern, die dieses Fach unterrichten, in ihrer Religionspädagogischen Arbeitsstelle (RPA) vielfältige pädagogische Hilfen an. Sie versteht sich als »wacher und kritischer Begleiter des Staates in Angelegenheiten des BGU« (M. Spieß). In der Zwischenzeit sind neue Lehrpläne und Rahmenrichtlinien für den Unterricht in Biblischer Geschichte/ Religionskunde erlassen, die im Grundsatz versuchen, einen BGU auf allgemein christlicher Grundlage zu konzipieren. Leitthemen und Leitfragen für Lehrpläne und Unterricht sind:

- auf die Bibel und biblische Hermeneutik bezogene Themen
- religionskundliche und religionshermeneutische Fragestellungen
- persönliche und gesellschaftliche Wertorientierung und Sinnfragen
- Kirchen und Religionsgemeinschaften früher und heute.[8]

Probleme und Entwicklungsperspektiven

Daß der BGU im Unterschied zur kirchenkonfessionell ausgerichteten evangelischen bzw. katholischen Religionslehre anderer Bundesländer kein konfessioneller Gesinnungsunterricht ist, birgt für das Fach BGU Risiken und Chancen zugleich. Die *Risiken* liegen auf der Hand: Für den BGU fehlt eine durchschlagkräftige Lobby in Bremen. Die Kirchen können dies aufgrund der verfassungsrechtlichen Situation nur begrenzt leisten.
Politische Interessen und Sichtweisen (z. B. eine grundsätzlich ablehnende Haltung gegenüber Religion an sich) scheinen eindeutig die pädagogischen Argumente zu dominieren. Die Schulbehörde berücksichtigt den Biblischen Geschichtsunterricht auf der Stundentafel nicht hinreichend und stellt die vorhandenen ausgebildeten Lehrerinnen und Lehrer nicht ein. Die von CDU-Seite erhobene Forderung »Pastoren in die Klassen« ist vom verfassungsmäßi-

8. Vgl. M. Spieß (1996).

gen Konzept des BGU und von seiner didaktischen Ausgestaltung her als Problemlösung völlig abwegig.
Gegenläufig dazu ist diesem konfessionell nicht gebundenen Unterricht in den vergangenen fünf Jahren ein neues öffentliches Interesse von außerhalb entgegengebracht worden. Die neuen Bundesländer hätten die Möglichkeit gehabt, nach dem Beitritt der DDR zur Bundesrepublik, von Art. 141 GG (Bremer Klausel) Gebrauch zu machen. Damit wäre es möglich gewesen, jeweils für ihre regionalen Gegebenheiten und Bedürfnisse ein passendes Modell zu entwikkeln, das die Thematisierung von Fragen der Religionen und Wertentscheidungen in ihren Schulen angesichts des religiös-weltanschaulichen Pluralismus pädagogisch sinnvoll strukturiert. Fehlt schon in den alten Bundesländern heute die entscheidende Voraussetzung, die den üblichen kirchenkonfessionellen Religionsunterricht in der Schule legitimieren könnte, gilt dies für die neuen Bundesländer erst recht. Die politischen Machtverhältnisse im Zuge der Vereinigung haben aber dazu geführt, daß – mit Ausnahme von Brandenburg[9] – über die Köpfe der betroffenen Eltern und Schüler hinweg der kirchenkonfessionelle Religionsunterricht altbundesrepublikanischen Strickmusters importiert worden ist – mit Ethik als problematischem Pflicht-Ersatz bzw. als Wahl-Pflicht-»Alternative«.[10]
Für eine Weiterentwicklung des Konzepts muß sich der BGU der Lebens- und Glaubenswelt der Menschen anderer als christlicher religiöser Orientierungen weiter öffnen. Es ist nach dem Beitrag zu fragen, den der BGU auf dem Hintergrund solider Kenntnis der eigenen und ausgewählter fremder religiöser Traditionen zu einer die Kulturgrenzen überschreitenden Erziehung leisten kann. Versuchen, den BGU auf das Christentum dadurch einzuengen, daß man Ethik bzw. Philosophie für diejenigen Schüler, die sich vom BGU abmelden, als Zwangs-»Alternative« (so das neue Schulgesetz) oder einen eigenen islamischen Religionsunterricht einführt, sollte widerstanden werden.[11]

9. Vgl. dazu unten Kap. 4.
10. Vgl. dazu oben 1.3.
11. Anders W. Fleischer-Bickmann (1992), 451ff.

Auch die nunmehr begonnene Einführung von Philosophie als Alternative zum BGU für solche Schülerinnen und Schüler, die sich vom BGU abmelden bzw. für die kein eigener Religions- oder Weltanschauungsunterricht angeboten wird, bringt neue eigene Probleme. Es ist mehr als kurios, den Schülerinnen und Schülern, die ein Angebot in BGU wahrnehmen wollen, durch diese Wahl den Zugang zu Philosophie praktisch zu verunmöglichen und umgekehrt denen, die sich für Philosophie entscheiden wollen, den Zugang zum BGU. Der BGU gerät in die Gefahr, neu konfessionalisiert zu werden, beide werden in ungute Konkurrenzsituation treten und sich um die ohnehin nicht bereitgestellten LehrerInnen-Stellen streiten. Gegen Philosophie als Zwangsalternative zum BGU gelten im übrigen auch die gleichen verfassungsrechtlichen Bedenken, die gegen »Ethik« bzw. »Werte und Normen« geltendzumachen sind (oben 46ff.) und über die in absehbarer Zeit ebenfalls das Bundesverfassungsgericht in Karlsruhe entscheiden wird. Die Linien der Tradition des BGU böte die Chance zu einem der heutigen Lebenssituation angemessen weiterentwickelten multireligiösen Religionsunterricht, der einen eigenständigen Beitrag zum Ziel der Schulen in Bremen leisten könnte, zu Sachlichkeit, Duldsamkeit und friedlicher Zusammenarbeit mit anderen Menschen und Völkern beizutragen.

3.2 Lernbereich »Religion/Philosophie/Ethik«

Folkert Doedens, Mitarbeiter am Pädagogisch-Theologischen Institut der Nordelbischen Evangelisch-Lutherischen Kirche schlägt auf dem Hintergrund der Situation in Hamburg für die Klassen 1-13 die Einrichtung eines Lernbereichs Religion/Philosophie/Ethik im Rahmen des schulischen Aufgabenfeldes »Human- und Gesellschaftsorientierung« vor. Er grenzt sich damit von Vorschlägen zu weiterer didaktischer Modernisierung des Religionsunterrichts ab, aber auch von solchen, in denen sich seine Inhalte in eine distanzierte Beschäftigung mit Religion als einem Kulturgut verflüchtigen.

Die didaktische Struktur gliedert sich in drei Unterrichtstypen. Der *gemeinsame obligatorische Unterricht* zur »Arbeit an Lebensdeutungen« in den Klassen 1-4 wird ab Klasse 5 durch ein *Wahlpflichtangebot* erweitert, das auf verschiedene Wissenschaften und Traditionen (wissenschaftspropädeutischer Unterricht) bezogen ist, sowie durch ein auf verschiedene Gruppen und Traditionen bezogenes *Wahlangebot* (positionsspezifischer Unterricht).

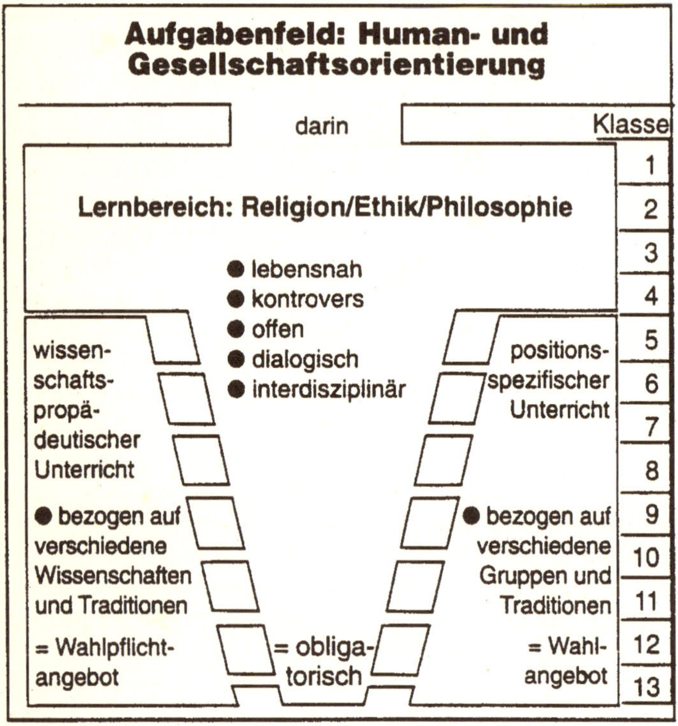

Der Unterricht in diesem Lernbereich soll sich an folgenden didaktischen Prinzipien orientieren: kontrovers im Blick auf die Traditionen, offen im Blick auf die Ziele, dialogisch/kommunikativ im Blick auf die Formen, interdisziplinär im Blick auf die beteiligten

Kompetenzen und Wissenschaften sowie lebensnah/problemorientiert im Blick auf seine Themen.
In dem *wissenschaftspropädeutischen Wahlpflichtangebot* sollen die Heranwachsenden in systematischen Kursen in Methoden, Fragestellungen und Ergebnisse der Wissenschaften sowie in eine wissenschaftsorientierte Interpretation der in diesem Lernbereich thematisierten Traditionen eingeführt werden. Dabei sollen die Schülerinnen und Schüler aus einem Kanon von Alternativangeboten ein bestimmtes Quantum auswählen. An Fachwissenschaften nennt Doedens Evangelische und Katholische Theologie, Jüdische und Islamische Theologie, Marxismus, Religionswissenschaft und Philosophie. Dabei ist bei dem Angebot aus diesen Wissenschaften und Traditionen darauf zu achten, daß sie nicht als Selbstzweck eingeführt werden, sondern deutlich werden kann, welche Funktion das jeweilige Angebot für die Lernprozesse in dem grundlegenden Unterrichtstyp des Lernbereichs zur »Arbeit an Lebensdeutungen« zukommt.
Da sowohl für den Prozeß des Aufbaus von Werthaltungen und Deutungssystemen als auch für die Entwicklung von Identität neben kognitiven Prozessen auch Möglichkeiten probeweiser Identifikation erforderlich sind, soll in dem dritten didaktischen Typ innerhalb der Lernstruktur dieses Lernbereichs *positionsspezifischer Unterricht* stattfinden. Vorgesehen sind Hospitationen, Teilnahme am Alltag, an der Arbeit, an den Aktionen, an den Festen und Riten der beteiligten Gruppen. Um zu verhindern, daß dieser Typ des wahlfreien Angebots unversehens in Propaganda- oder Missionsveranstaltungen umschlägt, sieht Doedens die Vorbereitung sowohl im grundlegenden Unterrichtstyp des Lernbereichs als auch in den wissenschaftspropädeutischen Lehrangeboten vor.
Doedens fordert zur Realisierung dieses Unterrichts die gemeinsame didaktische Verantwortung »bisher getrennt denkender Fachdidaktiken« ein und nennt insbesondere die Fächer Philosophie, Politik, Ethik und Religion. Eine solche Unterrichtsstruktur bedingt selbstverständlich auch entsprechende didaktische Strukturen in der Lehrerausbildung, wo nach wie vor die genannten Fachwissenschaften nahezu ausschließlich nach ihren eigenen spezifischen Logiken

und Diskursen betrieben werden. Diese Forderungen wären vielleicht auch noch mit dem Lernbereichskonzept der EKD und anderen Ansätzen zur didaktischen Modernisierung des konfessionellen Religionsunterrichts in Einklang zu bringen. Aber Doedens macht eine weitere – für sein Konzept entscheidende – Vorgabe, die seinen Lernbereich von den übrigen unterscheidet: »Ebenso bedarf er der gemeinsamen politischen Verantwortung der verschiedenen gesellschaftlichen Gruppen und Institutionen, die die sie leitenden Normen, Werte und Traditionen in den Lernbereich Religion/Philosophie/Ethik einbringen wollen.«[12]

Doedens sieht in der Konstruktion dieses Lernbereichs eine »interpretative Fortentwicklung« der Verfassung. Der rechtliche Kern von Art. 7 Abs. 3 GG bliebe bestehen, was Doedens nicht aus kirchenpolitischen, sondern aus schulpolitischen und aus pädagogischen Gründen für erforderlich hält, würde aber auf eine veränderte gesellschaftliche Situation anwendbar gemacht. Voraussetzung wäre für Doedens allerdings die Bereitschaft der Kirchen, Art. 7 nicht im Sinne der konfessionalistischen Bestandssicherung kirchlicher Privilegien zu nutzen, sondern entsprechend des eigenen Anspruchs eines »freien Dienstes an einer freien Schule« mindestens drei Freiheitsgarantien der Kirche für den Lernbereich »Religion/Philosophie/Ethik« in der Schule zu sichern:

- Die Kirchen garantieren gegen »die permanenten Tendenzen politischer Vereinnahmung und ökonomischer Verzweckung von Schule« den Schülerinnen und Schülern »Ort und Zeit, ihre Fragen nach Wahrheit, nach dem Sinn des Lebens und der Zukunft der Welt stellen und in Auseinandersetzung mit den großen humanen – religiösen, ethischen, philosophischen – Traditionen unserer Kultur eigenverantwortete Lebensentwürfe gewinnen zu können«. Diese Garantie bedingt mindestens zweierlei: den ausdrücklichen Verzicht der Kirchen, Religionsunterricht und öffentliche Schule als Evangelisierungs- oder Missionierungsinstrument zu mißbrauchen, sowie ihre Bereitschaft, die eigenen Mitwirkungsmöglichkeiten bei der Festsetzung von Zielen, Inhalten und Gestaltung des Unterrichts auch allen anderen an der Gestaltung des Lernbereichs zu beteiligenden Gruppen zuzugestehen;

12. A.a.O., 431.

- die Kirchen garantieren gegen »die stete Gefahr, die Radikalität der eigenen Tradition gesellschaftlicher Opportunität oder volkskirchlicher Biederkeit zu opfern ..., die unterrichtliche Beschäftigung mit dem christlichen Glauben in pädagogischer Verantwortung allein an dem befreienden Geist des Evangeliums und an der kritischen Instanz der Theologie (sowie den angrenzenden Human- und Gesellschaftswissenschaften) zu orientieren«;
- die Kirchen garantieren gegen die Tendenzen, »die Schule ans Gängelband schulbürokratischer Reglementierung bzw. an die Kandarre von Stoffplänen oder Richtlinien zu nehmen«, den Lehrerinnnen und Lehrern »die alleinige didaktische Verantwortung für den Unterricht in diesem Lernbereich«.[13]

Da es für diesen Unterricht keine Verpflichtung auf ein bestimmtes Bekenntnis gibt und nicht die Grundsätze einer *speziellen* Religionsgemeinschaft leitend sind, sondern die genannten *didaktischen Prinzipien,* ist eine Abmeldemöglichkeit vom Unterricht in diesem Lernbereich ebenso wenig erforderlich wie die Einrichtung eines Ersatz- oder Alternativfachs.

3.3 Interreligiöser Religionsunterricht

»In der ›Schule für alle‹ ist ein ebenso behutsamer wie kritischer und kreativer Umgang mit dem Erbe und der Aktualität der Religionen gefordert«, setzt Horst Gloy, Leiter des Pädagogisch-Theologischen Instituts der Nordelbischen Kirche, den Trends in der öffentlichen Schule entgegen, die »ein für die ›Erziehung zur Menschlichkeit‹ lebenswichtiges Erbe, nämlich das der Religionen, endgültig über Bord zu werfen« drohen.[14] Eine pädagogisch verantwortete Beschäftigung mit Religion und Religionen möchte Gloy gesichert sehen, die sich »die großen Weg- und Befreiungsgeschichten« der jüdischen, christlichen und islamischen religiösen Überlieferung nicht aus den Händen nehmen läßt.

13. F. Doedens (1992), 434f.
14. H. Gloy (1997), 240, 253.

»Diese Geschichten sind eingewandert in die großen sozialen, kulturellen und politischen Emanzipations- und Befreiungsbewegungen in Europa und heute in der *Einen* Welt. Aus diesen Bewegungen, aus anderen Religionen und Kulturen kamen und kommen neue und andere Befreiungsgeschichten[15] und -lieder hinzu.« Gloy fragt rhetorisch: »Wollen wir dieses reiche, in sich gewiß nicht homogene, jeder Glättung widerstrebende Erbe wirklich vor die Schultür verbannen, anstatt immer neu den Versuch zu machen, seine heilenden und mahnenden, seine ermutigenden und tröstenden, seine wegweisenden Kräfte in gemeinsamer Bemühung pädagogisch fruchtbar zu machen?« Er schlägt vor, diese pädagogisch motivierte Beschäftigung mit Religion und Religionen auch »notfalls eine Weile lang gegen das hinhaltende Mißfallen von Kirchen und Religionsgemeinschaften« für die Schule einzufordern und zu retten.[16] Hier werden Ansätze eines »ökumenischen Lernens« aufgenommen und weitergeführt, in denen – über den Bereich der christlichen Kirchen hinaus – für ein grenzüberschreitendes, interkulturelles, handlungsorientiertes und verknüpfendes Lernen plädiert wird, das darum bemüht ist »das Globale im Lokalen, das Fremde

15. Unter »Befreiungsgeschichten« versteht Gloy alle jene »religiösen Zeugnisse, die erkennbar den Spuren der Menschlichkeit folgen und treu bleiben, – also nicht zur Erbauung und Beruhigung von Herren und Knechten, Störchen und Fröschen umgeschrieben oder erfunden worden sind ... –, alle diese elementaren, den Menschen in seinem Verlangen nach Sinn, Ganzheit und Erfüllung, in seiner Endlichkeit, seinem Leid und seiner Schuld nicht verratenden Geschichten«. Ihre Wirkungschance beschreibt Gloy so: »Sie wollen das entfremdete Leben, die verhärteten Herzen, die erstarrten Gefühle lösen; sie wollen uns feinfühlig und hellhörig machen für den anderen, für uns selbst, für die Welt und das Leben in ihr schlechthin, also
    - fähig zu Zärtlichkeit und Liebe, zu Schmerz und Barmherzigkeit;
    - bereit zur Wahrhaftigkeit und zum Streit, wo er wichtig ist;
    - fähig zur Freude am Leben, zum Gedächtnis des Leidens aller Kreatur, empfindlich und widerständig gegen Unrecht und Gewalt;
    - sie wollen uns befreien zu einem umfassenden Mitgefühl, zu einer Solidarität und zu einer Ehrfurcht, die alles Leben, auch das eigene, ja, die Welt im ganzen umschließt.« (A.a.O., 241).
16. A.a.O., 253; 252.

im Bereich der eigenen Lebenssituation zu entdecken, um so die eigenen Situation in ihren Bedingungen und Verflechtungen wahrzunehmen«.[17] Wie in diesem Konzept, nehmen auch andernorts die Versuche zu, im Raum der Schule nicht nur die Grenzen der eigenen Konfession, sondern auch die des Christentums zu transzendieren. Norbert Mette, katholischer Religionspädagoge, und auch der »Braunschweiger Ratschlag« zur Reform des Religionsunterrichts (1991) erheben die Forderung nach interreligiöser Öffnung des Religionsunterrichts. Die Kirchenleitungen werden aufgefordert, durch entsprechende Interpretation von Art. 7, Abs. 3, in Verbindung mit Art. 4, Abs. 1 GG einer solchen Entwicklung den Weg zu bahnen.

Um dies inhaltlich und praktisch umsetzen zu können, ist eine neue Struktur für den Religionsunterricht erforderlich.[18] Einerseits ist auch Gloy klar, daß nicht mehr länger anderen Religionsgemeinschaften, die sich in der Bundesrepublik dauerhaft etabliert haben, der Zugang zu religiöser Unterweisung in der Schule versperrt werden kann (z. B. den Muslimen oder der Orthodoxen Kirche). Andererseits ist auch absehbar, wozu die grundgesetzliche Garantie von Religionsunterricht für die Religionsgemeinschaften bei einer zunehmend multikulturell und multireligiös zusammengesetzten Schülerschaft in lernorgansiatorischer Hinsicht führen kann. Gloy verdeutlicht dies am Beispiel der Zusammensetzung einer Hamburger Grundschulklasse, das er einer religionspädagogischen Examensarbeit aus dem Jahr 1993 entnimmt:

»Insgesamt sind in der Klasse 24 Schülerinnen und Schüler, 13 Jungen und 11 Mädchen. 15 Schülerinnen und Schüler sind anderer als deutscher Herkunft: fünf von ihnen kommen aus der Türkei und sind Muslime; ebenfalls fünf Kinder

17. Ökumenisches Lernen. Arbeitshilfe der EKD für Bildung und Erziehung, 1985, 17. Bezeichnenderweise wird in dieser umfänglicheren (140 Seiten) Schrift der Religionsunterricht geradezu geflissentlich ausgespart; das Gleiche gilt übrigens auch für den Sammelband des Comenius-Instituts (1987: Ökumenisches Lernen im Religionsunterricht). Auch hier werden strukturelle Fragen eines ökumenisch-interkonfessionellen Religionsunterrichts ausgeklammert.
18. Vgl. dazu unten 5.3.

sind afghanischer Herkunft, vier von ihnen sind Muslime, ein Kind ist Hindu. Ferner kommen zwei Jungen aus dem Iran – die Eltern haben Antrag auf politisches Asyl gestellt, sie sind ebenfalls Muslime; Chin Ye ist Chinesin, sie lebt seit ihrer Geburt in Hamburg, von einer religiösen Prägung durch die Familie ist nichts zu spüren; Mata ist Polin, sie ist Katholikin, zeigt jedoch keine starke religiöse Sozialisation; bis auf eine Ausnahme haben die Schülerinnen und Schüler deutscher Herkunft keinen Bezug zu Inhalten christlicher Tradition.«

Gloys Schlußfolgerung ist eindeutig:

»In einer zunehmend multikulturell geprägten, europäisch und international ausgerichteten Gesellschaft können religiöse Erziehung und Bildung, jedenfalls in der öffentlichen Schule, zugleich nur als interreligiöse Erziehung und Bildung konzipiert werden.«

*Daß inter*religiöse Erziehung und Bildung in die (Grund-)Schule gehört, ergibt sich für Gloy aus seinem Verständnis von Religion und der Rolle, die er den religiösen Überlieferungen (bei ihm nun aber nicht auf die eigene konfessionelle Gestalt eingegrenzt) für den Prozeß der Identitätsbildung der Heranwachsenden zumißt. Er faßt sie – unter Bezugnahme auf Formulierungen von Fulbert Steffensky – folgendermaßen zusammen: »Sie können helfen, das Leben und seine Würde zu erlernen.«[19] Weil Religion dem »langfristigen Aufbau von inneren Bildern« diene, »mit denen Menschen leben, die ihren Lebensmut stärken und die ihnen helfen können, den Korruptionen des Lebens Widerstand entgegenzusetzen«, fordert Gloy für die Schule die Möglichkeit zu einer elementaren, alters- und situationsangemessenen »Begegnung und Beschäftigung mit der Sprache, mit Bildern und Symbolen, mit Gestalten und Ritualen wichtiger religiöser Traditionen«. Im Unterschied zu den ebenfalls die Symbol- und Bildersprache des Glaubens ins Zentrum rückenden symboltheoretischen Ansätzen für den konfessionellen Religionsunterricht (siehe oben Kap. 1.1.) denkt Gloy an das gesamte Universum religiöser Traditionen und fordert, daß die Heranwachsenden auch in *pädagogisch verantworteten Begegnungen* mit Menschen, die in und aus solchen Traditionen leben, die Möglichkeit bekommen,

19. F. Steffensky (1989).

- zentralen, menschliche Existenz begründenden und Leben deutenden Aussagen der Religionen zu begegnen;
- sich insbesondere mit den sozialen und politischen Norm- und Wertvorstellungen der Religionen auseinanderzusetzen;
- sich exemplarisch mit dem religiösen Erbe europäischer, aber auch anderer Kulturen zu beschäftigen – so, wie es ihnen in Menschen, in deren Lebensformen und Geschichte(n), in geschichtlichen und kulturellen Zeugnissen, sozialen Einrichtungen aus der Vergangenheit und der Gegenwart entgegentritt;
- sich auf die großen Bilder der Religionen von Ursprung und Sinn, Gefährdung und Rettung, Versagen, Schuld und Neuanfang, Unheil und Heil, Ende und Ziel des Lebens und der Welt, von Zeit und Ewigkeit einzulassen.[20]

Das kritische Prinzip, das für jedes pädagogische Handeln in der Schule gilt, gilt auch für diesen Religionsunterricht: die Orientierung an den Prinzipien aufgeklärter Humanität, wie sie in den Grund- und Menschenrechten kodifiziert sind. Sie stellen – bei aller erforderlichen je neuen Vergewisserung und Erweiterung im weltweiten innerkulturellen und interreligiösen Horizont – die grundlegenden normativen Optionen für die Erziehungs- und Bildungsaufgabe in der »Schule für alle« dar. Dies beinhaltet die klare Absage an alle Formen von endgültigen Wahrheitsansprüchen und Wahrheitsmonopolen der eigenen Konfession/Religion gegenüber allen anderen auch für den Religionsunterricht, weil jede Religion wissen muß, daß sie jeweils »nur zu einem Zipfel der großen Wahrheit – die uns aber in ihrer Gänze verborgen bleibt – Zugang hat«.

Gloy sieht in diesen Hamburger Planungen eine »echte, pädagogisch und theologisch plausible und verantwortbare Alternative« zur Einführung von Religionskunde, »Philosophieren mit Kindern« oder ähnlichen Auswegen aus der Krise des konfessionell gegliederten Religionsunterrichts.

Beraten wurde und wird das Konzept eines »interreligiösen Religionsunterrichts«, das auch die Billigung der Evangelischen Kirche in Hamburg findet, in einem multireligiös zusammengesetzten »Gesprächskreis«, dem Mitglieder aus christlichen, muslimischen, jüdi-

20. H. Gloy (1997), 238.

schen und buddhistischen Gemeinden angehören.[21] Damit wird eine Tradition fortgesetzt und weiterentwickelt, die sich in den letzten zwanzig Jahren ausgebildet hat. Rechtlich wird auch in Hamburg der evangelische Religionsunterricht (katholischer Religionsunterricht wird in den Schulen Hamburgs nicht erteilt) auf der Grundlage von Art. 7.3 GG erteilt, faktisch ist er aber – unter Billigung und Mitwirkung der Evangelischen Kirche – als »Religionsunterricht für alle« gestaltet, in dem Schülerinnen und Schüler »jedweder religiöser oder auch nichtreligiöser Orientierung und Herkunft zusammen lernen«.[22]

3.4 Philosophieren lernen

Wolff Fleischer-Bickmann stellt einen Vertrauensverlust gegenüber konfessionell-kirchlichen christlichen Deutungsmustern fest. Er spiegelt sich für ihn in einer gesellschaftlichen und kulturellen Suchbewegung wider, die einen »enormen Orientierungsbedarf« zur Ursache habe und sich niederschlage in Fragen angewandter Ethik von der Ethik der Wissenschaften über die Ethos-Debatte in der Pädagogik bis zur Wirtschaftsethik.[23] Antworten werden nicht mehr in den traditionellen Formen christlicher Religion gesucht, sondern von der »Praktischen Philosophie« erwartet. Für den schulischen Kontext plädiert Fleischer-Bickmann daher dafür, als Konsequenz aus diesen gesellschaftlichen Veränderungen nach einer grundsätzlich neuen Strukturierung des Lernfeldes zu suchen, das bislang vom konfessionellen Religionsunterricht und seinen Ersatz- bzw. Alternativfächern besetzt war. Erforderlich ist für Fleischer-Bickmann eine Neustrukturierung des gesamten Lernfeldes.

21. Vgl. auch F. Doedens (1994), dort auch nähere Einzelheiten zur Situation des Religionsunterrichts in Hamburg; vgl. dazu ausführlicher: Gesprächskreis Interreligiöser Religionsunterricht in Hamburg. Empfehlungen zum Religionsunterricht an öffentlichen Schulen in Hamburg, in: ru. Ökumenische Zeitschrift für den Religionsunterricht 27 (1997), 3, 102ff.; dazu auch unten 5.3.
22. F. Doedens (1994), 333.
23. Zum Folgenden vgl. W. Fleischer-Bickmann (1992).

»Die gesellschaftlichen ›Schlüsselprobleme‹ von der Zerstörung der Natur, der Bedrohung der natürlichen Lebensgrundlagen und der Wiederkehr der Angst im Zeitalter der Technologie über die Problematisierung von Wissenschaft, von Technikfolgen, von Wachstum und ökonomischem Fortschritt, bis zur Frage nach der Verantwortung gegenüber zukünftigen Generationen und dem Verlust einer Zukunftsoffenheit müssen in pädagogisch relevante Fragen transformiert werden, die auf die Grundlagen des Wissens, des Handelns und des Hoffens zielen.«[24]

Den allgemeinbildenden Charakter der Sinn- und Wertorientierung erschließt Fleischer-Bickmann von den drei Fragen her, die bereits Kant als Ausdifferenzierung der Frage nach dem menschlichen Selbst- und Weltverständnis formuliert hat:
Was kann ich wissen? Was soll ich tun? Was darf ich hoffen?
Er insistiert, und das ist für seine weiteren konzeptionellen Schlußfolgerungen elementar, auf der Einheit der drei Fragen, »weil Wissenschaft nicht mehr ohne eine erkenntniskritische und moralische Reflexion ihrer Möglichkeiten und Grenzen sinnvoll betrieben werden kann und weil Moralität im Handeln und Beurteilen nicht nur ein kontingentes Moment von Gesinnung oder moralischem Sentiment einschließt, sondern sich in erheblichem Maße auf Erkenntnis, analytisches Können und Distanzfähigkeit verlassen muß«.[25]
Jedwedes schulische Angebot, das sich auf grundlegende Fragen des menschlichen Selbst- und Weltverständnisses bezieht, muß vor diesem Fragehorizont begründet und gerechtfertigt werden.
Fleischer-Bickmann plädiert dafür, an Stelle von Religionsunterricht einen *Philosophieunterricht* einzuführen, »der aufklärungsanalog gegenüber der Religion vorgängig ist und religiöse Bewußtseinsformen mit Bezug auf die dritte der drei kantischen Fragen: ›Was darf ich hoffen?‹ als die Suche nach der sinnhaften Übereinstimmung von Ich und Welt, Mensch und Natur zu integrieren sucht«.
Gegen den Versuch, mit einem Fach Ethik die Legitimationskrise des Religionsunterrichts zu lösen, macht Fleischer-Bickmann u. a. folgendes Argument geltend:

24. A.a.O., 459f.
25. A.a.O., 460.

»Das Unterrichtsfach Ethik bezieht sich im wesentlichen auf eine Teildisziplin der Philosophie, zum Teil werden religionsphilosophische und religionswissenschaftliche Bezüge notwendig. Die Einschränkung auf die Fragen ›Was sollen wir tun?‹ oder ›Was dürfen wir hoffen?‹ reicht heute jedoch nicht mehr aus, um die Verknüpfung der Problemaspekte, an denen sich menschliches Selbstverständnis entwickelt, entfalten zu können. Das Argument, daß Religion eine spezifische Begründungsform von Moralität einschließt, aber selbst nicht auf Ethik reduzierbar ist, gilt analog auch für das Verhältnis der Philosophie zur Ethik: die Philosophie schließt noch ein weitaus umfangreicheres Potential an Fragen und Antworten ein, als der ethische Diskurs erfordert, und alle Dimensionen können das menschliche Selbstverständnis erhellen. Besonders in der Oberstufe, aber auch schon früher sind Fragen der Theoretischen Philosophie unabweisbar: Den Fragen nach den Grenzen und Möglichkeiten des Wissens sind ethische Dimensionen des Wissens ebenso eingelagert wie zur Ethik Fragen gehören, die Erkenntnisleistungen betreffen: deren metaphysischer Kern ist die Frage nach der Freiheit menschlichen Handelns. Schließlich gehört hierher auch die Frage nach der Verknüpfung von Wissensformen, da in unserem Schulsystem die verschiedenen Fächer nebeneinander existieren, die weder ihre Erkenntnisbedingungen noch ihren Zusammenhang mit den anderen Fächern reflektieren.«[26]

Die Gesamtkonsequenz für Fleischer-Bickmann ist eindeutig: das Fach Religionsunterricht und das Ersatzfach Ethik sind durch das eigenständige Fach Philosophie zu ersetzen, nicht nur in der gymnasialen Oberstufe, sondern auch in der Sekundarstufe I. Begründet ist der Philosophieunterricht für Fleischer-Bickmann »in einer dem Unterricht vorausliegenden Praxis des Philosophierens«. Als eigenständiges Unterrichtsfach verfügt Philosophie sowohl über eine feste universitäre Bezugswissenschaft als auch über eine didaktische Tradition und eine etablierte Lehrerbildung. Es kann von seinem »eigenen Potential, der Reichweite, des methodischen Instrumentariums sowie dem inhaltlichen Umfang her das Lernfeld, das einst vollständig vom konfessionellen Religionsunterricht besetzt war, neu strukturieren.«
Ziel des Philosophieunterrichts ist nicht die handbuchartige Vermittlung eines Wissenskatalogs über in der Geschichte entwickelter ethisch-philosophischer Vorstellungen oder direkt verwertbarer Antworten auf die genannten Grundfragen des Menschseins. Der

26. A.a.O., 479.

Ansatz liegt vielmehr im zu gestaltenden Leben und in dem Ziel, das Philosophieren zu erlernen, verstanden als die Fähigkeit und Bereitschaft, »sich im Denken zu orientieren«. Fleischer-Bickmann verweist auf vorliegende Erfahrungen mit der Kinderphilosophie und dem Philosophieunterricht in der Sekundarstufe I, die zeigen, »daß philosophierende Tätigkeit bei Kindern und Jugendlichen dann auf eine erstaunliche Resonanz stößt, wenn man die Kinderfragen ernst nimmt als das, was sie teilweise bereits sind: fundamentale philosophische Fragen«.[27]

»Die methodische Kunst der Philosophielehrer liegt darin, im Rahmen des Unterrichts die Schülerinnen und Schüler zu befähigen, zunächst aus ihren eigenen und den Aussagen der je anderen die verschiedenen Denkvoraussetzungen zu rekonstruieren, für Grundsätze, die immer schon in Anspruch genommen werden, zu sensibilisieren und die Bereitschaft zu fördern, die eigenen Annahmen in einem Prozeß vernünftiger Argumentation zu begründen und sich auch der Kritik auszusetzen.«[28]

Methodisch orientiert sich solcher Philosophieunterricht an einem »dialogischen Verfahren«, das die Möglichkeit bereitstellt, »im Prozeß gemeinsamer Verständigung Vorstellungen und Ideen zu artikulieren, die dann – gebrochen und konkretisiert in Situationen – zu einer Vergegenständlichung und Vergegenwärtigung der je zugrundeliegenden Annahmen führen«. Im Zuge des Einübens solcher rationaler Verständigung durch die Einsicht in die Regeln rationalen Argumentierens kommt zusätzlich eine besondere Form sozialen Lernens ins Spiel: »Ein argumentativer Dialog setzt die Anerkennung der jeweils anderen Person sowie eine Distanz zu sich selbst voraus, um die Gedanken des anderen aufgreifen und analysieren zu können.«[29] Schülerinnen und Schüler können dabei lernen, daß Reflexion kein subjektives Geheimnis, sondern eine »erlernbare Fähigkeit rationaler Verständigung« ist.

27. A.a.O., 483.
28. Ebd.
29. A.a.O., 484.

3.5 Praktische Philosophie (Nordrhein-Westfalen)

In Nordrhein-Westfalen, das bisher als einziges Bundesland keinen »ethischen Ersatzdienst« und keinen Alternativunterricht kennt, wird derzeit – im Rahmen der öffentlichen Diskussion über ein neues Schulgesetz – die Einführung eines neuen Schulfaches »Praktische Philosophie« erörtert. Dabei ist umstritten, ob es den Rang eines eigenständigen obligatorischen Schulfaches bzw. eines pädagogisch eigenständigen Zeit-Raums – so die Idee der Erfinder, die zur Zeit in die politische Minderheit geraten sind – oder als »Ersatzfach« (CDU) bzw. »Alternativfach« (jeweils Mehrheit der SPD und Bündnis 90/Die Grünen) erhalten soll. Im Schuljahr 1997/98 wird nun in einem repräsentativen Schulversuch ein Unterrichtsangebot im Fach »Praktische Philosophie« erprobt. Es richtet sich an alle Schülerinnen und Schüler der Jahrgangsstufen 9 und 10, die nicht an einem konfessionellen Religionsunterricht teilnehmen. Als Grundlage für den Schulversuch dient ein »Kerncurriculum«, sukzessive sollen während des Versuchsverlaufs ergänzende Materialbausteine einbezogen werden. Schulformen- und lerngruppenspezifische Ausgestaltungen des Kerncurriculums während der Versuchsphase sind ebenfalls vorgesehen. Über die Fortsetzung dieses Unterrichtsangebots wird der Landtag nach Abschluß und Auswertung des Schulversuchs entscheiden.

Die Ausgangssituation

Ausgangspunkt der Debatte über einen Ersatz bzw. eine Alternative zum konfessionellen Religionsunterricht in Nordrhein-Westfalen war einerseits die zunehmend nachdrücklich vorgetragene Forderung der Kirchen nach einem Pflichtersatz für diejenigen Schülerinnen und Schüler, die sich vom konfessionellen Religionsunterricht abmelden, um die für das Image des Fachs mißliche Alternative »Religion oder Eisdiele« zu vermeiden. Zum andern geht es um die Umsetzung des Bildungsauftrags der Schule, der sich auch auf den verantwortlichen Umgang mit Sinnfragen und Wertvorstellungen bezieht. Auch den Schülern, die keiner Religionsgemeinschaft oder einer anderen als den beiden christlichen Konfessionen angehören, soll ein einschlägiges Angebot gemacht werden, das sie befähigt, »selbst begründete Maßstäbe für verantwortliches Urteilen und Handeln zu entwickeln«.[30] Es soll seinen Anteil dazu beitragen, die der Schule aus der Pluralisierung von Lebensformen und sozialen Beziehungen in unserer Gesellschaft sowie dem Zusammenleben von Menschen unterschiedlicher ethnischer, kultureller und eben auch religiös-weltanschaulicher Herkunft erwachsenden Aufgabe einzulösen, Schülerinnen und Schüler zu einem friedvollen Zusammenleben zu befähigen.[31] Adressaten des neuen Unterrichtsfachs »Praktische Philosophie« sind vor allem die vielen muslimischen Schülerinnen und Schüler, die Kinder weiterer religiös-weltanschaulicher Gruppen sowie die Gruppe derjenigen Schülerinnen und Schüler, die keiner Religionsgemeinschaft angehören (inzwischen neben Katholiken und Protestanten die drittstärkste Gruppierung).

In Nordrhein-Westfalen gibt es zwar schon seit geraumer Zeit ein Angebot religiöser Unterweisung für Angehörige des islamischen Glaubens,[32] das aber nicht mit dem Religionsunterricht verglichen werden kann. Es findet im muttersprachlichen Unterricht, der von türkischen Lehrern erteilt wird, statt und ist freiwillig. Seit 1986 gibt es das Angebot für die Klassen 1-4, seit 1991 für 5 und 6 und seit 1996 auch für 7-10. Der Unterricht, dessen Lehrplan vom »Landesinstitut für Schule und Weiterbildung« in Soest unter Teilnahme von Muslimen und Religionswissenschaftlern entwickelt worden ist, dient der Vermittlung von Kerninhalten des islamischen Glaubens und soll den muslimischen Schülerinnen und Schülern helfen, in einem säkularisierten, von christlicher Kultur geprägten Land als Moslem zu leben. Dieser Unterricht genießt allerdings keinen dem Religionsunterricht vergleichbaren Status, widerspricht also dem Privilegierungsverbot, das in Art. 4 GG festgelegt ist.

30. Kerncurriculum »Praktische Philosophie«. Erprobungsfassung. Curriculares Rahmenkonzept, hg. vom Ministerium für Schule und Weiterbildung des Landes Nordrhein-Westfalen, Juni 1997, 5.
31. »Praktische Philosophie«. Curriculares Rahmenkonzept, a.a.O., Anhang, 1.
32. Vgl. dazu im einzelnen K. Gebauer (1992), 103ff.

Grundlage für die konkreten bildungspolitischen Planungen in Nordrhein-Westfalen bilden die Arbeitsergebnisse einer beim Ministerpräsidenten des Landes Nordrhein-Westfalen eingerichteten Bildungskommission. Sie hat in ihrer 1995 vorgelegten Denkschrift »Zukunft der Bildung – Schule der Zukunft«[33] prägnant die Rahmenbedingungen formuliert, die Überlegungen zur Zukunft der Schule nicht ignorieren dürfen. Dazu gehört die Feststellung:

»Die deutsche Schule wird in der Regel auf Dauer multikulturell zusammengesetzt sein und bleiben. In ihr wird es neben einer Minderheit einheimischer Schülerinnen und Schüler solche aus einheimischen und zugewanderten ethnischen und lebensweltlichen Minderheiten geben. Das Zusammenleben in einer multikulturellen Gesellschaft erfordert eine durchgängige interkulturelle Erziehung in allen Schulstufen und Bildungsgängen und die besondere Förderung der Chancengleichheit von Schülerinnen und Schülern aus den ethnischen Minderheiten.«

Die Autoren der Denkschrift der Bildungskommission gehen von der Auffassung aus, »daß kein Fach, auch nicht der Religionsunterricht im klassischen Sinne oder ein Ersatzfach Ethik, die Aufgabe der Vermittlung von Wertvorstellungen allein erfüllen kann«. Sie bestreiten keineswegs, daß »die religiösen Aspekte der kulturellen Tradition besonderer Aufmerksamkeit« bedürfen, zumal im Blick auf die religiösen Implikationen in politischen Konflikten. Aber der Religionsunterricht erreicht eine beträchtliche Zahl von Schülerinnen und Schülern nicht mehr. Daraus folgt für die Bildungskommission die abschließende Feststellung:

»Diese Entwicklung führt zu der Frage, ob und wie dieser Lernbereich neu zu ordnen ist. Dabei geht es darum, ob Religionsunterricht auch in Zukunft als konfessionsgebundenes Fach oder in neuen interreligiösen Kooperationsformen oder zusätzlich zu einem obligatorischen Unterricht im Lernbereich ›Ethik, Religionen, Weltanschauungen‹ angeboten werden soll.«[34]

33. Zukunft der Bildung – Schule der Zukunft. Denkschrift der Kommission »Zukunft der Bildung – Schule der Zukunft« beim Ministerpräsidenten des Landes Nordrhein-Westfalen/Bildungskommission NRW (1995), 105.
34. Ebd.

Solchen Überlegungen trägt das für ein Schulfach, das im Unterschied zur mehrheitlichen bundesdeutschen Praxis nicht »Ethik«, sondern »Praktische Philosophie« heißen soll, erarbeitete Kerncurriculum *inhaltlich* jedenfalls insofern voll Rechnung, als es drei Inhaltsbereiche mit jeweils spezifischen Inhalten und Erschließungsweisen integriert:

1. Begegnung mit Religionen, Weltanschauungen und Kulturen,
2. Auseinandersetzung mit Wertvorstellungen in gesellschaftlicher Wirklichkeit,
3. Wertorientierte Urteils- und Handlungskompetenz im eigenen Lebensbereich.[35]

»Praktische Philosophie« soll zu einer »zusammenhängenden Behandlung von Sinn- und Wertfragen« beitragen, in »mehrperspektivischer Form«, und zwar »im Sinne einer sittlich-moralischen Orientierung ohne Bindung an eine bestimmte Religion oder Weltanschauung«, einschließlich der »Thematisierung der Möglichkeiten und Grenzen einer pluralistischen Ausrichtung in Grundfragen der menschlichen Existenz«.[36]

Ausgehend von der Situation der multikulturellen religiös und weltanschaulich pluralen Gesellschaft wird das globale Unterrichtsziel der Befähigung, »in einer pluralen Gesellschaft selbstbestimmt, tolerant, verantwortungsbewußt und solidarisch zu leben«, entfaltet. Die Einzelziele werden realisiert durch bestimmte pädagogische Prinzipien, die für das Schulfach leitend sind. Dazu gehören die grundlegende Orientierung an den Erfahrungen und Handlungsmöglichkeiten der Schülerinnen und Schüler sowie die Orientierung am »Prinzip Vernunft« und an Wissenschaftlichkeit und auch die Entwicklung von »Empathie«, die ihrerseits auf Sachinformationen angewiesen ist und des Rückbezugs auf kognitive Prozesse bedarf. Orientierende Kraft sollen nicht Lehrerautorität oder »Überwältigungsversuche« anderer Personen, Gruppen und Institutionen darstellen, sondern allein der »zwanglose Zwang des besseren Arguments«.[37]

35. Kerncurriculum »Praktische Philosophie«. Anhang, 4ff.
36. A.a.O., 7.
37. A.a.O., 10.

Religiöse und weltanschauliche Neutralität heißt also gerade nicht – wie von Kritikern gerne behauptet wird – »Standpunktlosigkeit« im Sinne von alles ist gleich gültig und daher letztlich gleichgültig, sondern sensible und genaueste Beachtung des »Überwältigungsverbots«:
Das Unterrichtsklima selbst, die Gestaltung der Lehr- und Lernprozesse soll für das Schulklima insgesamt beispielhaft sein und »die Bereitschaft aller am Unterricht Beteiligten und Interessierten, sich als Lerngemeinschaft zu verstehen« dokumentieren; es soll selbst »eine Art ›Modell‹ für das sein, was im Unterricht gelernt werden soll, z. B.

- für die Achtung der Würde eines jeden Menschen,
- für den Respekt vor unterschiedlichen kulturellen Traditionen, religiösen Überzeugungen und Lebensstilen,
- für die Art und Weise, wie sachliche Klärungsprozesse gestaltet werden,
- für die Bereitschaft zur Kommunikation und Reflexion sowie zum gemeinsamen Willen zur Verständigung«.[38]

Für »Praktische Philosophie« ist eine differenzierte Form der Lernerfolgsüberprüfung vorgesehen. Alle im Laufe des Schuljahres erbrachten Leistungen sollen zusammenfassend bewertet werden. Von der Bewertung ausgenommen bleiben sollen aufgrund der weltanschaulichen und religiösen Neutralität des Fachs »diejenigen Wertungen und Urteile von Schülerinnen und Schülern, in denen sich ihre religiöse und weltanschauliche Bindung ausdrückt«.[39]

38. A.a.O., 12.
39. A.a.O., 41.

Grafik: Curriculare Gesamtübersicht

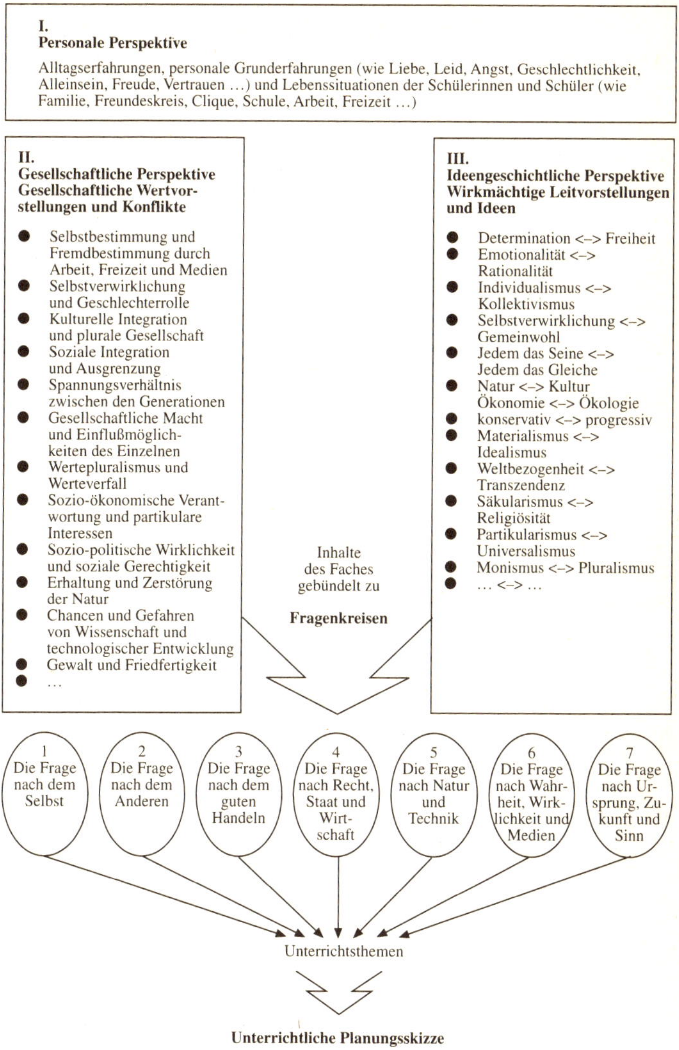

aus: Kerncurriculum »Praktische Philosophie«, a.a.O., 30.

In seiner Funktion als Ersatz bzw. Alternative zum konfessionellen Religionsunterricht nimmt das Konzept bildungspolitisch allerdings bereits das vorweg, was zu überprüfen die Bildungskommission gerade vorschlägt. Angesichts der massiven Kritik der Kirchen an Überlegungen, »Praktische Philosophie« als allgemeinbildendes obligatorisches Schulfach für alle Schülerinnen und Schüler einzuführen – ähnlich LER in Brandenburg – und angesichts der in Karlsruhe anhängigen Normenkontrollklagen und Verfassungsbeschwerden, hat man sich im politischen Kompromiß zunächst nur zu einer Ersatz- bzw. Alternativlösung durchringen können. Damit folgt man der bildungs- und kirchenpolitischen Linie der meisten anderen Bundesländer und stützt diejenigen Religionsgemeinschaften (d. h. die beiden christlichen Großkirchen), für die Schule bereits religiöse Unterweisung anbietet. Dementsprechend stellte das Ministerium schon früh mit den Kirchen Einigung über die curriculare Ausgestaltung des Ersatzfaches her. Wer auf den konfessionsgebundenen Religionsunterricht verzichten möchte, dem bringt diese Verweigerung künftig keinen (Frei-)Zeitgewinn mehr. Damit wird das neue Kerncurriculum »Praktische Philosophie« didaktisch und verfassungsrechtlich mit einer schweren Hypothek ins Rennen geschickt. Es steht unter dem Verdacht, der Staat übe – gegen die in Art. 4 GG verbriefte Religionsfreiheit – im Interesse der Kirchen Zwang aus, am konfessionellen Religionsunterricht teilzunehmen. Denn die Pflicht zur Teilnahme an dem Ersatz- bzw. Alternativangebot besteht nur für diejenigen Schülerinnen und Schüler, die nicht am konfessionellen Religionsunterricht teilnehmen (vgl. die Ethikregelung der anderen Bundesländer).[40] Bildungspolitisch ist der Schritt, an einem getrennt erteilten konfessionsgebundenen Religionsunterricht herkömmlicher Art festzuhalten und ihm »Praktische Philosophie« als Ersatz bzw. Alternative an die Seite zu stellen, meines Erachtens ein *im Grundsatz richtiger Schritt* (allgemeinbildendes Angebot der Werteorientierung und -klärung) *in die falsche Richtung*. Er verstärkt letztlich die Segmentie-

40. Zum Gesamtzusammenhang vgl. oben 1.3 und 1.4.

rung der SchülerInnen und fördert, daß (wenn überhaupt) übereinander statt miteinander gesprochen wird. Der konsequentere Schritt wäre, in der Auswertung des Schulversuchs auch zu erwägen, »Praktische Philosophie« als neues integratives Fach im gesellschaftswissenschaftlichen Aufgabenfeld in den verbindlichen allgemeinbildenden schulischen Kanon aufzunehmen. Das Angebot des Fachs »Praktische Philosophie« würde dann allen Schülerinnen und Schülern zugutekommen, unabhängig davon, ob sie an einem Religionsunterricht der Religionsgemeinschaften teilnehmen oder nicht.

Ein solches Pflichtfach, in dem religions- und weltanschauungsneutral an den grundlegenden Prämissen für sittlich-moralisches Urteilen und Handeln gearbeitet wird, wäre in seiner inhaltlichen Ausrichtung an den Wertekonsens gebunden, wie er in der Verfassung des Landes Nordrhein-Westfalen, im Grundgesetz der Bundesrepublik und in den Menschenrechten verankert ist.[41]

Die curricularen Entwürfe und die angekündigten Materialbausteine wären im Zusammenhang der Auswertung des Schulversuchs gründlich daraufhin zu prüfen, ob sie dem pädagogisch-didaktischen Anspruch gerecht werden, Schülern eine Hilfestellung anzubieten, sich eine eigenständige und reflektierte Lebensperspektive zu erarbeiten, statt ihnen eine solche analog der des Religionsunterricht zu »vermitteln«, ob sie konsequent eine »Pädagogik der Vielfalt in Gemeinsamkeit verfolgen« und nicht unterschwellig ein bestimmtes Weltbild als eine Art »heimlichen Lehrplan« vermitteln, nämlich das desjenigen Faches, das die heute erforderlichen schulischen Aufgaben nach Meinung der Bildungskommission Nordrhein-Westfalen alleine gerade nicht wahrnehmen kann.

3.6 »Religionskunde und Ethik« als obligatorisches Schulfach im Schweizer Kanton Luzern

Auch bei unseren europäischen Nachbarn wird die Debatte um die Reform des Religionsunterrichts und die neuen Schulfächer »Le-

41. Vgl. Kerncurriculum »Praktische Philosophie«, Anhang,1.

bensgestaltung-Ethik-Religionskunde« in Brandenburg bzw. Praktische Philosophie in Nordrhein-Westfalen mit großem Interesse verfolgt. In Frankreich etwa, wo (mit Ausnahme von Elsaß und Lothringen) nur an Volksschulen eine Unterrichtsstunde dem freiwilligen konfessionellen Religionsunterricht vorbehalten ist, wird zur Zeit intensiv diskutiert, ob nicht ein obligatorisches Schulfach »Religion« eingeführt werden soll. Hintergrund ist ein doppeltes Interesse: Einerseits dürfe die laizistische französische Gesellschaft die religiöse Vielfalt in Gestalt der christlichen Konfessionen und der großen Religionen der Welt nicht länger ignorieren, andererseits sollen sich alle religiösen Gemeinschaften der »für alle gesellschaftlichen Fragen allein zuständig gewordenen ›Welt‹ noch weiter als bisher zuwenden«.[42] Dieser Religionsunterricht soll wissenschaftsorientiert strukturiert sein und Informationen über die Vielfalt der religiösen Welt vermitteln, um in der Schule Voraussetzungen für einen gesellschaftlich notwendigen Dialog »ohne Naivität« schaffen zu helfen.

Auch in der Schweiz gibt es vergleichbare Initiativen. So hat der Erziehungsrat des Kantons Luzern 1994 »Ethik« für die Unterstufe und mit dem Schuljahr 1995/96 offiziell »Religionskunde und Ethik« als *ein* für alle Schülerinnen und Schüler der Oberstufe obligatorisches Schulfach eingeführt.[43] Aufgabe dieses neuen Schulfaches ist »wissenschaftlich orientierte Reflexion« über religiöse Phänomene und ethische Normen und nicht »die Vermittlung bestimmter Glaubensüberzeugungen und die Einübung religiöser Praktiken«. Ein religiöses Bekenntnis der Schülerinnen und Schüler wird weder vorausgesetzt noch angestrebt. Eine Abmeldemöglichkeit ist konsequenterweise nicht vorgesehen. Mit diesem Unterrichtsfach, das sowohl religionskundliche Kenntnisse als auch ethische Urteilskompetenz vermitteln will, versucht der Staat als Schulträger auf die veränderte Situation der Jugendlichen zu reagieren. Was für immer mehr Menschen in den westlichen Gesellschaften gilt, gilt auch für die Schülerinnen und Schüler: sie gehen auf Distanz zu

42. Vgl. D. Stoodt (1992), 287.
43. Zu m Folgenden vgl. B. Bühlmann (1996), 32f.

vorgegebenen Formen von (kirchlich vermittelter) Religiosität, bei gleichzeitig zum Teil durchaus ausgeprägtem Interesse an religiösen Fragestellungen. Das Schlagwort, mit dem diese Entwicklung, den eigenen Welt- und Lebensentwurf »zusammenzubasteln« beschrieben wird, heißt: »Patchwork-Religiosität«. Jugendliche wachsen nicht mehr selbstverständlich in bestimmte religiös geprägte Lebenswelten hinein, sondern wählen aus dem modernen »explosiven Pluralismus« (Peter Berger) verschiedener Religionen, Weltanschauungen und Lebensdeutungen Elemente aus und entwickeln eigene Rituale und Symbole, mit denen sie ihre Existenz deuten. Daher ist es erforderlich, daß die Schule ihnen Möglichkeiten bietet, sich kritisch mit der Sprache und der Bilderwelt der Religionen und Weltanschauungen auseinanderzusetzen. Hintergrund für die Einrichtung des neuen Schulfachs ist die zunehmende Abmeldung vom konfessionellen Religionsunterricht unter Berufung auf die garantierte Glaubens- und Gewissensfreiheit. Zur Vorgeschichte gehört, daß bereits seit 1976 im Kanton Zürich eine interkonfessionelle Kommission am Modell eines konfessionell-kooperativen Religionsunterrichts gearbeitet hat. Nach ersten Umfragen hat das Fach bei den Schülern eine gute Aufnahme gefunden.

Das Interesse anderer Kantone an dem neuen Schulfach ist groß, sofern sie nicht selbst bereits ähnliche Änderungen eingeführt haben. So gibt es z. B. im Kanton Aargau seit geraumer Zeit einen interreligiösen Religionsunterricht. Er gehört zum offiziellen Stunden- und Lehrplan; die Teilnahme ist Pflicht für alle Volksschüler unabhängig von ihrer Religionszugehörigkeit. Daneben gibt es konfessionell-kirchlichen Religionsunterricht, der in Verantwortung der Landeskirchen erteilt werden kann, wenn diese das wünschen. Für diesen Unterricht stellen die Kirchen die Lehrkräfte, die sie auch selbst besolden (müssen).[44]

Schon seit geraumer Zeit gibt es in der Schweiz vier unterschiedliche Rechtsfiguren zur Regelung der Stellung des Religionsunterrichts im schulischen Bildungszusammenhang:

44. Zur religionspädagogischen Situation der Schweiz vgl. auch K. Wegenast (1992).

- Religionsunterricht der christlichen Konfessionen *im Raum der Schule*, aber außerhalb des schulischen Lehrplans, erteilt von kirchlichen Lehrpersonen;
- Konfessioneller Religionsunterricht innerhalb der schulischen Stundentafel, aber in alleiniger Verantwortung der christlichen Kirchen
- Konfessionell-kooperativer Religionsunterricht im Rahmen des schulischen Bildungskanons in gemeinsamer Verantwortung von Schule und christlichen Großkonfessionen.
- Konfessionell neutraler christlicher Religionsunterricht ohne Mitwirkung der Kirchen in alleiniger staatlicher Zuständigkeit

Daneben wird über Formen interreligiösen Religionsunterrichts ebenso nachgedacht, wie mit dem neuen Pflichtfach »Religionskunde und Ethik« eine weitere didaktische Variante und Rechtsform hinzugekommen ist, mit der ein Beitrag zu einer ganzheitlichen Bildung angestrebt wird. »Religionskunde und Ethik« soll den Heranwachsenden helfen, die von den Religionen und weltanschaulichen Strömungen entwickelten eigenen Sprach- und Bilderwelten für die Sinnfrage zu verstehen und sich mit ihnen kritisch auseinandersetzen zu können mit dem Ziel einer je altersgemäßen Deutung der eigenen Existenz.

4. Lebensgestaltung – Ethik – Religionskunde – das neue Schulfach in Brandenburg

4.1 Warum und wozu LER?

Die Einführung des Schulfachs »Lebensgestaltung-Ethik-Religionskunde« (LER) im Land Brandenburg stellt – sieht man einmal von der Rechtschreibreform ab – die derzeit wohl umstrittenste pädagogische und schulpolitische Veränderung in Deutschland dar. Der Name dieses neuen Fachs klingt vielleicht etwas umständlich, benennt aber durchaus programmatisch seine Inhalte und Ziele. Im Gesetz über die Schulen im Land Brandenburg vom April 1996 heißt es zu den Aufgaben und Zielen von LER in § 11 Abs. 2 und 3:

> Das Fach Lebensgestaltung-Ethik-Religionskunde soll Schülerinnen und Schüler in besonderem Maß darin unterstützen, ihr Leben selbstbestimmt und verantwortlich zu gestalten, und ihnen helfen, sich in einer demokratischen und pluralistischen Gesellschaft mit ihren vielfältigen Wertvorstellungen und Sinnangeboten zunehmend eigenständig und urteilsfähig zu orientieren.

Und:

> Das Fach dient der Vermittlung von Grundlagen für eine wertorientierte Lebensgestaltung, von Wissen über Traditionen philosophischer Ethik und Grundsätzen ethischer Urteilsbildung sowie über Religionen und Weltanschauungen.

Sowie:

> Das Fach Lebensgestaltung-Ethik-Religionskunde wird bekenntnisfrei, religiös und weltanschaulich neutral unterrichtet. Die Eltern werden über Ziele, Inhalte und Formen des Unterrichts in Lebensgestaltung-Ethik-Religionskunde rechtzeitig und umfassend informiert. Gegenüber der religiösen oder weltanschaulichen Gebundenheit von Schülerinnen und Schülern sind Offenheit und Toleranz zu wahren.

Die gemeinsame Nennung der drei Inhaltsbereiche Lebensgestaltung, Ethik und Religionskunde im Namen des Fachs soll seinen besonderen integrativen Charakter verdeutlichen. Die drei Elemente Lebensgestaltung, Ethik und Religionskunde sollen nicht im Sinne getrennter Inhalts- oder Themenbereiche in diesem Fach verhandelt werden, sondern so miteinander verbunden sein, daß ausgehend von Fragen der Lebensgestaltung Aspekte ethischen Urteilens und Handelns sowie deren religiöse und weltanschauliche Dimension thematisiert werden. Dazu sind die Inhalte des Fachs LER in folgende 6 Lernfelder gegliedert, die ihrerseits jeweils wieder in bestimmten Schwerpunkten konkretisiert werden:

Lernfeld 1: Menschen als Individuen, ihre Bedürfnisse, Lebensgeschichten, Lebenswelten und Lebensgestaltung
Lernfeld 2: Menschen in Gemeinschaft; Wahrnehmen und Gestalten von Beziehungen
Lernfeld 3: Gefährdungen und Belastungen menschlichen Lebens, mögliche Ursachen, Auswege, Grenzen, Hilfen und das Maß eigener Verantwortung
Lernfeld 4: Auf der Suche nach einem erfüllten und sinnvollen Leben
Lernfeld 5: Die Menschen und ihre Religionen, Weltanschauungen und Kulturen
Lernfeld 6: Persönliche Lebensgestaltung und globale Perspektiven – Probleme und Chancen.

Entscheidendes Motiv für das Konzept von LER ist neben diesem fachlich-inhaltlichen noch ein weiterer Aspekt von Integration. LER liegt die Auffassung zugrunde, daß die konfessionelle und weltanschauliche Trennung der Schülerinnen und Schüler, insbesondere in einem Bereich, in dem es um wesentliche Fragen des Lebens und des menschlichen Zusammenlebens geht, den Herausforderungen, vor die sich Schule heute gestellt sieht, nicht mehr gerecht wird. Durch gemeinsames Lernen aller Schülerinnen und Schüler soll LER angesichts zunehmender Intoleranz und Gewaltbereitschaft in unserer Gesellschaft Verständnis und Toleranz für Fremdes sowie Dialogfähigkeit fördern helfen. Darin unterscheidet sich LER grundlegend von der andernorts üblichen Aufteilung der Schülerinnen und Schüler in solche, die am evangelischen bzw. katholischen Religionsunterricht teilnehmen und solche, die am Ethikunterricht teilnehmen müssen, weil sie sich vom Religionsunterricht abgemeldet haben oder einer anderen Religion angehören oder religionslos sind. Die zunehmend multikulturelle und multireligiöse Situation in Brandenburg mit einem sehr hohen Anteil Konfessionsloser stellt die Schule vor eine besondere Aufgabe der Integration. Ein Beitrag zu dieser Aufgabe der Schule liegt darin, allen Schülerinnen und Schülern in informativer und kommunikativer Form als Teil ihrer Allgemeinbildung im Rahmen von Werte-Klärung und Werte-Bildung den Erwerb von Grundkenntnissen der Geschichte der Religionen und Weltanschauungen und ihrer heutigen Vielfalt und Komplexität zu ermöglichen. Dabei bezieht LER die jeweils unterschiedlichen religiösen, weltanschaulichen und kulturellen Prägungen und Bindungen der Schülerinnen und Schüler unter Wahrung der Glaubens- und Gewissensfreiheit in den Unterricht ein.

LER will und muß – wie andere allgemeinbildende Fächer z. B. Geschichte, Deutsch, politische Bildung ebenfalls – weltanschaulich neutral sein. Wie dort bedeutet auch in LER weltanschauliche Neutralität nicht, daß weltanschauliche oder religiöse Positionen nicht vorgetragen oder erörtert werden dürften, ganz im Gegenteil: sowohl die LehrerInnen wie die SchülerInnen sollen diese zum Unterrichtsgegenstand machen, allerdings als Positionen und Ansichten neben gleichberechtigten anderen. LER ist weltanschaulich neutral, aber nicht wertneutral.[1] Nicht die Beliebigkeit von Überzeugungen, Standpunkten und Anschauungen soll den Unterricht bestimmen, sondern das Bildungsziel, Urteilsfähigkeit und begründete Wertorientierungen zu entwickeln. LER stützt sich auf wichtige Werte der Gesellschaft (ausdrücklich genannt werden: Grundgesetz der Bundesrepublik, Verfassung des Landes Brandenburg und Schulgesetz des Landes mit den dort formulierten Erziehungszielen, Allgemeine Erklärung der Menschenrechte und UN-Konvention über die Rechte des Kindes).

LER soll einen eigenen Beitrag zur Umsetzung der in § 4 des Brandenburgischen Schulgesetzes festgelegten Ziele und Grundsätze der

1. MBJS (Hg.): Lebensgestaltung/Ethik/Religionskunde. Das neue Schulfach an den Schulen des Landes Brandenburg ab dem Schuljahr 1996/97, Potsdam 1996, 17.

Erziehung und Bildung in der Schule leisten. Dazu gehört im Blick auf die Unterrichtsgegenstände und -themen im Fach LER vor allem der folgende Grundsatz:

»Die Schule wahrt die Freiheit des Gewissens sowie Offenheit und Toleranz gegenüber unterschiedlichen kulturellen, religiösen, weltanschaulichen und politischen Wertvorstellungen, Empfindungen und Überzeugungen. Keine Schülerin und kein Schüler darf einseitig beeinflußt werden«.

Wie in allen anderen allgemeinbildenden Fächern soll es auch in LER darum gehen, Grundwissen zu erwerben. Zugleich jedoch ist es Anliegen des Faches, daß die Jugendlichen parallel zur Beschäftigung mit einem Thema eine Reihe von Fähigkeiten und Fertigkeiten entwickeln, die für das Zusammenleben in der Gesellschaft wichtig sind. Hierzu gehören beispielsweise

- die Fähigkeit, sowohl die eigenen als auch die Werte und Normen anderer Menschen zu erkennen und sich mit ihnen auseinanderzusetzen, um zu einem begründeten eigenen Standort zu finden;
- die Fähigkeit, soziale Beziehungen mit *unterschiedlichen* Personen und Gruppen aufzubauen und bewußt leben zu können;
- die Fähigkeit, verschiedene Wertsysteme, Weltanschauungen und Religionen kennenzulernen, zu verstehen und zu respektieren;
- die Fähigkeit, allmählich eine eigenständige Persönlichkeit zu entfalten; dazu gehört die Klärung der Frage nach den eigenen Hoffnungen und Bedürfnissen und ihrem Verhältnis zu den Erwartungen anderer an mich ebenso wie die Frage, wie ich mich in der Vielfalt der Vorstellungen von einem erfüllten Leben mit meinen Ideen und Vorstellungen wiederfinde etc.[2]

Dieser integrative Ansatz von LER versucht, zentrale Aspekte der aktuellen Schulreformdiskussion aufzunehmen, indem neben wichtiger Wissensvermittlung die Begleitung und Förderung der Persönlichkeitsentwicklung (Selbstkompetenz) sowie Hilfe zum Wahrnehmen, Verstehen und Gestalten individueller und sozialer Lebenssituationen (soziale Kompetenz) angestrebt werden.
Natürlich beansprucht LER nicht, all dies allein zu bewerkstelligen, sondern versucht einen Beitrag zu leisten zu dem, was in den

2. A.a.O., 13.

anderen Schulfächern von Fall zu Fall und im Zusammenhang unterschiedlicher Lernsituationen und -aufgaben allgemeinbildende Grundaufgaben der Schule sind. Aber LER stellt einen festen Ort im schulischen Kanon dar, an dem konzentriert und exemplarisch Fragen der Lebensgestaltung erörtert, Wege der Werte-Reflexion analysiert und eingeübt und Lernerfahrungen des Respekts im Umgang mit unterschiedlichen religiösen und weltanschaulichen Überzeugungen erworben werden können.

Dieses bildungspolitische Modell Brandenburgs ist von Bedeutung weit über die Grenzen Brandenburgs hinaus. Das erklärt die hektische Reaktion der Kirchen auf LER (Beschwerde vor dem Bundesverfassungsgericht). Sie argwöhnen, mit LER solle Religion aus der Schule verdrängt werden. Dies ist eindeutig nicht der Fall.[3] Das Land investiert erhebliche Summen für den Religionsunterricht der Evangelischen Kirche, an dem im zurückliegenden Schuljahr etwa ebenso viele Schülerinnen und Schüler teilgenommen haben wie an LER. Das Fach Lebensgestaltung-Ethik-Religionskunde tritt nicht an die Stelle eines von den Kirchen oder Religionsgemeinschaften verantworteten Religionsunterrichts. Das Recht der Kirchen und Religionsgemeinschaften, »Schülerinnen und Schüler in den Räumen der Schule nach ihrem Bekenntnis zu unterrichten«, ist ausdrücklich im Schulgesetz des Landes (§ 9.2) verankert (auch wenn es von der Katholischen Kirche nicht wahrgenommen und anderen Religions- und Weltanschauungsgemeinschaften bisher faktisch noch nicht gewährt wird). Wesentlich für LER ist der didaktische Gesichtspunkt, den *integrativen Charakter* des Fachs für jedes einzelne Thema zu wahren und auch tatsächlich zum Tragen kommen zu lassen, d. h. jedes Thema soll aus dem Blickwinkel des Alltagserlebens, der Ethik und Moral sowie der Weltanschauungen und Religionen erörtert werden. Der Name des Faches signalisiert insbesondere durch den Begriff »Religionskunde«, daß es nicht um »religiöse Erziehung« in der Hand des Staates gehen soll. Religionen und religiöse Bezüge werden hier stattdessen als Teil der Allgemeinbildung verstanden, die für ein Verständnis der eigenen Kul-

3. Vgl. dazu unten 132.

tur wie auch der fremden notwendig ist. Die Kirchen führen u.a. auch dagegen Beschwerde, daß in den religionskundlichen Aspekten von LER »Religion« in philosophischer und religionswissenschaftlicher »Distanz« thematisiert wird. Sie vertreten die Meinung, – zumindest die christliche – Religion könne authentisch nur aus kirchlich-theologischer Perspektive interpretiert werden.
Seit dem Schuljahr 1996/97 wird LER in den Klassen 7-10 als ordentliches Lehrfach an Brandenburger Schulen unterrichtet – zunächst in dem Maße, wie ausgebildete Lehrerinnen und Lehrer dafür zur Verfügung stehen. Konfessioneller Religionsunterricht kann – wo er nachgefragt wird – von Klasse 1-13 gewählt werden. Vorausgegangen ist ein dreijähriger Modellversuch, in dem an je einer Schule der 44 Kreise des Landes Erfahrungen mit dem Konzept gesammelt worden sind, die wissenschaftlich ausgewertet wurden[4]
Die gesamtdeutsche Aufregung, die LER einen Dauerplatz in den Schlagzeilen gebracht hat, bezieht sich vor allem darauf, daß – abweichend von den meisten deutschen Bundesländern – der konfessionelle Religionsunterricht nicht Pflichtfach an den Schulen Brandenburgs ist. Er ist eine Wahlmöglichkeit, die den Schülerinnen und Schülern zusätzlich zur Stundentafel angeboten wird, während LER den Status eines ordentlichen Schulfachs hat. Brandenburg hat sich mit dieser Konstruktion dafür entschieden, im Bereich der schulischen Werte-Klärung und Werte-Bildung einen eigenen, von der bundesrepublikanisch üblichen Regelung abweichenden Weg zu gehen. Rechtlich stützt sich Brandenburg dafür auf die sog. »Bremer Klausel« in Art. 141 GG, die denjenigen Ländern, die bei Inkrafttreten des GG am 1.1.1949 eine andere landesrechtliche Regelung als Religionsunterricht nach Art. 7.3 hatten, die Möglichkeit zu einer anderen Regelung eröffnet. Ob Brandenburg sich zu Recht auf diesen Artikel beruft, ist u. a. Gegenstand der Klagen vor dem Bundesverfassungsgericht in Karlsruhe.[5]

4. Vgl. dazu im einzelnen unten 145ff.
5. Vgl. dazu: Rechtliche Probleme um LER und Religionsunterricht, unten 4.3, 127ff.

4.2 Vorgeschichte und Motive

Die Vorgeschichte von LER begann Ende der achtziger Jahre im Rahmen von Überlegungen zur Schulreform in der DDR. Basisdemokratische Initiativgruppen wie der »Unabhängige Interessenverband für eine demokratische Bildung und Erziehung« oder die »Volksinitiative Bildung« entwickelten Vorstellungen für eine innere Schulreform. Hinzu kamen bildungspolitische Aktivitäten aus Kreisen der Bürgerbewegung, der Evangelischen Kirche sowie des Freidenkerverbandes. Im November 1989 wurden auf einem von der »Volksinitiative Bildung« eingeladenen Forum »Bildungsnotstand« Reformen der Bildung und Erziehung in der DDR erörtert. Die »neue Schule« sollte sich den Bedürfnissen und Interessen der Heranwachsenden öffnen. Vorausgegangen waren Überlegungen, wie es gelingen könnte, Fragen einer sinnvollen und selbstverantworteten Lebensgestaltung in der Schule insgesamt und auch in einem besonderen Schulfach zu thematisieren. Einig war man sich dabei über alle gesellschaftlichen Gruppen hinweg darüber, daß die zwanghafte Ausgrenzung des Pluralismus religiöser und weltanschaulicher Orientierungen aus der Schule beendet und eine religionskundliche Grundbildung im Rahmen der Schulreform Berücksichtigung finden sollte. Damit war nicht nur die Vermittlung von religionskundlichem Wissensstoff gemeint, sondern ein grundsätzliches Bekanntwerden mit religiös vermittelten Denk- und Lebensformen. Dies spiegelte sich auch im Namen des Lernbereichs: Es war mit Absicht nicht von »Religionen«,[6] sondern von »Religion« im Singular die Rede. Das Verstehen religiös vermittelter Lebensformen und Weltdeutungen sollte Teilgegenstand des Fachs sein.

Es waren die veränderten gesellschaftlichen Bedingungen in Ostdeutschland, welche ein Nachdenken über bildungs- und schulpoliti-

6. Die Gruppe der »Freidenker«, die sich an den Vorbereitungen zu dem Modellversuch beteiligt hat, hatte von Anfang an den Namen vorgeschlagen, der sich dann in einer Zwischenstufe nach dem Ausscheiden der Ev. Kirche aus dem Modellversuch durchsetzte: Lebensgestaltung-Ethik-Religionen.

sche Konsequenzen auslösten. Zu diesem Nachdenken gehörte auch die Frage, welche didaktischen Strukturen den Herausforderungen der Zeit Rechnung tragen könnten. Wenn mit den soziologischen Kategorien Individualität und Pluralität die Struktur unserer Gesellschaft beschrieben werden kann, stellt sich die Frage, mit welchen pädagogischen Kategorien Schule darauf angemessen reagieren soll. Das Konzept von LER sieht in diesem Unterricht eine Lernbemühung zur »Verständigung« aller in Verpflichtung zur eigenen kulturellen Identität zugunsten einer Verantwortung für das Zusammenleben. Hartmut von Hentig hat auf das dringliche Erfordernis hingewiesen, »Verständigung über die Voraussetzungen der Gemeinsamkeit unseres Lebens« zu suchen, dies aber hat »Verstehen« zur Voraussetzung.[7] Alltagsleben und Alltagsreligiosität sollten in ihrer Vielfalt und Differenz didaktisches Gewicht bekommen und statt ausgeblendet zu bleiben oder in verschiedene Fächer auseinanderdividiert zu werden, in einem Lernbereich Gegenstände gemeinsamer Lernbemühungen aller Schüler sein. An dieser bildungsreformerischen Diskussion beteiligten sich auch Vertreter der Kirchen in der DDR, speziell der Evangelischen Kirche. Sie zeigten sich bereit, Bildungsmitverantwortung zu übernehmen und erörterten auf den verschiedensten Ebenen auch Fragen schulbezogener religiöser Bildung.
Angesichts der in der DDR weit fortgeschrittenen Säkularisierung und der angestrebten offenen und pluralistischen Gestalt der Schule sollte von der Einführung eines konfessionellen Religionsunterrichts nach westdeutschem Muster abgesehen werden, weil für ein solches Fach der ihn legitimierende volkskirchliche Hintergrund fehle. Dies war zunächst auch die Position des Bundes der Evangelischen Kirchen in der DDR.
Es sei noch einmal an die Einschätzung von Roland Degen, Mitarbeiter beim Comenius-Institut/Berlin, erinnert: »Zudem erschien

7. »Verständigung hat mit Verstand und der wiederum mit Verstehen zu tun. Dies ist jedenfalls die Annahme, der unsere Kultur seit den alten Griechen folgt: daß der Verstand eine zwar begrenzte, aber gerade durch seine Begrenztheit sichere Instanz der Gemeinsamkeit ist.« H. v. Hentig (1992), 12f.

für viele in Ostdeutschland ein Religionsunterrichtsfach ein ähnliches Westimportprodukt zu sein wie das weitgehend westdeutsche Warenangebot in den nach Osten verlängerten Handelsketten, mit dem Eigenständiges und hier Entstehendes oft bewußt oder unbewußt blockiert wurde«.[8]

Einigkeit bestand darin, ein Fach Ethik einzuführen, aber nicht nach westdeutschem Muster durch Etiketten wie »Ersatz« oder »Alternative« vom konfessionellen Religionsunterricht her definiert, sondern als Pflichtfach für alle Schülerinnen und Schüler. Entsprechend legte die Regierungskoalition in Brandenburg aus SPD, Bündnis90 und FDP im Vertrag über die Bildung der Landesregierung im November 1990 fest: »Es wird angestrebt, an den Schulen einen breit angelegten Unterricht in Religions- und Lebenskunde durchzuführen und die konfessionelle Unterweisung in Verantwortung der Kirchen zu belassen.«

Auf diesem Hintergrund entstand Ende 1990 im Brandenburger Ministerium für Bildung, Jugend und Sport unter Beteiligung von Basisinitiativen das Konzept eines Lernbereichs »Lebensgestaltung-Ethik-Religion« – wie er zunächst hieß –, das in einem landesweiten Modellversuch erprobt werden sollte. Die Thematisierung von Sinn- und Wertfragen sollte nicht in alternative Fächer auseinanderdividiert werden, sondern in einem obligatorischen Lernbereich oder Unterrichtsfach integrativ zusammengeführt werden. Die Erarbeitung und Umsetzung dieses Konzepts ist eng mit der Person von Marianne Birthler verbunden, der ersten Bildungsministerin des Landes Brandenburg. Selbst durch ihren Beruf als Katechetin mit der kirchlichen Bildungsarbeit vertraut und Mitglied des »Runden Tisches Bildung«, hat sie persönlich die Ausgestaltung und Realisierung von LER betrieben. Dabei war für sie eine Beteiligung der Kirchen und Religionsgemeinschaften durch Einbeziehung der Kompetenzen ihrer Mitarbeiterinnen und Mitarbeiter selbstverständlich. Vergegenwärtigt man sich diese Entstehungshintergründe des neuen Schulfaches Lebensgestaltung-Ethik-Religionskunde in Brandenburg und auch die Rolle, die Marianne Birth-

8. R. Degen (1995), 15.

ler dort spielte und bis heute durch öffentliches Werben für das Grundanliegen von LER im Rahmen der Schulreform spielt, wächst das Unverständnis darüber, wie derzeit gegen LER vor allem seitens der Kirchen polemisiert wird.[9]

In einem »Grundsatzpapier für die öffentliche Diskussion« wurden Ausgangssituation und die Intention des Lernbereichs/Unterrichtsfachs folgendermaßen beschrieben:

»Wir wollen auf die Chancen und Herausforderungen reagieren, die mit den gesellschaftlichen Veränderungen verbunden sind, auf die dringenden sozialen Probleme der Gegenwart, auf das Nebeneinander verschiedenster Kulturen, Lebensauffassungen und Lebensweisen, Weltanschauungen und Religionen in einer sich verändernden Welt. Das können wir nur, wenn unsere Schulen einen Raum bieten, in dem das persönliche Leben, die Erfahrungen und Bedürfnisse, die Befindlichkeiten und Gefühle der Schülerinnen und Schüler im Mittelpunkt stehen, wo Fragen nach dem Sinn des Lebens, nach Werten und Kulturen Gegenstand der Auseinandersetzung und des Gesprächs sind.«

In diesen Formulierungen wird deutlich der schulreformerische Hintergrund formuliert, der mit dem Konzept von LER von Anfang an verbunden war und der später zum Ansatz kritischer Anfragen z.B. der Wissenschaftlichen Begleitung werden sollte.[10] Mit dem Ansatz eines »ganzheitlichen Lernens als Hilfe zu selbstverantwortlichem Leben« war eine klare pädagogische und didaktische Umorientierung gegenüber dem traditionellen Lernverständnis der DDR-Schule intendiert:

»In unseren Schulen überwog bisher rein rationales Lernen. Man glaubte, daß verantwortliches Handeln durch bloße Wissensvermittlung und verbale Appel-

9. So stellte erst unlängst Bischof W. Huber in einem Vortrag ironisch fest: »Daß LER als Modell entwickelt wurde, hat natürlich seinen besonderen Hintergrund in den unbezweifelbaren Erfolgen der Bildungspolitik Margot Honeckers, deren 70. Geburtstag in diesen Tagen vermeldet wurde.« (W. Huber (1997), 16). Hier wird im Interesse der Durchsetzung eigener institutionenpolitischer Interessen (Einführung von konfessionellem Religionsunterricht) an Ressentiments appelliert, um in der Öffentlichkeit gegen LER »Stimmung« zu machen. Damit wird der Boden von – auch in Kontroverse geführter – Argumentation eindeutig verlassen.
10. Vgl. unten 4.4.

le in das Kind und den Jugendlichen hineingetragen werden können. Ganzheitliches Lernen, zu dem auch das Wahrnehmen und Aussprechen eigener Befindlichkeiten und Gefühle der Lernenden und Lehrenden gehört, fand nicht statt. Die Schule wurde als Lehr- und Belehrungsanstalt, nicht auch als Raum für soziale und emotionale Erfahrung begriffen.«

Ein wichtiges didaktisches Element des Ansatzes von LER war *gemeinsames Lernen.* Die Lerngruppen sollten nicht nach konfessionellen, religiösen oder weltanschaulichen Gesichtspunkten gebildet werden. Dies kam programmatisch bereits im Titel des Grundsatzpapiers für die öffentliche Diskussion aus dem Jahr 1991 zum Ausdruck *»Gemeinsam leben lernen«.* Das Konzept ist von der Überzeugung getragen, daß »akzeptiert werden und andere akzeptieren, verstanden werden und verstehen, der tolerante Umgang mit Andersdenkenden und Anderslebenden, Dialogfähigkeit, Toleranz und die Fähigkeit zu gewaltfreier Konfliktlösung« nur *gemeinsam* gelernt werden können:

»Aus der Erfahrung, selbst angenommen und respektiert zu werden, wächst die Fähigkeit und Bereitschaft, auch Fremdes und Andersartiges ernst zu nehmen, zu respektieren und die Vielfalt menschlichen Lebens nicht als bedrohlich, sondern als bereichernd zu erleben.«

Der neue Lernbereich LER sollte im schulischen Kontext zugleich Aufgaben der Lebenshilfe übernehmen, die Eltern oft nicht leisten können, und so zu mehr Chancengleichheit beitragen. In dem Grundsatzpapier werden unterschiedliche Problemfelder bzw. Themen aufgelistet, die weitgehende Parallelen zu den Themen des problemorientierten und sozialisationsbegleitenden Konzepts von Religionsunterricht aus der religionspädagogischen Debatte der siebziger Jahre in der Bundesrepublik aufweisen. In dem weitgespannten Themenfeld sollen die unterschiedlichen Zugänge von Religion und Weltanschauung deutlich gemacht und entsprechend den regionalen Gegebenheiten und Möglichkeiten aus Gründen der Authentizität Vertreterinnen und Vertreter der Kirchen, der Religions- und Weltanschauungsgemeinschaften bzw. Medien hinzugezogen werden.
Im Frühjahr 1991 waren erste Arbeitsstandpunkte zur Konzeption des Modellversuchs den Kirchen übermittelt worden. Geplant war

ein Angebot an die Schülerinnen und Schüler, sich im neuen Lernbereich auf *integrative* Weise mit verschiedenen Weltdeutungen, Lebensauffassungen und -formen bekannt zu machen. Die Kirchen sollten die Möglichkeit haben, als »authentische Vertreter« einer Religionsgemeinschaft im Rahmen des Unterrichts mit den Schülern zu sprechen. Die Katholische Kirche hat von vornherein jede Mitwirkung abgelehnt, die Evangelische Kirche übermittelte ihre grundsätzliche Kritik am Konzept, die konzeptionelle Einbindung von »Religion« in einen Lernbereich verhindere, daß Religionsunterricht nach den Grundsätzen der Religionsgemeinschaften erteilt werden könne und verstoße daher gegen das Grundgesetz, welches schließlich auch in Brandenburg gelte.[11] Beide Kirchen forderten nachdrücklich die Einführung von evangelischem und katholischem konfessionellen Religionsunterricht, gegebenenfalls ergänzt durch »Ethik/Lebenskunde«. Der Religionsunterricht sei ein Elternrecht, das nicht in einer ministeriellen Entscheidung liege. Die Eltern hätten »eine Forderung an den Staat«. Abgesehen davon, daß »die Eltern« hier für institutionelle Interessen der Kirchen funktionalisiert worden sein dürften – zumindest sehr viele von ihnen haben ganz anderes im Sinn als eine Wiederbelebung von Konfessionsgeist –, fällt auf, daß von Anfang an seitens der Kirchen vorwiegend *rechtlich* argumentiert wird, was in weiten Teilen der Öffentlichkeit den Eindruck erweckte, es gehe ihnen vorrangig um die Sicherung institutioneller Privilegien, nicht aber um eine Beteiligung an einer inneren Schulreform. Die sehr kontrovers ausgetragene öffentliche Diskussion konnte erst nach einem Jahr durch einen politischen Kompromiß beendet werden, der zwischen Ministerium und Evangelischer Kirche ausgehandelt worden war. Die Evangelische Kirche erklärte sich zur Mitwirkung an einem Modellversuch bereit unter der Maßgabe, daß in das Konzept von LER evangelischer Religionsunterricht eingebaut wird. Um dies zu ermöglichen, wurde der Zeitrahmen von LER in eine »Integrationsphase« gemeinsamen integrativen Unterrichts und eine »Differenzierungsphase« mit

11. Dies stand in Brandenburg auch nicht zur Diskussion. Im Gegenteil, man berief und beruft sich noch heute auf Art. 141 GG, siehe unten 4.3.

traditionellem Religionsunterricht in kirchlicher Verantwortung (als Wahlpflichtfach) nach Art. 7.3 GG aufgeteilt. Über den zeitlichen Anteil der Differenzierungsphase am Gesamtkonzept wurde hart gestritten. Daneben sollte an denjenigen Schulen, die nicht am Modellversuch teilnehmen, staatlich finanzierter konfessioneller Religionsunterricht als fakultatives Angebot außerhalb der Stundentafel durchgeführt werden können. Der Unterricht in der Differenzierungsphase sollte von kirchlichem Lehrpersonal eigenverantwortlich durchgeführt werden. In der Integrationsphase sollte unter Verantwortung der staatlichen LER-Lehrer eine Zusammenarbeit mit den kirchlichen Lehrkräften angestrebt werden. Gemeinsamer Unterricht in der Integrationsphase und nach Konfessionen getrennt erteilter Unterricht in der Differenzierungsphase sollten einander im Verhältnis eines Zeitanteils von ca. 50:50 ablösen.

Dieser Kompromiß trug den Keim für sein Scheitern von Anfang an in sich. Er hatte kein didaktisches Fundament, sondern war kirchenpolitisch ausgehandelt. Der Kirche war diese »Differenzierungsphase«, in der sie – wie zumindest theoretisch andere Religionsgemeinschaften ebenso – im Rahmen von LER in eigener Verantwortung bekenntnisgebunden Unterricht erteilen kann – als Gegenleistung für ihre Mitwirkung in direkten Verhandlungen mit dem Ministerpräsidenten zugestanden worden. Sie hat für diesen Unterricht ein eigenes Konzept entwickelt, das durch von ihr beauftragte Lehrkräfte (meist Katechetinnen bzw. Pfarrer) umgesetzt worden ist. Als kirchliche Lehrkräfte ihre Mitarbeit in der Integrationsphase ebenso selbstverantwortlich gestalten wollten wie in der Differenzierungsphase, zeichnete sich der von Anfang an absehbare Konflikt bereits ab, der dann von der Evangelischen Kirche als Aufhänger für ihren Ausstieg aus dem Modellversuch benutzt wurde.

4.3 Rechtliche Probleme um Religionsunterricht und LER

Der öffentliche Streit über den Modellversuch und das neue Schulfach LER bündelt sich in rechtlichen Fragen, die das am 1.8.1996 in Kraft getretene Gesetz über die Schulen im Land Brandenburg

(Bbg.SchulG) zum Gegenstand haben. Es sind im wesentlichen zwei Rechtsfragen, die den Streit bestimmen. Zum einen geht es um den verfassungsmäßig gesicherten Status des konfessionellen Religionsunterrichts, als »ordentliches Lehrfach« an allen öffentlichen mit Ausnahme der bekenntnisfreien Schulen (Art. 7.3 Satz 1 GG),[12] zum andern um die Frage, ob Art. 141 GG, der eine andere schulrechtliche Regelung des Religionsunterrichts gestattet, auch für Brandenburg gilt.[13] Politisch und juristisch umstritten sind die Schulgesetzparagraphen § 9 Abs. 2 und 3, der den Religionsunterricht in den Schulen regelt, § 11 Abs. 2-4, der LER betrifft sowie § 141, der eine Abmelderegelung von LER unter bestimmten Bedingungen vorsieht.
In Karlsruhe sind Verfassungsbeschwerden und Organklage eingereicht, die vor allem die Stellung und Bedeutung des Religionsunterrichts in Brandenburg betreffen, daneben aber auch die Frage, ob und gegebenenfalls wie der Staat die Dimension »R« in LER gestalten darf.

Über den Religionsunterricht bestimmt das Schulgesetz in § 9 folgendes:

»2. Die Kirchen und Religionsgemeinschaften haben das Recht, Schülerinnen und Schüler in den Räumen der Schule nach ihrem Bekenntnis zu unterrichten (Religionsunterricht). Sie übernehmen die Verantwortung dafür, daß der Religionsunterricht entsprechend den für den Schulunterricht geltenden Bestimmungen durchgeführt wird. Der Religionsunterricht wird durch Personen erteilt, die von den Kirchen und Religionsgemeinschaften beauftragt werden. Am Religionsunterricht nehmen Schülerinnen und Schüler teil, deren Eltern eine dahingehende schriftliche Erklärung abgeben. Bei Schülerinnen und Schülern, die das 14. Lebensjahr vollendet haben, tritt die eigene Erklärung an die Stelle der Erklärung der Eltern. Der Schulträger stellt die Räume unentgeltlich zur Verfügung.«

Weiterhin legt das Schulgesetz fest, daß mit den Kirchen und Religionsgemeinschaften Vereinbarungen über die Durchführung des

12. Vgl. dazu oben Kap. 1.2; vgl. auch Link (1995).
13. Vgl. die aus juristischer Sicht verfaßte, auch für Nichtjuristen lesbare Problemzusammenfassung, von J. Neumann (1996), 24.

Religionsunterrichts zu treffen sind. Mit der Evangelischen Kirche in Berlin-Brandenburg ist am 3. März 1997 eine entsprechende Vereinbarung getroffen worden, in der weitgehende staatliche Leistungen für den evangelischen Religionsunterricht der Kirchen festgelegt sind.[14] Dazu gehört auch, daß der evangelische Religionsunterricht offen ist für alle Schülerinnen und Schüler und »parallel zum Unterricht im Fach LER organisiert werden kann«. Damit ist eine weitere Forderung der Evangelischen Kirche erfüllt, den Status des Religionsunterrichts aufzuwerten und faktisch ihr Wahlpflicht-Modell durchzusetzen. Dabei darf »nicht ausgeschlossen werden, daß Schülerinnen und Schüler, die am Unterricht im Fach LER teilnehmen, zusätzlich am evangelischen Religionsunterricht teilnehmen können«.

§ 141 des Schulgesetzes sieht die Möglichkeit vor, sich bei Vorliegen eines wichtigen Grundes vom Pflichtfach LER befreien lassen zu können. Für die befreiten Schülerinnen und Schüler soll hinreichender Unterricht oder eine angemessene Förderung gewährleistet sein.

Diese Regelungen des Schulgesetzes sind das Ergebnis eines mehrjährigen Diskussionsprozesses, in dessen Verlauf der Landtagsausschuß für Bildung, Jugend und Sport im Herbst 1995 zwei Anhörungen durchgeführt hat, bevor die Landesregierung Ende Oktober 1995 den Schulgesetzentwurf auf den parlamentarischen Weg gebracht hat, der mit dem Beschluß vom 28. März 1996 (vorläufig) endete. Umstritten war in der Beratungsphase, in welchem Verhältnis LER und Religionsunterricht zueinander stehen sollten. Die Gegner von LER hatten sich auf einen Gegenvorschlag der Evangelischen Kirche festgelegt: Wahlpflichtbereich mit eigenständigen Fächern Evangelische und Katholische Religionslehre und Ethik/Philosophie sowie humanistischer Lebenskunde. Unter den Befürwortern von LER waren bis zuletzt die Möglichkeit und die Bedin-

14. Vgl. dazu Rundschreiben 26/97 vom 2. Juni 1997, veröffentlicht im Amtsblatt des Ministeriums für Bildung, Jugend und Sport, Nr. 7 vom 19. Juni 1997: »Durchführung des evangelischen Religionsunterrichts im Land Brandenburg«.

gungen einer Befreiung von LER umstritten. Die Befürworter einer begrenzten Befreiungsmöglichkeit aus wichtigem Grund (z. B. wenn die Eltern oder das Kind Erteilung bekenntnisgebundenen Religionsunterrichts wünschen) wollten damit die Empfindungen derjenigen Eltern respektieren, die eine ausdrückliche religiös-konfessionell geprägte Wertorientierung für ihre Kinder wünschen. Der bekenntnisneutrale Unterricht in LER bedeutet zwar keineswegs Erziehung zum Unglauben, aber Anhänger einer Konfession könnten sich durch einen Unterricht über Religion, der nicht auf Glaubenserziehung zielt, in ihrer Religionsausübung beschwert fühlen.[15] Die Gegner der Befreiungsmöglichkeit sahen darin einen Bruch mit dem Grundverständnis von LER als *allgemeinbildendem* Unterrichtsfach. Sie mutmaßten, die Gegner von LER könnten eine solche Klausel als staatliches Eingeständnis interpretieren, LER sei eben doch nicht so weltanschaulich und religiös neutral, wie behauptet wird, sonst wäre ja keine Befreiungsmöglichkeit erforderlich. Dies trat auch prompt ein. In einer Verwaltungsvorschrift wurden zwischenzeitlich die Bedingungen für eine Befreiung konkretisiert. Der Wunsch, statt an LER an einem bekenntnisgebundenen Religionsunterricht (in der Schule oder in den Räumen der Kirche/Religionsgemeinschaft) teilzunehmen oder auch an einer anderweitigen angemessenen Förderung – etwa wenn die Religionsgemeinschaft keinen eigenen Religionsunterricht anbietet –, gelten als »wichtiger Grund«.
Die Gegner von LER argumentieren in Presse und Öffentlichkeit mit der Behauptung, Brandenburg verdränge mit LER den Religionsunterricht und Religion aus der Schule. Gleichzeitig maße sich das Land an, »maßgeblich darüber zu befinden, was Religion ist« (W. Huber). Beklagt wird »die gegenwärtig herrschende Ungleichheit zwischen LER – einem staatlichen Pflichtfach – und Religionsunterricht – einem kirchlichen Angebot mit minderer Rechtsstellung«.[16] Betrachtet man die gesetzliche Regelung und die getroffenen Vereinbarungen genauer, kommt man zu einem anderen Urteil.

15. Vgl. dazu Landtagsdrucksache 2/1675, 19; Plenarprotokoll 2/32, 2963f.
16. So erst unlängst wieder Bischof W. Huber (1997), 15.

Religionsunterricht scheint zwar in Brandenburg (nach § 9 Bbg. SchG) auf den ersten Blick hinter dem Religionsunterricht in den meisten anderen Bundesländern (außer Bremen und Berlin, wo er auch kein obligatorisches Schulfach ist) insofern zurückzubleiben, als er keine Verpflichtung des Staates ist. Formal ist dies ein Unterschied. Inhaltlich steht der Religionsunterricht in Brandenburg keineswegs hinter dem anderer Bundesländer zurück. Daß die Kirchen die Verantwortung dafür übernehmen und daß er entsprechend den Bestimmungen durchgeführt wird, die für jeden anderen Schulunterricht auch gelten, entspricht der Regelung nach Art. 7.3, daß Religionsunterricht »unbeschadet des staatlichen Aufsichtsrechts« durchgeführt wird. Dem kirchlichen Recht auf Erteilung des Religionsunterrichts (missio, vocatio) in der Mehrheit der Bundesländer entspricht die Regelung in Brandenburg, daß Religionsunterricht nur durch Personen erteilt werden darf, »die von den Kirchen und Religionsgemeinschaften beauftragt werden« (§ 9.2 BbgSchulG). Von anderen Fächern unterscheidet er sich zwar dadurch, daß die Kirchen eigene Zeugnisse ausstellen können und daß man sich zur Teilnahme anmelden muß, aber inhaltlich sind eine Reihe von Annäherungen an den Status eines ordentlichen Lehrfachs zu konstatieren.[17] Sie betreffen u. a. die Größe der Lerngruppen des Religionsunterrichts, die denen für Religionsunterricht als »ordentliches Lehrfach« entspricht sowie schulorganisatorische Regelungen wie etwa diejenige, Religionsunterricht nicht nur in Randstunden anzusetzen. Hinzu kommt, daß in einem wichtigen – von der Evangelischen Kirche in der Öffentlichkeit meist ausgesparten – Punkt, nämlich in der Übernahme der Kosten für den kirchlichen Religionsunterricht, kein wesentlicher Unterschied zum konfessionellen Unterricht in anderen Bundesländern besteht. Das Land Brandenburg hat sich verpflichtet, den Kirchen und Religionsgemeinschaften die Räume für ihren Religionsunterricht kostenlos zur Verfügung zu stellen, 90% der Personal-

17. Vgl. dazu den Schriftsatz von B. Pieroth in Vertretung des Landtages Brandenburg im Rahmen des Verfahrens zur verfassungsrechtlichen Prüfung der den Religionsunterricht und LER betreffenden Regelungen des brandenburgischen Schulgesetzes vom August 1997.

kosten zu erstatten, sowie Zuschüsse zu leisten für Lehr- und Lernmittel und für die Ausbildung der Religionslehrerinnen und -lehrer und deren Fort- und Weiterbildung. Jährlich erstattet das Land Brandenburg der Evangelischen Kirche rund zwei Millionen DM an Personal- und Sachkostenzuschuß für evangelischen Religionsunterricht. Dies stellt in einer Situation, in der über drei Viertel der Bevölkerung keiner Kirche angehört[18] (der Anteil unter den Schülern ist noch geringer), auch eine finanzielle Anstrengung der Steuerzahler dar, in deren Licht die Behauptung »Brandenburg verdrängt Religionsunterricht und Religion aus der Schule« erst recht als interessengeleitete populistische Kampfparole erscheint.
Beide Kirchen haben Eltern und Schüler aufgefordert, die Befreiung von LER zu beantragen, die Katholische Kirche durch Kanzelabkündigungen in den Kirchengemeinden, die Evangelische Kirche, indem sie zusammen mit den Informationsmaterialien zum Religionsunterricht vorgefertigte Befreiungsanträge austeilte. Insgesamt haben sich daraufhin rund 100 Schüler (von insgesamt 13.000) von LER befreien lassen.
Die Katholische Kirche, der etwa 6% der Bevölkerung Brandenburgs angehören, erteilt Religionsunterricht nach ihren Rahmenplänen außerhalb der Räume der Schule in ihren Kirchengemeinden; der Kommunionunterricht (die Vorbereitung auf den Empfang der Sakramente erfolgt unabhängig von diesem Religionsunterricht); dieser katholische Religionsunterricht wird als gleichgestelltes Angebot anerkannt, d. h. die Teilnahme daran wird als Grund für die Abmeldung von LER akzeptiert; eine Finanzierung des Unterrichts durch den Staat findet nicht statt. Eine Gleichbehandlung anderer Religions- oder Weltanschauungsgemeinschaften in Sachen Religionsunterricht steht noch aus.
Ob die Regelungen des brandenburgischen Schulgesetzes zum Religionsunterricht und zu LER verfassungsrechtlich zu beanstanden

18. Laut Angaben der Ev. und Kath. Kirche gehörten von den 2,5 Mill. Einwohnern des Landes Brandenburg 20,29% der Ev. Kirche und 3,57% der Kath. Kirche an; 9560 Austritten aus der Ev. Kirche standen 308 Aufnahmen gegenüber (Kath. Kirche 776 gegenüber 17); Quelle: Landesamt für Datenverarbeitung und Statistik Brandenburg.

sind, hat nunmehr das Bundesverfassungsgericht zu entscheiden. Die Frage, auf die sich die Entscheidung letztlich zuspitzen könnte, ist die Frage, ob das Land Brandenburg berechtigt ist, sich für seine formal von Art. 7.3 GG abweichende Regelung des Religionsunterrichts auf Art. 141 GG zu beziehen oder nicht. Alternativ wäre denkbar, daß das Bundesverfassungsgericht Brandenburg Auflagen hinsichtlich der Regelungen zum Religionsunterricht macht und das Problem der Anwendbarkeit von Art. 141 offenläßt. Nach Art. 141 GG findet Art. 7.3 Satz 1 (Religionsunterricht ist ordentliches Lehrfach) keine Anwendung in einem Lande, in dem am 1. Januar 1949 eine andere landesrechtliche Regelung bestand. Es sind folglich zwei Dinge zu klären, einmal, welche landesrechtliche Regelung am 1.1.49 in Brandenburg bestand, und zweitens, ob Brandenburg ein Land im Sinne von Art. 141 GG ist.
Art. 66 der Verfassung der Mark Brandenburg besagt in Satz 1:

»Das Recht der Religionsgemeinschaften auf Erteilung von Religionsunterricht in den Räumen der Schule ist gewährleistet. Der Religionsunterricht wird von den durch die Kirchen ausgewählten Kräften erteilt. Niemand darf gezwungen werden, Religionsunterricht zu erteilen.«

Diese Regelung weicht von Art. 7.3 GG insofern eindeutig ab, als der Religionsunterricht dort als »ordentliches Lehrfach« garantiert wird. Es existierte also am 1.1.1949 zweifelsfrei eine andere landesrechtliche Regelung in Brandenburg. Dieser Tatbestand kann auch nicht mit der Behauptung aus der Welt geschafft werden, diese Regelung sei Ergebnis kommunistisch-religionsfeindlicher SED-Politik. Es war umgekehrt ein bedeutender politischer Erfolg der CDU, nachdem die SED zunächst auf Regelungen zum Religionsunterricht ganz verzichten wollte.[19] Schließlich bleibt noch die Frage zu klären, ob Brandenburg ein Land im Sinne von Art. 141 GG ist. Dies ist eine kompliziertere Frage, als auf den ersten Blick offenkundig ist. Diejenigen, die Brandenburg auf einen obligatorischen Religionsunter-

19. Ähnliche Argumente müßten dann auch für Berlin geltend gemacht werden, wo Religionsunterricht – übrigens über mehrere Schulgesetzänderungen bis heute – nicht den Status eines »ordentlichen Lehrfachs« hat – dies ursprünglich auf ausgesprochenen Wunsch der Kirchen hin.

richt verpflichtet sehen wollen, versuchen Art. 141 GG so auszulegen, daß Brandenburg nicht nur am 1.1.1949 »Land« im Sinne dieser Vorschrift gewesen sein muß, sondern auch zwischen dem heutigen Bundesland Brandenburg und demjenigen vom Stichtag 1.1.1949 nicht nur ein Verhältnis der Rechtsnachfolge, sondern der Identität im Sinne ununterbrochener Existenz besteht. Da das Land Brandenburg von 1949 mit dem Zusammenschluß der beiden deutschen Staaten als staatsrechtliches Subjekt »untergegangen« sei, lägen die Voraussetzungen zur Anwendung des Art. 141 GG nicht vor. Die Gegenseite macht dagegen geltend, daß es für Art. 141 GG nicht auf die ununterbrochene Existenz des staatsrechtlichen Subjektes »Land« ankommt, sondern auf das von der Staatsgewalt betroffene Staatsvolk und Staatsgebiet. Das heutige Land Brandenburg wäre dann frei, Religionsunterricht auch anders zu organisieren denn als »ordentliches Schulfach«, was allerdings Art. 141 auch nicht verbietet. Es wäre mehr als kurios, wenn allein von *dieser* Frage letztendlich die höchstrichterliche Entscheidung abhängt, ob eine pädagogisch und bildungstheoretisch für sinnvoll erachtete und in einem Bundesland durch die demokratisch legitimierten Gremien erarbeitete und beschlossene Form der Thematisierung von Sinn- und Wertfragen einschließlich Religion durchgeführt werden kann oder nicht.
Eine ganz andere, in diesem Zusammenhang vor allem von dem früheren Bremer und heutigen Berliner Verfassungs- und Verwaltungsrechtler Ulrich K. Preuß diskutierte Frage[20] ist abschließend noch zu erwähnen. Sie betrifft die Möglichkeit des Landes Brandenburg, die »bekenntnisfreie Schule« als Regelschule einzurichten. Unter der Voraussetzung, daß der Gesetzgeber dabei die Grundrechte der religiös gebundenen Minderheit (Art. 4 Abs. 1 und Art. 6 Abs. 2 GG) beachtet, darf er auch eine weltliche, d. h. religionslose Schule einrichten, an der er den Religionsgemeinschaften durchaus Möglichkeiten, Religionsunterricht zu erteilen, einräumen darf – so wie er in der Situation einer mehrheitlich christlich-religiös gebundenen Bevölkerung den christlichen Charakter der Regelschule betonen durfte. Angesichts der eindeutigen Abweichung in der Verbreitung reli-

20. Vgl. U.K. Preuß (1997).

giöser Bindung zwischen alten und neuen Bundesländern[21] wäre das Land Brandenburg jedenfalls durch das GG nicht gehindert, die bekenntnisfreie Schule als Regelschule einzurichten, mit den vorhandenen Regelungen zum Religionsunterricht wäre den Erfordernissen des Minderheitenschutzes nach Art 6.1. und 4.2 GG mehr als Rechnung getragen.
Daß Brandenburg auf rechtlicher Grundlage das Fach Lebensgestaltung-Ethik-Religionskunde als bekenntnisfreies, religiös und weltanschaulich neutral konzipiertes Schulfach einrichten konnte, ergibt sich zweifelsfrei aus der bildungspolitischen Kompetenz des Landes, auch wertbezogene Erziehungsziele in der Schule zu verfolgen,[22] wie sie in der Landesverfassung und im Schulgesetz formuliert sind. Daß dabei die Welt religiöser Orientierungen, Weltdeutungen und Lebensformen thematisiert werden darf, versteht sich aus der Tatsache, daß Religion als Kulturphänomen wissenschaftlich erforscht werden kann und muß und die Religionsgemeinschaften kein Interpretationsmonopol für Religion in der Gesellschaft beanspruchen können. Die Evangelische Kirche tut faktisch genau dies in Karlsruhe, indem sie geltend macht, durch das Element »R« (Religionskunde) im allgemeinbildenden und bekenntnisneutralen Fach LER in ihrem »Selbstdefinitionsrecht« verletzt zu werden.

4.4 Der Modellversuch – Konzept, Verlauf und Ergebnisse

Konzept und Verlauf

In dem ministeriellen Grundlagenpapier »Gemeinsam leben lernen« war 1991 festgesetzt worden, daß der neue »Lernbereich Lebensgestaltung-Ethik-Religion« in einem mehrjährigen Modellversuch er-

21. Nach den zur Zeit verfügbaren statistischen Daten ergibt sich folgendes Bild: Alte Bundesländer rund 45% evangelisch, 40% katholisch, 13% konfessionslos; neue Bundesländer: 25% evangelisch, 4% katholisch, 70% konfessionslos.
22. BVerfGE 47/46, 66ff; 59/360, 376ff.

probt werden soll, »in dem die Schülerinnen und Schüler verschiedener weltanschaulicher, religiöser und kultureller Prägung sich gemeinsam mit Fragen ihres eigenen Lebens, ihrer Persönlichkeit, des Zusammenlebens in Familie, Gruppe und Gesellschaft beschäftigen und dabei mit Fragen der Ethik, verschiedener Weltanschauungen und Religionen auseinandersetzen«. Unterrichtet werden sollen im Lernbereich zwei Wochenstunden, was dem Umfang des Religionsunterrichts bzw. des Ersatzfaches Ethik in den meisten anderen Bundesländern entspricht. Im Blick auf die Kirchen war festgehalten:

> »Die Gestaltung eines solchen Faches ohne die Mitwirkung der Kirchen und ohne die Chance des Gesprächs mit christlich sozialisierten Mitschülern würde aus Sicht des Ministeriums eine Verarmung bedeuten. ... Der Modellversuch soll deshalb auch ein Diskussionsbeitrag zu der Frage sein, wie Kirche in einer weitgehend säkularisierten Gesellschaft Mitverantwortung für die schulische Bildung übernehmen kann.«

Die Beteiligung der Evangelischen Kirche im Land Brandenburg an dem Modellversuch war auf der Grundlage von Kabinettsbeschlüssen und eines gemeinsamen Protokolls geregelt. Die Mitarbeit der Evangelischen Kirche war zunächst auf ein Jahr begrenzt und fand unter Wahrung ihrer unterschiedlichen Rechtsauffassung und ihrer daraus abgeleiteten Forderung nach konfessionellem Religionsunterricht auch in Brandenburg mit dem Status eines »ordentlichen Lehrfachs«. Aus der Sicht der Evangelischen Kirche dienten diese Regelungen »allein dem Ziel, den Beginn des evangelischen Religionsunterrichts und die Mitwirkung der Kirche im Modellversuch an Schulen im Land Brandenburg zu ermöglichen«.[23]
Der Unterricht in LER begann mit Beginn des Schuljahres 1992/93 am 1.8.92 als ein auf drei Jahre angelegter Modellversuch. Modellschule war je eine aus jedem der 44 Kreise des Landes, das Angebot fand statt in der Sekundarstufe I mit zunächst rund 5000 Schülern, davon 21 Gesamtschulen, 6 Realschulen und 17 Gymnasien. In 24

23. Ev. Kirche in Berlin-Brandenburg: Abschlußbericht zum Modellversuch »Lernbereich Lebensgestaltung-Ethik-Religion«, beschlossen von der Kirchenleitung am 09.06.1995,1.

Schulen wurde durchgängig integrativer Unterricht mit 2 Wochenstunden erteilt, in 20 Schulen fand unter Beteiligung von Lehrpersonal der Evangelischen Kirche eine einstündige wöchentliche Differenzierungsphase in Form konfessionell-evangelischen Religionsunterrichts mit Wahlpflicht-Charakter statt. In dieser Differenzierungsphase konnten und mußten die Schüler zwischen evangelischem Religionsunterricht und LER als zwei »ordentlichen Lehrfächern« wählen. Mit der unterschiedslosen Bezeichnung beider »Fächer« des Lernbereichs als »ordentliche Lehrfächer« sollte deren Gleichrangigkeit und Gleichwertigkeit im Lernbereich verdeutlicht werden. Bereits im Vorjahr waren aus jeder der beteiligten Schulen zwei bis drei Lehrerinnen bzw. Lehrern nach kontrollierten Kriterien ausgewählt worden, deren berufsbegleitende Qualifizierung in sieben über Brandenburg verteilten regionalen Gruppen erfolgte. Diese Gruppen von 10-15 Teilnehmern wurden psychologisch begleitet und halbjährlich in zentral organisierten Fortbildungswochen fachwissenschaftlich und didaktisch ausgebildet.
Das federführende Ministerium für Bildung, Jugend und Sport beauftragte eine am Pädagogischen Landesinstitut Brandenburg (PLIB) in Ludwigsfelde gebildete Projektgruppe mit der Koordination der Arbeiten für den Modellversuch und mit der Planung und Durchführung der Fort- und Weiterbildung von zunächst rund 100 Lehrerinnen und Lehrern.[24] Daneben gehörte zu den Aufgaben der Projektgruppe vor allem die Erstellung von »Hinweisen für den Unterricht im Lernbereich L-E-R«, die Erarbeitung von Bausteinen für eine Fachdidaktik sowie die Dokumentation des Modellversuchs. Eine Kommission mit dem Auftrag der Ausarbeitung von Hinweisen für den Unterricht (als Vorstufe für einen Rahmenplan) wurde vom Ministerium berufen. Vertreter der Evangelischen Kirche und von Weltanschauungsgemeinschaften nahmen daran teil, seitens der Katholischen Kirche war ein Beauftragter mit »Beobachterstatus« in den Sitzungen vertreten. Zur Sicherung von Transparenz für die Öffentlichkeit wurde ein »Gesellschaftlicher Beirat« eingesetzt. Eine Wissenschaftlergruppe in Zusammenarbeit mit dem Max-Planck-Insti-

24. Vgl. Pädagogisches Landesinstitut Brandenburg (PLIB) (1993).

tut für Bildungsforschung in Berlin wurde mit der wissenschaftlichen Evaluation des Modellversuchs beauftragt.[25]
Die Statistik der drei Modellversuchsjahre zeigt folgendes Gesamtbild:[26]

Schuljahr 1992/93
LER wurde in 133 siebten und 74 achten Klassen erteilt, 5250 Schüler nahmen teil, 12 kirchlich Beauftragte waren beteiligt

Schuljahr 1993/94
LER wurde in 68 siebten, 144 achten und 61 neunten Klassen erteilt, ca. 6700 Schüler nahmen teil, 29 kirchlich Beauftragte an 27 der beteiligten 44 Schulen

Schuljahr 1994/95
LER wurde an 71 siebten, 80 achten, 145 neunten und 58 zehnten Klassen erteilt; ca. 7000 Schüler nahmen teil, 23 kirchlich Beauftragte wirkten mit, von denen 4 staatliche LER-Lehrer waren, die zugleich über eine kirchliche Bevollmächtigung zur Erteilung von Ev. Religionsunterricht verfügten.

Insgesamt sind im Modellversuch 37 evangelische Religionslehrerinnen und -lehrer tätig gewesen, von der Kirche für diese Aufgabe begrenzt freigestellte Pfarrerinnen und Pfarrer, Katechetinnen und Katecheten.

Hinweise zum Unterricht

Im letzten Jahr des Modellversuchs konnten die im Modellversuch tätigen LER-Lehrerinnen und -Lehrer eine den Unterricht strukturierende Arbeitsgrundlage erproben. Diese »Hinweise«, gedacht als

25. Vorgeschichte, Verlauf und Auswertung des Modellversuchs sind im Abschlußbericht des Ministeriums für Bildung, Jugend und Sport beschrieben. Februar 1996
26. Vgl. dazu MBJS (Hg.): Abschlußbericht zum Modellversuch »Lernbereich Lebensgestaltung-Ethik-Religion«, Potsdam 1.2.1996, 14; Abschlußbericht der Ev. Kirche Berlin-Brandenburg, 5.

Vorläufer für einen späteren Rahmenplan, waren zwischen Januar 1993 und April 1994 von einer vom zuständigen Ministerium berufenen Arbeitskommission erarbeitet worden. Lehrerinnen und Lehrer und Fachwissenschaftler haben daran ebenso mitgearbeitet wie Vertreter von Kirchen und Weltanschauungsgemeinschaften. Stellungnahmen und Gutachten von Wissenschaftlern, Vertretern der Schulaufsicht, des Ministeriums, der Schulpraxis, der Lehrerfortbildung und aus Kreisen der Evangelischen Kirche zu einem ersten Entwurf der »Hinweise« wurden dabei berücksichtigt.[27] Der Teil »Evangelischer Religionsunterricht in der Differenzierungsphase« entstand in einer speziellen Arbeitsgruppe, die auf Vorschlag der Evangelischen Kirche vom Ministerium berufen worden war. Die »Hinweise« enthalten verbindliche Aussagen zum Gegenstand und zur Spezifik des Lernbereichs, zu seinen Aufgaben und den zu fördernden Kompetenzen, zu Lernfeldern, Inhalten und Methoden, zur Differenzierungs- und Integrationsphase sowie zur Unterrichtsplanung und Kooperation in LER (ministerielles Vorwort). Gleichzeitig sind sie so angelegt, daß hinreichend Freiräume für die Ausgestaltung des Unterrichts in den jeweiligen konkreten Lerngruppen gesichert sind.

In den Hinweisen werden, nach allgemeinen Hintergründen und Zielvorstellungen für LER, zunächst die für alle Unterrichtsfächer in den Schulen des Landes Brandenburg geltenden »Allgemeinen Ansprüche für Unterrichtsgestaltung« auf den Lernbereich LER hin konkretisiert. Es sind dies: Schülerorientierung, Handlungsorientierung, Problemorientierung, Ganzheitlichkeit, Exemplarizität, Wissenschaftsbezug, Offenheit, Differenzierung, projektorientiertes und fächerübergreifendes Arbeiten. Da es in LER um den Versuch geht, in *integrativer* Weise Themen der Schülerinnen und Schüler, die mit der Lebensgestaltung des einzelnen und der Gesellschaft zu tun haben, mit ethischen Überlegungen und religiösen und weltanschaulichen Sichtweisen und Sinnangeboten zu verbinden, wird darauf geachtet, daß die konkreten Themen des Alltags und ethi-

27. MBJS (Hg.): Hinweise zum Unterricht im Modellversuch Lernbereich Lebensgestaltung-Ethik-Religion, Sekundarstufe I, Potsdam 1994.

scher Urteilsbildung sowie Antworten von Weltanschauungen und Religionen miteinander in Beziehung gebracht werden. Auf dem Weg einer »Didaktik der offenen Suche, der solidarischen Begleitung und der kritischen Auseinandersetzung« sollen dadurch Voraussetzungen für eine »Kultur des Vertrauens« geschaffen werden, die die Heranwachsenden mit ihren Erfahrungen, ihren Ängsten und Hoffnungen, Idealen und Zweifeln ernst nimmt und sie auf der Suche nach sich selbst begleitet. LER wird als Zeit und Ort in der Schule beschrieben, »wo in besonderer Weise

- Möglichkeiten der Begleitung der kindlichen und jugendlichen Entwicklung wahrgenommen werden,
- jeweils aktuelle Erfahrungen, Fragen und Probleme der Jugendlichen sachgemäß und kontrovers erörtert werden,
- die sozial-kommunikativen Fähigkeiten der Heranwachsenden gezielt gefördert werden,
- Wege der ethischen Urteilsfindung auf ihre Voraussetzungen befragt und eingeübt werden können sowie
- weltanschauliche und religiöse Orientierungsangebote erschlossen, erarbeitet und auf ihr Problemlösungspotential hin befragt werden.«

Der Unterricht soll im wesentlichen fünf Kompetenzbereiche entwickeln und fördern helfen und dabei jeweils sowohl die Ebene von Wissen als auch die von Fähigkeiten, Fertigkeiten, Einstellungen, Wertorientierungen und Handlungsbereitschaft einschließen. Diese für LER zentralen Kompetenzen, die in den »Hinweisen« im einzelnen noch weiter ausdifferenziert und an den inhaltlichen Schwerpunkten der Lernfelder konkretisiert werden, sind:[28]

- die *Selbstkompetenz* als das Vermögen, sich selbst wahrzunehmen, zu verstehen und zu akzeptieren, über das eigene Leben zu reflektieren, Ich-Stärke, Selbstwertgefühl, Selbstbewußtsein und ein Selbstkonzept aufzubauen und – im Bewußtsein seiner Fähigkeiten und Grenzen – im Kontakt mit anderen seine Identität zu behaupten und zu entwickeln, um selbstverantwortlich urteilen und handeln zu können,
- die *soziale Kompetenz* als das Wissen um soziales Verhalten und soziale Prozesse, als das Vermögen, andere Menschen zu verstehen, an ihrem Le-

28. Hinweise, 24f. (Hervorhebung im Original).

ben Anteil zu nehmen und Beziehungen zu gestalten, mit anderen zu kooperieren, Konflikt- und Konsensfähigkeit zu entwickeln und sich an Partner zu binden,

- die *Kompetenz zur Auseinandersetzung mit Sinnangeboten* als Kenntnis verschiedener Lebensauffassungen und -formen, Traditionen und Lebensentwürfen und als Vermögen, diese hinsichtlich ihres Sinngehaltes zu hinterfragen, sie in Bezug zum eigenen Leben zu setzen und eigene sinnerfüllte Lebensentwürfe zu entwickeln,
- die *ethische Kompetenz* als Fähigkeit, Werte bewußt zu erleben und zu reflektieren, als Wissen um Normen und Werte in der Gesellschaft und als Vermögen, diese kritisch zu hinterfragen, begründete ethische Urteile zu bilden und (Mit-) Verantwortung für sich, für andere und für die Welt zu übernehmen sowie
- die *Bereitschaft und Fähigkeit zur Begegnung* mit Menschen verschiedener Lebensgestaltungen, Wertorientierungen, Kulturen, Weltanschauungen und Religionen, Kenntnis von Unterschieden und Gemeinsamkeiten.

Für den evangelischen Religionsunterricht in der Differenzierungsphase enthalten die »Hinweise« ein von einer eigenständigen Arbeitsgruppe verfaßtes eigenes Kapitel zu Grundlagen, Aufgaben und Zielen, Ansprüchen an die Unterrichtsgestaltung sowie inhaltliche Konkretisierungen bezogen auf die Schwerpunkte der sechs genannten Lernfelder von LER.[29] Dabei wird ausdrücklich verdeutlicht, daß der Religionsunterricht in der Differenzierungsphase entsprechend Art. 7 GG erteilt wird. Hinsichtlich der Interpretation der GG-Formel »in Übereinstimmung mit den Grundsätzen der Religionsgemeinschaften« wird auf die reformoffene Interpretation des Rates der EKD aus dem Jahr 1971 zurückgegriffen.[30] In den Ausführungen zu Aufgaben und Zielen wird der evangelische Religionsunterricht im Rahmen der LER-Differenzierungsphase einerseits in die allgemeinen Zielvorstellungen für LER eingebunden (»Kenntnisse und Fertigkeiten vermitteln, existentielle Probleme aufnehmen und bearbeiten sowie Urteils- und Dialogfähigkeit entwickeln«), andererseits als Aufnahme des *Auftrags der Kirchen* definiert, »Beratung, Begleitung und *Gemeinschaft des christlichen*

29. Hinweise, 6.2.2 Evangelischer Religionsunterricht in der Differenzierungsphase, 57ff.
30. Vgl. dazu oben Kap. 1.3, 34ff.

Glaubens« anzubieten.[31] In der detaillierten Auflistung der Ziele des evangelischen Religionsunterrichts im einzelnen tritt der konfessionelle Gesichtspunkt völlig zurück. Dies ist mindestens aus zwei Gründen bemerkenswert: Zum einen bringt die Evangelische Kirche ansonsten den Aspekt der Konfessionalität noch immer so grundsätzlich ins Spiel, daß sie auch bei ihrem Gegenvorschlag zu LER, eine Fächergruppe von verschiedenen Religionsunterrichten und Ethik einzurichten, an eigenständigen Fächern Ev. und Kath. Religionslehre festhält; zum andern traut sich der evangelische Religionsunterricht auch eine Einführung in die katholische Konfession und darüber hinaus in andere Religionen und Weltanschauungen zu – was umgekehrt gerade die Kirchen dem LER-Konzept als religionshermeneutische Anmaßung ankreiden, weil dadurch das »Selbstdeutungsrecht« der Religionen und Konfessionen verletzt werde.
Die Liste der Ziele des einstündigen Fachs Evangelischer Religionsunterricht in der Differenzierungsphase umfaßt die folgenden Aspekte, mit denen der spezifische und eigenständige Beitrag des evangelischen Religionsunterrichts zu LER beschrieben wird:

- in die christliche Tradition einführen, das schließt ein: Kennenlernen der Bibel, Beschäftigung mit der Geschichte der Kirchen und Konfessionen, Kennenlernen des christlichen Lebens heute,
- existentielle Orientierung aus christlichem Glauben anbieten, das heißt: den Schülerinnen und Schülern bei Fragen nach Sinn und Ziel des eigenen Lebens helfen und mit ihnen gemeinsam nach tragfähigen Antworten im Christentum suchen. Dabei sollen auch Antworten anderer Religionen sowie des Atheismus einbezogen werden,
- befähigen zur Auseinandersetzung mit anderen Religionen (Judentum, Islam, Hinduismus, Buddhismus) und Weltanschauungen (Marxismus u. a.), das heißt: Ermutigung, das eigene Leben in einem weltweiten Horizont zu sehen und so zu verantworten, sich zu öffnen für die Begegnung mit Menschen aus anderen Religionen und Kulturen,
- Schülerinnen und Schüler befähigen, sich mit ethischen und religiösen Fragen kritisch zu beschäftigen, das heißt: die Schülerinnen und Schüler sollen mögliche Antworten und Lösungen in ihren Zusammenhängen verstehen lernen, zu eigenen, begründeten Antworten kommen und damit dialogfähig werden,

31. Hinweise, 6.2.2, 58 (Hervorhebung J. L.).

- helfen, die Glaubenstradition der eigenen Herkunft und des sozialen Umfeldes zu reflektieren, eigene Standpunkte zu entdecken und in Toleranz gegenüber anderen Standpunkten auszuprobieren, das heißt: die Schülerinnen und Schüler sollen zu kritischem Denken und verantwortungsvollem Handeln angeregt werden.[32]

Die »Hinweise« waren als Vorstufe für einen künftigen Rahmenplan vorgesehen. Aus ihrer Erprobung und Auswertung sollen Erkenntnisse über die weitere didaktische und curriculare Ausgestaltung von LER gewonnen werden. Inzwischen ist durch das Ministerium eine eigene Kommission berufen worden, der die Aufgabe übertragen worden ist, einen Rahmenplan für das inzwischen eingeführte Schulfach Lebensgestaltung-Ethik-Rcligionskunde zu erarbeiten. Die Lehrkräfte haben die »Hinweise« als hilfreiche Anleitung und Unterstützung für ihre Unterrichtsplanung und -gestaltung aufgenommen.[33]
Seitens der Evangelischen Kirche ist in ihrem Auswertungsbericht zum Modellversuch zu Recht die Entwicklung einer Didaktik für LER angemahnt worden. Die »Hinweise« können diese keineswegs ersetzen. Aufgabe einer solchen Didaktik LER wäre auch die Bestimmung der Bezugswissenschaften und vor allem die Transformation ihrer Ergebnisse und Methoden auf die Ebene eines integrativen, fächerübergreifenden Schulfaches. Vor allem einen gewichtigen Dissens in der Bewertung des gesamten Modellversuchs zwischen Wissenschaftlicher Begleitung einerseits und Projektgruppe/Ministerium andererseits müßte (und könnte) sie ausräumen: Die Wissenschaftliche Begleitung moniert in ihrem Bericht ein unausgewogenes Verhältnis zwischen den Bereichen Lebensgestaltung, Ethik, Religion zugunsten lebensgestalterischer Fragestellungen und zu Ungunsten des Ethikbereichs. Von kirchlicher Seite wird ähnliches im Blick auf den Anteil »Religion« angemahnt. Der Dissens in der Gesamtbewertung

32. Hinweise, 6.2.2, 58.
33. Vgl. den Bericht der »Arbeitsgruppe zur schulpraktischen Evaluation der Hinweise zum Unterricht im Modellversuch L-E-R«: Schulpraktische Evaluation der »Hinweise zum Unterricht im Modellversuch Lernbereich Lebensgestaltung-Ethik-Religion«. Ergebnisse der schriftlichen Befragung und ihre Diskussion, Ludwigsfelde, Juli 1996.

zeigt das Fehlen einer ausgeführten LER-Didaktik besonders deutlich. In der Projektgruppe und auch von einem größeren Teil der Autoren der »Hinweise« wird didaktisch ein konsequent integrativer Ansatz verfolgt, der ethische Aspekte ebenso wie Aspekte von Religion und Weltanschauung in die Thematik im Bereich Lebensgestaltung integriert. Die Wissenschaftliche Begleitung dagegen geht von einem kognitiv abgrenzbaren Ethikbereich aus, und andere Autoren von einem ebenso abgrenzbaren Bereich Religion/Weltanschauung – das Quantitätsverhältnis wird dann von ihnen ausgerechnet. Daß dies aus der Sicht des Integrationsgedankens schiefgehen muß, zeigt sich spätestens dann, wenn z. B. Themen wie Trauer, Tod, Glück o. ä. der Lebensgestaltung zugeordnet werden. In den »Hinweisen« heißt es im Sinne des integrativen Ansatzes dazu: »Gegenstand des Lernbereichs LER ist die Lebensgestaltung von Menschen unter besonderer Berücksichtigung der ethischen Dimension und der Sicht unterschiedlicher Weltanschauungen und Religionen.«[34] Die Projektgruppe geht in ihrem Abschlußbericht auf dieses Problem ein, in dem sich eine Grundfrage der Didaktik des Schulfachs LER bündelt. Sie betont meines Erachtens im Sinne des integrativen Ansatzes konsequent und völlig zu Recht: »Zwischen Lebensgestaltung, Ethik und Weltanschauungen bzw. Religionen gibt es einen sachlichen und unterrichtlichen Zusammenhang, der *nicht aufgelöst* oder einseitig betont werden darf. Alle drei Faktoren durchdringen sich und sind *in dieser Verbindung* Gegenstand von LER.«[35] Das Ministerium zieht in seinem Abschlußbericht daraus die Schlußfolgerung, die bei der weiteren curricularen und didaktischen Ausgestaltung von LER zu berücksichtigen ist, um das Bild einer einseitigen Betonung von Lebensgestaltung innerhalb des Lernbereichs zu vermeiden: »Dieser Ansatz nötigt dementsprechend dazu, bei allen thematischen Schwerpunkten, auch wenn sie nur ›lebensgestalterisch‹ formuliert zu sein scheinen, ethische, religionskundliche und weltanschauliche Gesichtspunkte mit zu erarbeiten.«[36]

34. Hinweise, 9.
35. Pädagogisches Landesinstitut Brandenburg (1995), 28 (Hervorhebung J. L.).
36. MBJS Abschlußbericht, 19.

Die kritische Analyse der »Hinweise« und die Auswertung der unterrichtlichen Praxis von LER führen unausweichlich zu der Erkenntnis: Mittelfristig liegt die vordringliche Aufgabe vor allem im Bereich der Entfaltung einer Didaktik für das Schulfach LER, die in der Lage ist, die Integration der drei Element Lebensgestaltung, Ethik und Religionskunde und die Integration der Erkenntnisse und Methoden ihrer wissenschaftlichen Bezugsfelder sowie deren Transformation auf integrativen Unterricht zu reflektieren und curricular umzusetzen. Sonst besteht die Gefahr, daß LER nicht in seine Einzelbestandteile zerlegt und lediglich additiv zusammengesetzt und unter dem Proporzdenken interessierter Einzelwissenschaften (z. B. Philosophie oder Religionswissenschaft) zerrissen wird.

Die Abschlußberichte zum Modellversuch

Aus der Reihe der im Zusammenhang der Durchführung und Begleitung des Modellversuchs vorgelegten Abschlußberichte sollen im folgenden einige für das Konzept von LER zentrale Problemeinschätzungen aus den Berichten der Wissenschaftlichen Begleitung (April 1995), der Projektgruppe (April 1995) , der Evangelischen Kirche Berlin-Brandenburg (Juni 1995) sowie des Ministeriums für Bildung, Jugend und Sport (Februar 1996) benannt und erörtert werden.

a) Bericht der Wissenschaftlichen Begleitung

Die Wissenschaftlergruppe unter Leitung von Achim Leschinsky hat ihren Bericht im April 1995 vorgelegt.[37] Es handelt sich um eine

37. A. Leschinsky (1996). A. Leschinsky, ehemals am Max-Planck-Institut für Bildungsforschung tätig, ist ordentlicher Professor für Schulpädagogik und Schultheorie an der Humboldt-Universität zu Berlin. An dem Bericht haben mit den Professoren Peter Bloth und Jürgen Henkys (beide Humboldt-Universität) zwei ev. Theologen mitgewirkt, die von seiten der Ev. Kirche Berlin-Brandenburg dem Ministerium für die wissenschaftliche Evaluation des Modellversuchs benannt worden waren. Diese Tatsache hat bei der Diskussion des Berichts der Wiss. Begleitung insofern

sozialwissenschaftliche Evaluation, die sich auf mehrere in dem Begleitzeitraum von zweieinhalb Jahren durchgeführte Einzeluntersuchungen stützt.[38] Die Untersuchungen erstreckten sich auf

- die Erfassung der gesellschaftlichen und schulischen Rahmenbedingungen des Modellversuchs,
- die Analyse der inhaltlichen Vorgaben für den Lernbereich LER
- die Befragung der staatlichen wie der kirchlich beauftragten Lehrkräfte nach ihren Vorstellungen und Erfahrungen
- die durchgeführten Weiterbildungsmaßnahmen
- die exemplarische Erfassung des Unterrichtsgeschehens durch Unterrichtsbeobachtung sowie die Durchführung eines eigenen Unterrichtsexperiments sowie
- die Abschätzung möglicher Effekte von LER bei den Schülern.

Die Wissenschaftliche Begleitung begibt sich nicht in die Rolle, ihrem Auftraggeber die *politische* Zielentscheidung über Weiterführung oder Beendigung des Projekts LER abzunehmen. Sie beabsichtigte mit ihrem Bericht und ihren Empfehlungen vor allem, Argumente für einen Prozeß rationaler politischer Willensbildung und für eine kritische Diskussion unter den Verantwortlichen und Betroffenen im Blick auf konstruktive Lösungen zu liefern. In der Zusammenfassung der Befunde kommt sie zu dem Urteil. daß der Initiative, die in Brandenburg mit dem Modellversuch eingeleitet wurde, bundesweite Relevanz zukommt. LER wird als Versuch gewürdigt, bestimmten Defiziten, die der Schwächung erzieherischer Vorleistungen der Familie entspringen und bei immer längerer Schulzeit für immer mehr Heranwachsende auch die Schule in Mitleidenschaft ziehen, positiv zu begegnen. Kritik und Empfehlungen der Wissenschaftlichen Begleitung gehen insgesamt davon aus, »daß der Modellversuch soweit erfolgreich gewesen ist, daß ein moralisch-evaluativer Unterricht auf breiter Grundlage an den

Irritation ausgelöst, als beide Theologen in dem Streit um LER als Vertreter der Kirchen inhaltlich Partei sind.

38. Vgl. dazu auch: D. Goldschmidt (1997).

Schulen Brandenburgs eingerichtet wird«.[39] Die Empfehlungen sollen der »Optimierung des Modells« dienen. Dazu gehört der Rat, das Jahr nach Beendigung des Modellversuchs, in dem LER als »Schulversuch« weitergeführt werden sollte, zu nutzen, um »die inhaltlichen Formen und organisatorischen Modalitäten für eine Überführung von LER in das schulische Regelangebot im Land Brandenburg systematisch weiterzuentwickeln«.
Die wissenschaftlichen Begleiter stellen fest, daß sowohl überhöhte Erwartungen den Modellversuch belastet hätten, die im Zusammenhang stehen mit der Einführung des Lernbereichs im Rahmen einer inneren Schulreform, als auch organisatorische Probleme, die darauf zurückzuführen waren, daß er seine Arbeit quasi »aus dem Stand« heraus aufnehmen mußte. Improvisationen waren erforderlich. So hätten z. B. erst im dritten Jahr Richtlinien, verbindliches Ausbildungskonzept und hinreichende Unterrichtsmaterialien zur Verfügung gestanden. Dies wird in der Bewertung berücksichtigt. Ebenfalls wird konstatiert, daß sich im Zuge des Einführungsprozesses »auch in konzeptioneller Hinsicht eine gewisse Konsolidierung« vollzogen habe.
Aus der Sicht der Wissenschaftlichen Begleitung bleiben insbesondere vier konzeptionelle Mängel von LER, auf deren Beseitigung ihre Empfehlungen zielen:

- Es wird eine methodisch und inhaltlich unzureichende Wahrnehmung ethikunterrichtlicher Aufgaben beanstandet, die – thematisch und im Verständnis der Lehrer – hinter den Bereich Lebensgestaltung (L) weitgehend zurücktrete. In diesem Zusammenhang wird zugleich ein »eigentümlich antikognitiver Zug« im Verständnis von LER entdeckt. Die Wissenschaftliche Begleitung sieht hier einen Zusammenhang mit einer vollzogenen Abkehr vom »Positivismus der sozialistischen Schule«, welche die »Vermittlung von Gesinnungsinhalten und Handlungsformen

39. Presseerklärung von A. Leschinsky zum Bericht der Wissenschaftlichen Begleitung über den Modellversuch »Lernbereich Lebensgestaltung-Ethik-Religion« vom 8.6.1995, MS, 2.

unter dem falschen Anspruch einer streng wissenschaftlichen Lehre betrieben hat«. Es wird eine »Distanzierung von rationalen Instruktions- und Argumentationsformen« beanstandet, die sich in solcher Überbetonung von Lebensgestaltung gegenüber ethikunterrichtlichen Anteilen niederschlage. Die Autoren messen dies an ihrem eigenen, auf Forschungen von Jean Piaget und Lawrence Kohlberg basierenden Vorstellungen eines wissenschaftlich ausgewiesenen moralisch-evaluativen Konzepts von Ethikunterricht, das sie in einem Unterrichtsexperiment im Rahmen des Modellversuchs durchgeführt haben.

- Verwandt mit diesem ersten sei ein zweiter konzeptioneller Mangel darin zu sehen, daß die Unterrichtsziele schwergewichtig im sozial-kommunikativen Bereich lägen, während im Verhältnis dazu die Bereiche E und R benachteiligt seien. In diesem Zusammenhang kommen für die Wissenschaftliche Begleitung sowohl die beanstandeten »bestimmten schulkritischen Motive« zum Tragen als auch die »therapeutisch-psychologisierende Orientierung« der Fort- und Weiterbildung der Lehrerinnen und Lehrer. Hier wird eine deutliche Überbetonung gegenüber anderen Bereichen der Psychologie (Entwicklungs-, Unterrichts-, Persönlichkeits- und Moralpsychologie), Philosophie und Ethik, der Sozialisationstheorie und Familiensoziologie kritisiert. Inzwischen sich ankündigende Änderungen – d. h. in der letzten Phase des Modellversuchs – werden eingeräumt.
- Ein dritter Kritikpunkt bezieht sich auf Unklarheiten im Verständnis von Werteerziehung, »das nicht ohne eine gewisse Indoktrination auszukommen scheint und eine Wertbindung anzieht, die das ›Richtige‹ durchzusetzen und dafür zu sorgen versucht, daß sich die gewünschten Orientierungen bei den Kindern und Jugendlichen auch praktisch durchsetzen«. Dahinter vermuten die Autoren Unklarheiten über angemessene Formen von Ethikunterricht und stellen fest: »Die verständliche Ablehnung eines sittlichen Relativismus leistet dem Ziel der Wertbindung der einzelnen Schülerinnen und Schüler bisweilen allzu ungehindert Vorschub.« Die Verfasser sehen in der Durchsetzung solcher Erziehungsziele sowohl eine Überforderung von Unterricht und

Schule als auch eine Entlastung des Unterrichts »von der unerläßlichen Aufgabe, rationale Verfahren der Wertklärung gegen kritiklose Indoktrination zu setzen«. Allerdings werden die vermuteten »Indoktrinationen« nicht im einzelnen aufgewiesen.

- An vierter, »aber keineswegs letztrangiger Stelle« wird der »kritische Eindruck« vermerkt, die konzeptionelle grundlegende Bekenntnisneutralität des LER-Unterrichts räume dem Phänomen Religion samt seinen Erscheinungsformen und Sinndeutungspotentialen einen unzureichenden Platz ein. Dahinter werden »aus der Vergangenheit fortwirkende Voreinstellungen der außerschulischen Umwelt« vermutet, konkret die Tradition der sozialistischen Religionskritik bzw. der Tradition einer atheistischen Weltanschauung sowie die persönliche Kirchendistanz weiter Kreise der Lehrerschaft. Entsprechend unzureichend sei der R-Bereich in LER ausgelegt. Die Konzeption müsse vor diesem Hintergrund daraufhin befragt werden, »ob sie nicht bewußt oder unbewußt die Vorstellung nährt, das Problem der Religion – langfristig zumindest – erledigen zu können«.

Die Wissenschaftliche Begleitung empfiehlt,

- die konzeptionellen Defizite auszugleichen, insbesondere für die Wahrnehmung ethikunterrichtlicher Aufgaben Sorge zu tragen,
- das Übergangsjahr 1995/96 für eine Vertiefung der Entwicklungsarbeit an den Modellversuchsschulen zu nutzen und den Kreis der Schulen vorläufig nicht zu erweitern,
- ein Aufbaustudium für LER-Lehrkräfte an der Universität Potsdam einzurichten (gleichzeitig als Vorreiterrolle gegenüber anderen Bundesländern, in denen es zwar seit 20 Jahren Ethikunterricht, aber noch immer keine geregelte universitäre Ausbildung für das Fach gibt).

Die Wissenschaftliche Begleitung hat zwar darauf verzichtet, ihrerseits in den zwischen Staat und Kirche schwelenden Konflikt um LER insofern einzugreifen, daß sie einen eigenen Vorschlag zur Struktur eines moralisch-evaluativen Unterrichts gemacht hätte, aber sie empfiehlt, Lösungen zu schaffen, welche die »strikte Trennung zwischen konfessionellem und säkularem Unterricht überwinden«, insofern sei an die ursprünglichen Intentionen von LER anzuknüpfen. Dies solle auch für den Fall beachtet werden, daß »eine alternative Organisationsform gewählt wird, die – aus rechtlichen und politischen Gründen – die hier befürwortete Verbindung, wechselseitige Durchdringung und gegenseitige Ergänzung ethischer, philosophischer und konfessionell-religiöser Perspektiven erst in einem zweiten Schritt gestattet«. Diese perspektivische Formulierung, die sich auf das politische Umfeld bezieht, dürfte wohl den Vorschlag der Evangelischen Kirche im Auge haben, den Lernbereich als Fächergruppe mit den eigenständigen Pflichtwahlfächern Lebensgestaltung/Ethik sowie diversen Religionsunterrichten umzugestalten.[40]

Der Bericht der Wissenschaftlichen Begleitung ist in der Öffentlichkeit sehr unterschiedlich interpretiert worden. Die einen wollten aus dem Bericht herauslesen, der Anspruch des Modellversuchs sei an der Wirklichkeit gescheitert, für andere waren die Ergebnisse der begleitenden Untersuchung »insgesamt ermutigend«. Bereits vor seiner Veröffentlichung versuchten verschiedene Seiten, ihn als Legitimation ihrer unterschiedlichen Positionen im Streit um LER und Religionsunterricht zu benutzen. Das ist in politischen Auseinandersetzungen wohl ein übliches Verfahren. Letztlich dürfte damit die Arbeit einer wissenschaftlichen Begleitung nicht nur politisch mißbraucht, sondern auch überbewertet werden. Die Autoren machen selbst ausdrücklich darauf aufmerksam, daß mit den begrenzten zur Verfügung gestellten Mitteln »nur ein summarischer Eindruck von dem Modellversuch zu gewinnen« gewesen sei. Statt einer breiten Evaluation dieses größten Modellversuchs, der bis-

40. Dieser Hinweis fehlt in der Presseerklärung vom 8.6.1995, zu der sich die Wissenschaftliche Begleitung aufgrund völlig divergierender interpretativer Schlußfolgerungen, die von Interessenvertretern bereits in die Öffentlichkeit lanciert wurden, bevor der Bericht überhaupt der Öffentlichkeit zugänglich gewesen ist, veranlaßt sah. Im Bericht der Ev. Kirche von Berlin-Brandenburg wird er als »Fazit« ihrer Erfahrungen im Modellversuch aufgegriffen.

lang zur Einführung eines Schulfachs durchgeführt wurde, mußte eine »Komplexitätsreduktion« vorgenommen werden, bei der die ethischen Aspekte in den Vordergrund gestellt worden sind. So konnte eine genauere Untersuchung mit Unterrichtsbeobachtung, Schulbegehung und Interviews nur an 8 der 44 beteiligten Schulen durchgeführt werden. Eltern konnten nicht befragt werden, ebenso mußte auf regelmäßige Beratung durch einschlägige Experten für Detailfragen verzichtet werden, auch auf einen auswertenden Vergleich möglicher Alternativen. Alle Bewertungen und Schlußfolgerungen müssen unter diesen Vorbehalten gelesen und bewertet werden.
Im Blick auf die inhaltliche Kritik des Berichts ist anzumerken, daß die Autoren von einem ganz *bestimmten* Verständnis der Aufgaben von Schule ausgehen. Leider verzichten sie darauf, es ansatzweise zu entfalten und zu den gegenwärtigen Versuchen, Schule noch einmal neu zu denken (innere Schulreform), in Beziehung zu setzen. Dies Verfahren ist deshalb nicht unproblematisch, weil das Schulverständnis der Autoren für die gegenüber dem LER-Konzept vorgenommenen Bewertungen den Hintergrund abgibt. Gleiches gilt auch für die Einschätzung der psychologischen Beratung der Lehrerinnen und Lehrer im Rahmen des Modellversuchs. Im Unterschied zu den Lehrerinnen und Lehrern selbst, die gerade dieses Element am Modellversuch für sich selbst und für ihren gesamten Unterricht – mit ganz wenigen Ausnahmen – als ausgesprochen hilfreich erfahren haben, gerade während ihres Übergangs in ein – angesichts der bisherigen eigenen Lehrertätigkeit – völlig neues Verständnis von Lehren und Lernen, und zwar nicht nur im Zusammenhang von LER. [41]
Auf einen weiteren Problemkreis wurde bereits oben in anderem Zusammenhang hingewiesen.[42] Die Wissenschaftliche Begleitung kritisiert ein unausgewogenes Verhältnis zwischen Lebensgestal-

41. Zum Konzept des integrativen Anteils psychologischer Beratung in der Fort- und Weiterbildung der Lehrerinnen und Lehrer sowie zu vom Bericht der Wissenschaftlichen Begleitung abweichenden Bewertungen vgl. die Ausführungen im Abschlußbericht der Projektgruppe, 116-129; zum Konzept auch R. Priese (1997).
42. Vgl. in diesem Kapitel 124ff.

tung auf der einen und Ethik- bzw. religionsunterrichtlichen Anteilen auf der anderen Seite. Es werden kognitiv ausgrenzbare Anteile von »Ethik« und »Religion« ermittelt und dann ihr quantitatives Verhältnis zu den »L-Anteilen« ermittelt. Diese Vorgehensweise übersieht einen Grundanspruch des Ansatzes von LER, der keinesfalls aufgegeben werden sollte: Die drei Faktoren Lebensgestaltung, Ethik und Religion (bzw. Religionskunde, wie es inzwischen heißt) sollen sich gegenseitig durchdringen und *in dieser Verbindung* Gegenstand des Fachs LER sein.[43]
Insgesamt bestätigen die Autoren ausdrücklich für das Land Brandenburg die Notwendigkeit, ein Schulfach zu entwickeln, das für die mehrheitlich nicht konfessionell gebundene Bevölkerung eine Alternative zum herkömmlichen konfessionellen Religionsunterricht bietet. Sie kommen zu der Überzeugung: Der Modellversuch L-E-R ist dazu ein geeigneter Schritt gewesen und wird insoweit weiter zu entwickeln sein«.

43. Die »Projektgruppe« geht in ihrem Abschlußbericht ausführlicher auf diese Frage ein und führt u.a. dazu aus: »Jede Interpretation oder Praxis, die nur einen der drei Aspekte zum Gegenstand des Unterrichts macht oder einen Faktor grundsätzlich ausläßt, verzerrt das Profil des neuen Lernbereichs. So kann es in L-E-R weder allein um Werte und Normen und deren Bedeutung gehen noch bloß um ethische Systeme oder Ansätze oder um das isolierte Kennenlernen verschiedener Religionen und Weltanschauungen an sich. Natürlich ist auch das bloße Sich-Austauschen über bestimmte Fragen und Probleme der Schülerinnen und Schüler oder das Ausblenden ethischer Argumentation und der Verzicht auf religiöse bzw. weltanschauliche Aspekte ein unsachgemäßer L-E-R-Unterricht. Der komplexe Gegenstand von L-E-R sollte nicht vorschnell und grundsätzlich eingeengt und beschnitten werden.« Und weiter: »Für L-E-R ist es wesentlich, die Komplexität von Lebensfragen, ihre Vielfalt, die Durchdringung von konkreten Themen und Problemen mit ihren ethischen und religiösen bzw. weltanschaulich begründeten Aspekten kennenzulernen, kritisch und kontrovers zu behandeln und auf diesem Weg Schülerinnen und Schülern zu helfen, eigene reflektierte Positionen zu entwickeln.« (Abschlußbericht der Projektgruppe, 28).

b) Bericht der Projektgruppe

Die am Pädagogischen Landesinstitut Brandenburg (PLIB) in Ludwigsfelde eingerichtete Projektgruppe – Christian Lange, Peter Kriesel und Gerd Eggers – legte ihren Abschlußbericht Ende April 1995 vor. Aus den für den Modellversuch insgesamt formulierten Aufgaben ergaben sich für die Projektgruppe am PLIB vor allem folgende Tätigkeitsfelder:

- Mitarbeit an der Entwicklung eines Rahmenplans mit Leitlinien zur Unterrichtsgestaltung sowie der Erstellung von Arbeitsmaterial für den Unterricht;
- Entwicklung und Erprobung eines dem integrativen Konzept von LER angemessenen Konzepts interdisziplinärer Fort- und Weiterbildung;
- Erprobung von Möglichkeiten der Kooperation mit »authentischen Vertretern« aus Religions- und Weltanschauungsgemeinschaften im LER-Unterricht im Rahmen von Integrations- und Differenzierungsphase;
- Koordination der wissenschaftlichen Begleitung des Modellversuchs sowie Anregung und Durchführung eigener Untersuchungen und Befragungen.

Hier interessieren vor allem die Einschätzungen des insgesamt 190 Seiten (ohne Anlagenband) umfassenden Berichts zum Modellversuch auf dem Hintergrund der Erfahrungen der Projektgruppe sowie ihre Empfehlungen zum Konzept von LER und für die für erforderlich gehaltenen Entwicklungsaufgaben.
Zum Modellversuch selbst kommt die Projektgruppe zu folgenden zusammenfassenden Einschätzungen:

- Die Grundintention eines gemeinsamen Unterrichts zu Lebensfragen, der ethische und religiöse wie weltanschauliche Aspekte grundlegend einbezieht, wird als richtiger Weg eingeschätzt; verwiesen wird auf die hohe Akzeptanz unter den Schülerinnen und Schülern, die gewachsene Professionalität und das gleichbleibend hohe Engagement der Lehrerinnen und Lehrer.

- Nicht bewährt hat sich die Form der »Differenzierungsphase«, in der die Schülerinnen und Schüler zwischen den Fächern »Lebensgestaltung/Ethik« und »Evangelische Religionslehre« wählen können (und müssen). Nur wenige Schüler haben sich für Evangelische Religionslehre entschieden, was auch zu schulorganisatorischen Problemen führte. Hier wurde deutlich, daß hinter der Aufteilung zwischen Integrations- und Differenzierungsphase kein didaktisches Konzept stand, sondern der politische Befriedungsversuch, einerseits an LER festzuhalten und andererseits dennoch konfessionellen Religionsunterricht einzuführen. Angesichts des die Bereiche Lebensgestaltung, Ethik und Religion integrierenden Konzepts zerstört eine Aufteilung in Lebensgestaltung/Ethik und Religionsunterricht den didaktischen Ansatz.
- Nicht bewährt hat sich aus der Sicht der Projektgruppe auch die z. T. längerfristige Mitwirkung kirchlich beauftragter Lehrkräfte in der Integrationsphase, vor allem dort, wo sie aufgrund mangelnder Nachfrage nach evangelischer Religionslehre zustande kam. Auch hier ist ein Strukturmoment zu bedenken. Da der Unterricht in der Integrationsphase Pflichtunterricht ist, mußte darauf geachtet werden, daß er unter der Verantwortung der staatlichen Lehrkräfte durchgeführt wurde; dies führte aber zu Verstimmungen auf seiten der kirchlichen Lehrkräfte, die ihre Mitwirkung in der Integrationsphase selbstverantwortlich gestalten wollten (was eine Abmeldemöglichkeit wegen des Neutralitätsgebots erfordert hätte). In diesem Zusammenhang haben sich die unterschiedlichen Rechtsauffassungen von Kirche und Staat zur Frage des Religionsunterrichts und zu LER auch auf die Beziehungen des Lehrpersonals untereinander ausgewirkt. Dies schloß jedoch nicht aus, daß die kollegiale Kooperation in manchen Schulen sich durchaus befriedigend gestalten ließ.
- Als wichtigen Erfolg des Modellversuchs bewertet die Projektgruppe die »Entwicklung der Lehrerinnen und Lehrer« ebenso wie das Konzept berufsbegleitender Fort- und Weiterbildung. Die ausgewerteten Erfahrungsberichte der Lehrerinnen und Lehrer machen deutlich, daß das interdisziplinär-integrative und auf Förderung von Professionalität ebenso wie Persönlichkeitsent-

wicklung der Lehrerinnen und Lehrer angelegte Konzept der berufsbegleitenden Fort- und Weiterbildung – trotz der damit verbundenen starken zeitlichen Inanspruchnahme der Lehrkräfte – wesentlich zum Erfolg des Modellversuchs beigetragen hat. Trotz der lange Zeit unbestimmten politischen Zukunft von LER haben fast alle staatlichen Lehrkräfte das Projekt zu Ende geführt. Auf der Grundlage von über 900 Stunden Fort- und Weiterbildung und aufgrund der Erfüllung festgelegter Leistungsnachweise konnten die Lehrkräfte eine Erweiterungsprüfung für LER ablegen.

Abschließend formuliert die Projektgruppe einige inhaltliche Positionen zu LER, in denen z. T. deutlich andere Gewichtungen als in den Empfehlungen der Wissenschaftlichen Begleitung vorgenommen werden.
So beschreibt die Projektgruppe die schulische Aufgabe von LER als allgemeinbildendem Schulfach als Angebot wertorientierter Lebenshilfe in einer pluralistischen Gesellschaft. Sie macht deutlich, daß die von Schule insgesamt geforderte weltanschauliche »Neutralität« nicht »wertneutrale Beliebigkeit« meint, wertorientierte Lebenshilfe aber auch nicht gleichbedeutend ist mit »Weltanschauungsunterricht«. Es gehe in LER vielmehr um eine am »Wertekonsens des Grundgesetzes« und allgemeinen »Grundwerten« orientierte Erziehung im Rahmen schulischer Allgemeinbildung. Leitend sind die Prinzipien der Pluralität, Kontroversität und Gleichberechtigung. Als wesentliche Bezugswissenschaften für eine fachdidaktische Professionalisierung werden genannt: Erziehungswissenschaft, Philosophie (mit dem Schwerpunkt Ethik), Religionswissenschaft, Theologie, Psychologie, Soziologie, Kulturwissenschaft sowie Ethnologie und Verhaltensforschung. Je nach thematischem Schwerpunkt müsse den beteiligten Wissenschaftsfeldern ein unterschiedliches Gewicht zukommen (im Unterricht ebenso wie in der Ausbildung), dies sei aber eine didaktische Frage und nicht die eines Proporzverhältnisses. Daher fordert die Projektgruppe die Erarbeitung einer Didaktik LER ein, die dem interdisziplinären und integrativen Ansatz gerecht wird. In diesem Rahmen stellt sich auch

die Aufgabe einer vertieften wissenschaftlichen Begründung des interdisziplinären und allgemeinbildenden Ansatzes von LER, die Klärung seiner Aufgaben im Verhältnis zu anderen Fächern im Kanon der Schule, die Bestimmung der Bezugswissenschaften, die Erarbeitung von Curricula sowie eines Ausbildungskonzepts für LER-Lehrerinnen und -Lehrer und die Weiterentwicklung von Studienprogrammen für Fort- und Weiterbildung.

c) Bericht der Evangelischen Kirche

Die Kirchenleitung der Evangelischen Kirche in Berlin-Brandenburg hat am 9. Juni 1995 ihren Abschlußbericht verabschiedet. Er umfaßt einen Teil A: Zusammenfassung und Folgerungen (4 Seiten) und einen Teil B: Auswertung der Erfahrungen im Rahmen der Mitwirkung im Modellversuch (13 Seiten). Der Teil B schließt mit einer Auflistung ungeklärter Fragen und Problemstellungen ab. Die Evangelische Kirche kommt zu dem Fazit: »ungeklärte Rechtsfragen verhinderten das Erproben neuer Wege«, und weisen die Verantwortung dafür dem MBJS zu, das nur wenig Bereitschaft gezeigt habe, die im eigenen Grundsatzpapier von 1991 benannten Ziele des Modellversuchs sowie die mit der Evangelischen Kirche vereinbarten Rahmenbedingungen einzulösen. Der erprobte Lernbereich Lebensgestaltung-Ethik-Religion müsse, so wird zusammenfassend und – vorgeblich – »parallel zum Abschlußbericht der wissenschaftlichen Begleitung« festgestellt, »neu konzipiert und strukturiert werden«, und zwar als Fächergruppe gemäß Vorschlag der EKD in ihrer Denkschrift »Identität und Verständigung (1994).[44] Der Abschlußbericht der Evangelischen Kirche stellt damit das Problem des Status der Evangelischen Religionslehre in der Differenzierungsphase sowie das der Kooperation zwischen LER-Lehrkräften und kirchlichen Beauftragten ins Zentrum seiner Bewertung. Es sei »weitgehend nicht gelungen, Evangelischen Religionsunterricht und Lebensgestaltung/Ethik als gleichrangige ordentliche Lehrfächer zu etablieren«. Die Einbeziehung der kirchlich beauf-

44. Dazu vgl. oben 2.4, 79ff.

tragten Lehrkräfte in die schulischen Planungen und die Kooperation im Unterricht in den Integrationsphasen sei problematisch »und vom Ministerium für Bildung, Jugend und Sport nicht als gleichberechtigte Kooperation gewollt«. Die Wissenschaftliche Begleitung, die das Problem von Spannungen innerhalb der Lehrerkollegien ebenfalls anspricht, stellt dazu fest, daß die Zusammenarbeit zwischen staatlichen und kirchlichen Lehrkräften dort, wo sie zustande gekommen ist, aus beiderseitiger Sicht insgesamt positiv bewertet worden sei, lediglich 6 von 54 Personen hätten sich durch die Vorbehalte der jeweils anderen Seite in irgendeiner Weise behindert gefühlt. Die deutliche Mehrheit sowohl der LER-Lehrer als auch der kirchlichen Lehrkräfte habe die Zusammenarbeit als »Erweiterung der unterrichtlichen Möglichkeiten« erlebt.[45]
Die komplizierten rechtlichen und politischen Rahmenbedingungen des Modellversuchs und die in teilweise nicht mehr nachvollziehbarer Schärfe und Polemik ausgetragene Debatte über LER in der Öffentlichkeit haben sicherlich die Situation in den Schulen vor Ort nicht erleichtert. Die Tatsache, daß es sich bei der gesamten »Differenzierungsphase« mit konfessioneller evangelischer Religionslehre als eigenem Fach um einen von der Kirche der Landesregierung abgerungenen politischen Kompromiß handelte, der schultheoretisch nicht hinreichend einsichtig gemacht und didaktisch nicht umgesetzt werden konnte, war eine starke strukturelle Belastung für den neuen Lernbereich. Die Mitarbeit der kirchlichen Lehrkräfte in der Integrationsphase war aufgrund der Verpflichtung von LER zu weltanschaulicher Neutralität gar nicht anders möglich als unter der Verantwortung der LER-Lehrer. Dies war außerdem in einer »Fortschreibung des Gemeinsamen Protokolls« zwischen der Evangelischen Kirche und der Landesregierung ausdrücklich vereinbart worden. Die Evangelische Kirche ist von Anfang an bei ihrem Einstieg in den Modellversuch offensichtlich davon ausgegangen, am Ende des Modellversuchs auf jeden Fall die Einführung von konfessionellem Religionsunterricht als ordentliches Lehrfach gemäß Art. 7.3 GG durchsetzen zu können. Nachdem sich im politischen Umfeld abzu-

45. Vgl. den Bericht der Wissenschaftlichen Begleitung, 111.

zeichnen begann, daß dieses Vorhaben auch mißlingen könnte, wurde der Ausstieg aus dem Modellversuch vorbereitet. Der Abschlußbericht begründet diesen Schritt mit gemachten Erfahrungen.
In diesem Zusammenhang beklagt die Evangelische Kirche, die Ministerin (Angelika Peter) habe bereits am 23.01.1995 in den »Leitlinien zum Schulgesetz« erklärt, »LER wird verbindliches Unterrichtsfach«, und damit die Vereinbarungen aus dem Kabinettsbeschluß vom 2.6.92 nicht eingehalten,[46] indem sie das Ergebnis der Auswertung des Modellversuchs für ihre bildungspolitischen Entscheidungen nicht abgewartet habe. Nicht erwähnt wird in dem Bericht eine andere Tatsache: Bereits im September 1994 faßte die Synode der Evangelischen Kirche in Berlin-Brandenburg den Beschluß, sich anstelle von LER für Religionsunterricht und Ethikunterricht als gleichberechtigte Wahlfächer einzusetzen. Damit war die Brandenburgische Kirche in Sachen »Religion in der Schule« schon vor Abschluß des Modellversuchs auf den offiziellen EKD-Kurs umgestiegen, wie er in der bereits erwähnten EKD-Denkschrift »Identität und Verständigung« (1994) festgelegt worden war.
Eine Auseinandersetzung mit den inhaltlichen Fragen des Konzepts, die nicht die rechtliche bzw. die Statusfrage des evangelischen Religionsunterrichts betreffen, findet in dem Abschlußbericht der Evangelischen Kirche nicht mehr statt. Es wurde lediglich noch eine nicht weiter kommentierte Liste von zwölf »ungeklärten Fragen und Problemstellungen« zusammengestellt:

- Verfassungsrechtliche Grundlagen bleiben strittig.
- Aus-, Fort- und Weiterbildungskonzeptionen wurden mit der Evangelischen Kirche nicht geklärt.
- Über die notwendigen Lehrbefähigungen, Lehrerlaubnisse, Lehrberechtigungen wurde noch kein Einvernehmen erzielt.

46. In dem fraglichen Kabinettsbeschluß war folgendes Verfahren verabredet: »Vor Ablauf des Modellversuchs erstellt die wissenschaftliche Begleitung ein Gutachten. Unter Berücksichtigung dieses Gutachtens wird das Ministerium für Bildung, Jugend und Sport gemeinsam mit den Kirche beraten, ob der Schulversuch fortgesetzt werden soll. Nach Abschluß des Schulversuches werden die gewonnen Erfahrungen gemeinsam ausgewertet.«

- Die Bezugswissenschaften für den Lernbereich wurden nicht bestimmt.
- Eine Fachdidaktik ist noch nicht einmal in Grundzügen mit der Evangelischen Kirche diskutiert.
- Die Verzahnung der verschiedenen Elemente des Modellversuchs (Integrations- und Differenzierungsphase; L/E in bezug auf Religionsunterricht; Funktionsbestimmung der Authent. Vertreter) wurde weder inhaltlich noch rechtlich noch strukturell noch pädagogisch geregelt.
- Der Werte- und Normenbezug des Lernbereichs wurde nicht geklärt.
- Abgrenzung zu anderen Fächern wurde nicht deutlich.
- Schulorganisatorische Einbindung ... wurde nicht geklärt.
- Die Rolle der sogenannten »Authentischen Vertreter« wurde nicht definiert und pädagogisch-didaktisch reflektiert.
- Die Fragen von Beurteilung und Bewertung blieben ungeklärt.
- »R« im Lernbereich LER wurde nicht definiert; dementsprechend wurden Vorurteile gegenüber Religion tradiert; diffuse Religions- und Werte-Vorstellungen bestimmten die Diskussion.[47]

Zu keinem einzigen der aufgeführten Probleme wurde in dem Bericht ein eigener Diskussionsbeitrag geliefert oder ein Lösungsvorschlag formuliert. Es wird lediglich der aus der EKD-Denkschrift »Identität und Verständigung« hinreichend bekannte, aber zur Kompromißbildung in Brandenburg ungeeignete Vorschlag wiederholt, auch hier konfessionellen evangelischen und katholischen Religionsunterricht als eigenständige ordentliche Lehrfächer einzurichten, verbunden in einer Fächergruppe mit »Lebensgestaltung/Ethik« o. ä. als Wahlpflicht für diejenigen, die nicht an einem konfessionellen Religionsunterricht teilzunehmen wünschen. Diesen Vorschlag hatte im Juni 1995 Wolfgang Huber, Bischof der Evangelischen Kirche von Berlin-Brandenburg, in der Variante unterbreitet, daß die Fächergruppe unter einem gemeinsamen Rahmenplan versammelt werden sollte.

d) Bericht des Ministeriums für Jugend, Bildung und Sport

Im Februar 1996 legte Angelika Peter, nach Marianne Birthler und Roland Resch inzwischen das dritte für Bildung, Jugend und Sport fachlich zuständige Kabinettsmitglied seit 1990, den 55 Seiten um-

47. VII. Ungeklärte Fragen und Probleme, Abschlußbericht, 18.

fassenden Abschlußbericht ihres Ministeriums zum Modellversuch der Öffentlichkeit vor. Sie charakterisiert die Resonanz in der bundesweiten Öffentlichkeit in ihrem Vorwort sicher zutreffend mit dem Hinweis, der Modellversuch habe »Hoffnungen, aber auch Befürchtungen unter denjenigen ausgelöst, die sich mit Fragen der Wertevermittlung, der religiösen Orientierung und des Glaubens im Rahmen der Schule beschäftigen«. Der Bericht versucht, der interessierten Öffentlichkeit ein zwar zusammenfassendes, aber doch insofern umfassendes Bild über den Modellversuch zu vermitteln, als auch die übrigen vorliegenden Berichte in den Abschlußbericht einbezogen werden. Die erste politische Grundsatzentscheidung über die Einführung von LER als Schulfach war bereits im Oktober 1995 mit der Verabschiedung des Entwurfs für ein Schulgesetz seitens der Landesregierung gefallen, so daß der Abschlußbericht in die Diskussion über den Schulgesetzentwurf einbezogen werden konnte, die dann mit dem endgültigen Beschluß über das neue Schulgesetz des Landes Brandenburg vom 12. April 1996 ihr (vorläufiges) Ende fand. Der Bericht zeichnet zunächst ausgewählte Stationen der Vorgeschichte des Modellversuchs nach. Dann werden die wichtigsten äußeren Daten zusammengestellt. Im folgenden setzt er sich mit der Grundlage für die Unterrichtsgestaltung in den Schulen, den »Hinweisen zum Unterricht«, auseinander. Ein weiteres Thema stellt die Theorie und Praxis der Fort- und Weiterbildung der LER-Lehrkräfte dar. Dabei wird auch das Problem der Kooperation zwischen staatlichen und kirchlich beauftragten Lehrkräften angesprochen. Der Bericht bezieht die verschiedenen Untersuchungsergebnisse und Empfehlungen der am Modellversuch beteiligten Gremien und Institutionen ein: die der Wissenschaftlichen Begleitung, der Projektgruppe im PLIB, der Evangelischen Kirche in Berlin-Brandenburg sowie der Schulaufsicht, des Landesschulbeirats und des Gesellschaftlichen Beirats. In einem abschließenden Teil bewertet das Ministerium die vorgetragenen Empfehlungen und zieht seine Schlußfolgerungen.
Dabei handelt es sich im wesentlichen um folgende Ergebnisse:

- Bei aller kontroversen und emotionsgeladenen Diskussion hält das Ministerium grundsätzlich an dem Anliegen fest, ein für alle

Schülerinnen und Schüler gemeinsames Unterrichtsangebot im Bereich der schulischen Werte-Klärung und Werte-Bildung zu machen, das nicht nach Konfessionen oder Weltanschauungen getrennt unterrichtet, und in dem Fragen von Lebensgestaltung, ethischer Urteilsbildung und religionsbezogener Reflexion integriert thematisiert werden. In diesem in doppelter Hinsicht integrativen Ansatz von LER sieht das Ministerium nach wie vor eine spezifische und angemessene schulpädagogische und bildungspolitische Antwort auf die speziellen gesellschaftlichen Herausforderungen, vor denen die Schulen Brandenburgs stehen.

- Das Ministerium folgt den Einschätzungen der Wissenschaftlichen Begleitung, der Projektgruppe sowie der Evangelischen Kirche darin, daß die unterschiedlichen Rechtsauffassungen von Kirche und Staat zum Religionsunterricht den Ablauf des Modellversuchs belastet haben. Alle Beteiligten weisen auf personelle und strukturelle Unverträglichkeiten im Zusammenhang mit der Umsetzung der (eigentlich als politische Befriedungsmaßnahme gedachten) Integrations- und Differenzierungsphase im Modellversuch hin. Der Versuch, konfessionsgebundenen Religionsunterricht und bekenntnisfreien Unterricht, der die Dimension von Religion nicht ausklammert, in einem Lernbereich zu integrieren, muß vorerst als gescheitert angesehen werden. Das Ministerium weist berechtigterweise entlastend daraufhin, daß auch in anderen Bundesländern die oft geforderte Kooperation innerhalb der verschiedenen Ausprägungen des konfessionellen Religionsunterrichts in keiner Weise geleistet wird.[48] Nicht nur der rechtliche Status der in der Integrationsphase beteiligten kirchlichen Lehrkräfte wurde zum Problem, sondern auch die Auflösung der Lerngruppen nach einer Phase gemeinsamen Unterrichts durch die Einführung der Alternative von Evangelischer Religionslehre und Lebensgestaltung-Ethik. Dies trug in vielen Schulen mit dazu bei, daß in der Differenzierungsphase der bekenntnisgebundene Religionsunterricht nicht von einer hinrei-

48. Als einzige Ausnahme wäre Hamburg zu nennen. Vgl. dazu oben 3.2 und 3.3 sowie unten 5.3.

chenden Zahl von Schülerinnen und Schülern gewählt wurde. Hinzu kamen Unklarheiten über den religionskundlichen Anteil im Fach Lebensgestaltung/Ethik in der Differenzierungsphase. Diese Erfahrungen sprechen aus der Sicht des Ministeriums allerdings nicht gegen die Aufnahme von religionskundlichen Aspekten ebenso wie von Aspekten unterschiedlicher Glaubenserfahrungen in den Unterricht. Bei der weiteren curricularen Ausgestaltung von LER soll statt dessen gerade diesen Aspekten eine besondere Aufmerksamkeit geschenkt werden.

- Der Forderung nach einer Didaktik für LER, die von unterschiedlichen Seiten erhoben worden ist, schließt sich das Ministerium an. Gerade weil die von der Wissenschaftlichen Begleitung vorgenommene Zuordnung der Inhalte zu den Bereichen Lebensgestaltung, Ethik oder Religionskunde problematisiert wird, erscheint eine didaktische Ausarbeitung eines Konzepts, das diese Teile nicht additiv zusammenfügt, sondern sie themenbezogen integriert, dringend erforderlich. Die von der Wissenschaftlichen Begleitung geforderte fachwissenschaftliche Konsolidierung des Unternehmens wird zwar aufgenommen, aber darüber hinaus gefordert, daß eine »Balance zwischen thematischem Bezug und fachlicher Orientierung einerseits und der Situation der Jugendlichen (Lebensnähe) andererseits« erreicht werden muß. Im Rahmen der detaillierteren Ausarbeitung einer Fachdidaktik LER wird es auch darum gehen, die »Hinweise für den Unterricht«, an denen von verschiedener Seite Kritik geübt worden ist, unter fachlich-wissenschaftlichen Gesichtspunkten zu prüfen und sie zu einem Rahmenplan weiterzuentwicklen. Das Ministerium unterstützt den Vorschlag, zur Sicherung der fachlichen Fundierung von LER die Ausbildung der LER-Lehrkräfte durch einen universitären Studiengang an der Landes-Universität in Potsdam vorzusehen. In die vorbereitenden Überlegungen sollte das »Sonderprogramm Weiterqualifizierung brandenburgischer Lehrerinnen und Lehrer«, in dem bis zum Jahr 2000 rund 600 LER-Lehrkräfte ausgebildet werden, einbezogen werden. Weiter erinnert der Abschlußbericht daran, daß bisherige Vorschläge im Zusammenhang einer künftigen universitären LER-Ausbildung dafür plädieren, »statt der Anlehnung an eine Leitwissenschaft eine didaktische Steuerung der Beiträge der Bezugswissenschaften zu konzipieren, um den Ansatz von L-E-R, philosophisch-ethische und religionskundliche Themen im Kontext wertorientierter Lebensgestaltung zu bearbeiten, in angemessener Weise in einem Studiengang aufzunehmen.«[49]

- Im Blick auf die Qualität des Unterrichts stellt das Ministerium in Auseinandersetzung mit Kritik vor allem seitens der Wissenschaftlichen Begleitung fest, daß die anfänglich starken schulreformerischen Ansprüche an LER inzwischen relativiert werden mußten. Nachdrücklich hält das Ministerium aber an den Prinzipien der »Schülerorientierung« und der »Offenheit« fest. Ein durchgreifender Wandel in Unterrichtskonzept und Verständnis der Lehrerrolle wird als ein über Jahre sich erstreckender Entwicklungsprozeß gesehen. Hier ist das neue Schulfach gegen überzogene Erwartungen zu schützen. Gleichzeitig wird gegenüber destruktiver Kritik geltend gemacht, das LER-Konzept habe auf diesem schulreformerischen Weg »einen wichtigen Beitrag geleistet, auch wenn distanzierte Beobachter meinen, die Schritte seien zu klein ausgefallen.«
- Als nicht gelöst wird die Frage der Notengebung im Hinblick auf ein künftig reguläres Unterrichtsfach LER angesehen. Hier sollen praktische Erprobung und pädagogische Diskussion Entscheidungen vorbereiten helfen. Die auch künftig vorgesehene Wissenschaftliche Begleitung soll diese Frage ebenfalls erörtern.

Abschließend nimmt der Bericht Stellung zur Debatte über Strukturfragen für die künftige Ausgestaltung von LER. Ausgangspunkt ist die Tatsache, daß während des Modellversuchs »das Neben- und Miteinander von konfessionsgebundenem Religionsunterricht und bekenntnisfreiem Unterricht weder rechtlich noch fachlich geklärt werden konnte und in der unterrichtsorganisatorischen und -praktischen Umsetzung unbefriedigend bleiben mußte«. Das Ministerium spricht sich klar gegen den Vorschlag der Wissenschaftlichen

49. Abschlußbericht, 46.

Begleitung aus, Strukturentscheidungen offenzulassen. In gleicher Weise wird der Vorschlag der Evangelischen und Katholischen Kirche zurückgewiesen, an Stelle von LER eine Fächergruppe mit selbständigen ordentlichen Unterrichtsfächern einzurichten, zwischen denen kooperiert werden könne. Das Ministerium sieht darin eine weitgehende Auflösung des integrativen Ansatzes von LER. Den von der Kirche in Aussicht genommenen unterrichtlichen Kooperations- und Integrationsmöglichkeiten in einer solchen Fächergruppe begegnet das Ministerium »mit erheblicher Skepsis«, weil diese Position der Kooperation und Integration in den Kirchen selbst nicht geklärt sei. Angesichts der neuerlichen Absage der deutschen Bischöfe vom September 1996[50] an einen von den beiden christlichen Konfessionen gemeinsam verantworteten und gestalteten Religionsunterricht dürfte diese Einschätzung des Minsteriums der Realität sehr nahekommen.

Zusammenfassend kommt das Ministerium in seiner eigenen Auswertung des Modellversuchs anhand der vorliegenden Berichte der unterschiedlichen Beteiligten sowie angesichts der komplexen verfassungsrechtlichen Situation zu eindeutigen Schlußfolgerungen:

1. LER soll an den Schulen Brandenburgs als bekenntnisfreies Pflichtfach eingeführt werden.
   »Der Unterricht in diesem Fach soll die Schülerinnen und Schüler gemeinsam, also nicht getrennt nach Konfessionen oder Weltanschauungen, in der Entwicklung ihrer Wertorientierungen begleiten und dabei Wissen und Fähigkeiten im ethischen, religionskundlichen sowie weltanschaulichen und sozialen Bereich vermitteln.«

Und:

2. »Darüber hinaus sollen Kirchen und Religionsgemeinschaften Religionsunterricht auf der Grundlage ihres Bekenntnisses an den Schulen des Landes anbieten und in eigener Verantwortung gestalten können und hierfür angemessene Unterstützung erhalten.«

50. Vgl. dazu oben 1.5, 53ff.

Die Entscheidung über die von der Landesregierung im Schulgesetzentwurf vorgesehene Befreiungsmöglichkeit von LER, mit der die Empfindungen derer respektiert werden sollen, »die eine religiös geprägte, bekenntnisgebundene Wertorientierung des Unterrichts wünschen«, wird dem Landtag und seiner Beschlußfassung über das Schulgesetz vorbehalten.

Die derzeitige Situation

Das Jahr zwischen Modellversuch und dem Beginn der offiziellen Einführung von LER aufgrund des inzwischen im April 1996 beschlossenen Schulgesetzes[51] wurde genutzt, den Modellversuch als »Schulversuch« weiterzuführen. Die Evangelische Kirche hat sich aufgrund ihrer politischen Festlegung für das Konzept einer Fächergruppe mit konfessionellem Religionsunterricht an diesem Schulversuch nicht mehr beteiligt. Sie hat stattdessen zur Durchsetzung ihrer Forderung nach konfessionellem Religionsunterricht gemäß Art. 7.3 GG in Brandenburg – wie bereits erwähnt[52] - Verfassungsbeschwerde vor dem Bundesverfassungsgericht in Karlsruhe erhoben. Das Erzbistum Berlin und die Bistümer Görlitz und Magdeburg haben gemeinsam ebenso wie katholische und evangelische Eltern und Schüler mit der gleichen Intention Verfassungsbeschwerde in Karlsruhe eingereicht. Zuvor hatte bereits die CDU/CSU Bundestagsfraktion nach der Verabschiedung des Brandenburgischen Schulgesetzes eine Normenkontrollklage gegen die schulgesetzlichen Regelungen zu LER und Religionsunterricht eingereicht. Eine Entscheidung des Bundesverfassungsgerichts wird für 1998 erwartet.
Die Schülerinnen und Schüler im Land Brandenburg haben nach dem neuen Schulgesetz drei Möglichkeiten im Blick auf LER und Religionsunterricht:

- sie können am LER-Unterricht teilnehmen
- sie können zusätzlich zu LER Evangelische Religionslehre besuchen

51. Vgl. oben 115ff.
52. Vgl. oben 12f., 14.

- sie können sich vom LER-Unterricht befreien lassen und nehmen stattdessen am evangelischen Religionsunterricht oder an einer vergleichbaren anerkannten Unterweisung einer Religionsgemeinschaft teil.

Mit dem Schuljahr 1996/97 wird LER schrittweise in den Klassen der Sekundarstufe I landesweit eingeführt; das Tempo wird bestimmt von der Zahl der vorhandenen Lehrkräfte, die eine Qualifizierung für LER abgeschlossen haben. Im Schuljahr 1996/97 wurde die Anzahl der Schulen mit LER auf 69 erhöht; rund 13.000 Schülerinnen und Schüler nahmen am Unterricht in LER teil.
Nach Abschluß des Modellversuchs und mit Ausscheiden der Kirchen und Abschaffung der Differenzierungsphase wurden Name und Struktur modifiziert. LER ist nunmehr *Unterrichtsfach* und nicht mehr Lernbereich, und »Religion« wurde durch »Religionskunde« ersetzt. Diese Modifizierung des Namens soll dem konzeptionellen Aspekt Rechnung tragen und trennschärfer verdeutlichen, daß es in dem allgemeinbildenden Schulfach »Lebensgestaltung-Ethik-*Religionskunde*« nicht um eine Form religiöser Unterweisung oder Glaubenserziehung geht, die nicht Sache des Staates sein kann, sondern allein Angelegenheit von Religions- und Weltanschauungsgemeinschaften.
Für Lehrkräfte des brandenburgischen Schuldienstes wird derzeit im Rahmen eines mehrere Schulfächer umfassenden »Sonderprogramms Weiterqualifizierung« ein interdisziplinäres und integratives, Theorie- und Praxisanteile verbindendendes berufsbegleitendes Weiterbildungsstudium durchgeführt. An der Universität Potsdam werden Überlegungen vorangetrieben, Lehrer für das Schulfach LER in einem philosophische und religionswissenschaftliche Studienanteile didaktisch integrierenden Aufbaustudiengang bzw. einem grundständigen Studiengang auszubilden.
Für die Jahrgangsklassen 1-6 der Primarstufe ist vorgesehen, in den Klassen 5 und 6 ebenfalls LER einzuführen; für die Klassen 1-4 wird erwogen, LER-Anteile in den Sachunterricht zu integrieren; ab Klasse 11 der gymnasialen Oberstufe gibt es – neben der Forderung LER auch hier einzuführen und dadurch den Charakter eines ordentlichen Schulfaches zu stärken – den Vorschlag, das Fach Philosophie durch

Anteile zu ergänzen, die dem Fach LER entsprechen. Auch das Ministerium befürwortet diese Variante derzeit.
Inzwischen hat das Ministerium eine Rahmenplankommission eingesetzt mit dem Auftrag, die »Hinweise für den Unterricht« zu einem Rahmenplan für den Unterricht im Fach LER der Sekundarstufe I auszuarbeiten, der an die Stelle der bisherigen Unterrichtsvorgaben treten soll. Für die nächsten drei Jahre der landesweit stufenweise fortschreitenden Einführung von LER und zur Beratung in den anstehenden Entwicklungsaufgaben wurde ein fünfköpfiger Wissenschaftlicher Beirat[53] berufen. Er hat die Aufgabe erhalten, dem Ministerium Empfehlungen zu diesen Entwicklungsaufgaben zu erarbeiten; dazu gehören vorrangig die didaktische Fundierung und curriculare Strukturierung von LER, die konzeptionelle Beschreibung und Profilierung der lebensgestalterischen, der ethischen und der religionskundlichen Dimension von LER und die Sicherung ihrer curricularen Integration, Fragen der Integration des neuen Fachs in den Gesamtkontext der Schule, das Problem der Leistungsbewertung und Fragen universitärer Lehreraus- und -weiterbildung.

53. Neben den Professoren Achim Leschinsky (HU-Berlin, Schulpädagogik und Schultheorie), der bereits die Federführung der Wissenschaftlichen Begleitung des Modellversuchs innehatte und Wolfgang Edelstein (Direktor am Max-Planck-Institut für Bildungsforschung in Berlin), mit dem die Wissenschaftliche Begleitung des Modellversuchs kooperierte, sind weitere Mitglieder des Wissenschaftlichen Beirats die Professoren Erich Grözinger (Potsdam, Religionswissenschaft), Jürgen Lott (Bremen, Religionspädagogik) und Fritz Oser (Fribourg, Pädagogik und Pädagogische Psychologie) und seit 1.10.1997 Bärbel Kirsch (Potsdam, Psychologie).

5. Wertebildung in der Schule von morgen Perspektiven

5.1 Schulisches Lernen als *Bildungs*prozeß

Schulisches Lernen ist Teil eines lebenslangen Bildungsgeschehens. Auf den Bildungsbegriff wird hier zurückgegriffen, weil die in der gegenwärtigen schulpädagogischen Grundsatzdiskussion gebräuchlichen Begriffe Erziehung, Sozialisation, Lernen, Qualifikation zu eindimensional geworden sind. Allerdings ist auch »Bildung« ein schillernder Begriff und in der Vergangenheit häufig mißbraucht worden. »Bildung wollte Entfremdung überwinden; sie ist jedoch als institutionalisierte, verschulte Bildung selbst zu entfremdeter Bildung und damit zur Mitursache für die Entfremdung des Menschen geworden«, bilanziert Karl Ernst Nipkow zutreffend.[1]
Um zu verdeutlichen, was gemeint sein soll, sind wesentliche Dimensionen und Aspekte des leitenden Verständnisses von »Bildung« zu benennen, die auf die Frage nach den Aufgaben wertereflektierenden und -klärenden Handelns im Rahmen schulischer Bildungsbemühungen bezogen werden.

Die politische Dimension von Bildung

»Bildung« im Sinne von »Allgemeinbildung« gehört in die Geschichte europäischer Emanzipation. Bei Wilhelm von Humboldt z. B. hatte Allgemeinbildung einen politischen Hintergrund in seiner Intention, jene Distanz kritischen Urteils gegenüber gesellschaftlichen Einrichtungen zu schaffen, die für eine Änderung der Verhältnisse in Richtung auf mehr Humanität notwendig ist. Nimmt man dieses kritisch-politische Traditionselement auf, kann Bildung als Bewegung begreifenden Denkens verstan-

1. K. E. Nipkow (1977), 207; H.-J. Heydorn (1970).

den werden, als »Entwicklung kognitiver Kompetenz und politisch-ethischer Handlungsfähigkeit«[2] im Blick auf die umfassende Herausforderung der Zukunft. Als Kategorie politisch-sozialer Demokratisierung zielt »Bildung« auf Mündigkeit, Autonomie und Eigenverantwortung des Subjekts, statt Lernen auf den Erwerb eines Sets berufspraktischer Fähigkeiten zu reduzieren, wie es landauf-landab zu beobachten ist. Es kann folglich im Bildungsprozeß nicht darum gehen, bestimmte fest definierte Lebensmodelle normativ zur Übernahme anzubieten, sondern es muß um ein Angebot der Aufklärung über die Bedingungen, Voraussetzungen und Strukturen möglicher Lebensversionen gehen. Dazu gehört das Durchschauen der eigenen Situation, der sozialen, psychischen und religiös vermittelten Ursachen eigenen Verhaltens ebenso wie der gesellschaftlichen »Umwelt«, ihrer Wandlungen und Veränderbarkeit.
Viele Jugendliche lernen die Sphäre der institutionalisierten menschlichen Beziehungen weniger als Sphäre diskursiver Auseinandersetzung kennen, sondern als solche von offener oder verdeckter Gewalt. Autoaggression und verzweifeltes Umsichschlagen sind Variationen aus solcher Gewalt folgender Unterordnung, Folgebereitschaft oder resignativ-privatistischen Desinteresses. Die Bereitschaft von Jugendlichen (und Erwachsenen), vorgelebte Gewohnheiten und Rollenmuster, die die Sozialisation bereitstellt, zu übernehmen, Heilsbringern zu folgen und, wenn Veränderungssituationen bestehende Sicherheiten in Frage zu stellen drohen, Sündenböcke zu suchen, nimmt in Teilen der Gesellschaft augenfällig zu. Bildung zielt dagegen in seiner politischen Dimension auf die Überwindung von Entfremdung, darauf, gemeinsames Leben in der Zukunft durch den Aufbau einer kommunikativen Lebenswelt zu ermöglichen, die nicht nur Leben sichert, sondern auch seine kreative Entfaltung fördert.[3]

2. K.E. Nipkow : A.a.O., 227.
3. Vgl. H. Peukert (1987), 69ff.

Ähnlich wie der Bildungsbegriff hat auch der Ideologiebegriff seine wechselvolle Geschichte.[4] Sie hat dazu geführt, daß »Ideologie« gegen jeweils Andersdenkende als Vorwurf erhoben wird. In der Aufklärungsphilosophie war mit dem Ideologiebegriff die Einsicht verbunden, daß Ideen nicht angeboren oder gottgegeben, sondern Produkte des menschlichen Bewußtseins aufgrund von Erfahrung sind. In unterschiedlichen soziologischen und psychologischen Diskussionszusammenhängen ist es heute üblich, Ideologien mit ausformulierten Weltauffassungen auf globaler Ebene zu identifizieren (z. B. Weltreligionen wie Christentum oder Islam, Weltanschauungssysteme wie Liberalismus oder Nationalismus, Gesellschaftstheorien wie Kapitalismus oder Marxismus, handlungsorientierte Theoriesysteme wie Leistung oder Konsum usw.). Von diesen globalen Ideologien werden Ideologien unterschieden, die, auf gesellschaftliche Einzelphänomene bezogen, dazu dienen, bestimmte Interessenkonstellationen zu legitimieren. Die Bildungspolitik ist voll solcher Ideologien (exemplarisch etwa zu studieren in der Anlage-Umwelt-Diskussion im Blick auf »Begabung« oder an der Diskussion über das dreigliedrige Schulsystem im Vergleich zur Gesamtschule). Außerdem wird der Begriff ausgedehnt auf »Privatideologien«, wenn bestimmte Theorien zur Rechtfertigung individuellen Handelns herangezogen werden.[5]

Für die bildungstheoretische Frage nach dem Beitrag und Ort von Religion im Rahmen von Werte-Bildung und Werte-Reflexion sind vor allem zwei Aspekte aus der Ideologiediskussion zentral:

4. S. Vierzig (1975), 178; Vgl. zum Folgenden auch H. Sorge/S. Vierzig (1977).
5. »Aus Alltagserfahrungen wissen wir, daß Ideen oft genug dazu dienen, unseren Handlungen rechtfertigende Motive anstelle der wirklichen zu unterschieben. Was auf dieser Ebene Rationalisierung heißt, nennen wir auf der Ebene kollektiven Handelns Ideologie. In beiden Fällen ist der manifeste Gehalt von Aussagen durch die unreflektierte Bindung eines nur zum Scheine autonomen Bewußtseins an Interessen verfälscht.« (J. Habermas : Erkenntnis und Interesse, zitiert bei H. Sorge /S. Vierzig [1977], 20).

- Ideen (und eben auch Religion) sind Produkte des menschlichen Bewußtseins, sie unterliegen gesellschaftlichen Veränderungen und sind daher selbst veränderbar. Ideologiekritik schafft die Distanz, die zur Kritik der Ideen erforderlich ist. Als Religionskritik stellt Ideologiekritik den Offenbarungscharakter und den Absolutheitsanspruch von Religion(en) in Frage.
- Ideen dienen zur Interpretation und Legitimation der Zufälligkeit des Lebens (Kontingenz) und ordnen sie in ein (sinnvolles) Ganzes ein. Ideologiekritik hinterfragt die Allgemeingültigkeit der Interpretation, deckt ihre Interessengebundenheit auf und zeigt ihre begrenzte Reichweite sowie die Veränderbarkeit von Weltauffassungen und Daseinslegitimationen auf.

Ideologien stellen eine Form der Weltinterpretation dar und sind am Prozeß von Identitätsbildung beteiligt.[6] Ideologien strukturieren unsere Sprache und unser Denken. Sie ordnen unsere Muster von Selbstverständnis und Gemeinschaftsleben. Ideologien besitze eine »persönlichkeitsformende Macht«. Sie stellen eine »haltende Umgebung« (Robert Kegan) bereit und haben eine »umhüllende« Funktion. Diese »haltende Umgebung« kann die Familie sein oder die peer-group Heranwachsender oder auch Religion. Persönlichkeitsentwicklung bedeutet notwendig, sich aus bestehenden »Umhüllungen« zu lösen. Eine zentrale Aufgabe schulischer Begleitung des Prozesses der Identitätsbildung liegt darin, den Entwicklungsprozeß von Schülern zu fördern, einen Ablösungsprozeß stützend zu begleiten, aus dem eine zunehmend komplexere Identität entsteht.

Daraus ergibt sich pädagogisch die Forderung, »persönliches Wachstum durch Ideologiekritik« zu ermöglichen. Das heißt konkret: Schüler sollen zunächst lernen, sich ihrer eigenen »ideologischen Umhüllung« bewußt zu werden, indem sie diese zum Gegenstand ihres Nachdenkens zu machen lernen. Damit ist der erste Schritt auf dem Lösungsweg gegangen. Der Prozeß persönlicher Identitätsbildung muß zwangsläufig früher oder später dazu führen, entsprechend dieser Entwicklung die Grenzen »erreichter« Identität zu überschreiten.

6. Ich beziehe mich im Folgenden auf John M. Hull (1989), 171ff.

Begreift man Ideologiekritik als zentrale Dimension von Bildungsprozessen, ist in die ideologiekritische Bearbeitung auch die Spiritualität der »Bewußtseinsindustrien« mit ihren Informations- und Kommunikationstechniken einzubeziehen. Diese Ausweitung des Gegenstandes ist erforderlich, weil die »Hamburger-Gesellschaft« mit ihrer »Ähnlichkeit von Geschmack und Konvention« durchaus einer Ideologie ähnliche Züge trägt: »Der Konsumismus des Spätkapitalismus mästet sich selbst im Glauben, daß heute in den Produkten moderner Technologie alles Glück verfügbar sei, vorausgesetzt man kann es sich leisten, alles zu kaufen«.[7] Gleiches gilt im Blick auf die Naturwissenschaft im modernen Weltbild. »Der Glaube, daß die Naturwissenschaft in der Lage sein wird, die menschlichen Bedürfnisse voll zu befriedigen, ist dem religiös motivierten Vertrauen in eine universelle Vorsehung nicht unähnlich«.[8] Der Hinweis auf die ideologiekritische Dimension von Bildung erinnert daran, daß Bildung eine Art Widersacher-Funktion haben soll zu den Prozessen der Einstellungs- und Verhaltensnormierung, in denen Menschen über Sozialisation an die Bewußtseinsindustrie angepaßt werden. Dazu ist die kritische Beschäftigung mit religiösen und weltanschaulichen Traditionen notwendig, um ihre Ambivalenzen in Geschichte und Gegenwart zu durchschauen und auf gesellschaftsrelevante Konsequenzen dieser Erkenntnisse zu reflektieren – unter Einbeziehung jener »Deuteschemata, Weltauffassungen, Philosophien, Ideologien« und der durch sie bedingten Verhaltensweisen, »die sich zwar selbst gar nicht als Religionen verstehen, aber ihrerseits die Funktion von ›Religionen‹ in konkreten Situationen, Urteilen oder Entscheidungen übernehmen«.[9] Angesichts des gegenwärtigen Szenarios auf dem Markt der »Sinnangebote« ist der Hinweis auf die »Vereinigungen« zu ergänzen, die unter der Selbstbezeichnung »Religion« auftreten, ihrerseits aber vor allem wirtschaftlichen Gewinn anstreben. Gerade die »Exklusivansprüche religiöser Traditionen, ihre absurde Anmaßung abso-

7. Ebd.
8. A.a.O., 177.
9. G. Otto/ H.J. Dörger/J. Lott (1972), 32.

luter Offenbarung, ihre Weigerung Relativität zu tolerieren, der konkrete und eigentümliche Charakter der historischen Kontingenz, auf die sie hinweisen«,[10] können unter dem Gesichtspunkt der »Ideologiekritik« zu Gegenständen werden, an denen Schüler sich ihrer Innenwelt bewußt werden und lernen können, sich sozialer Probleme mit konstruktiver Kritik anzunehmen. Dabei ist zu realisieren, daß »Bildung als die Fähigkeit, auf einem bestimmten Niveau zu sich selbst und zu einem Konsens mit anderen zu kommen«, nur »als Bewußtsein und Zugeständnis von Differenz« möglich ist.[11]

Die ökumenische Dimension von Bildung

Den Menschen, die unter den Absolutheitsansprüchen von Religionen und Konfessionen leiden und religiöse bzw. konfessionelle Barrieren überwinden, möchten im Sinne einer Spiritualität, die, statt theologische Lehrunterschiede zu pflegen, sich ihrer politischen Verantwortung für unsere Welt bewußt wird, spricht die Forderung nach »ökumenischem Lernen« aus dem Herzen. Ökumenisches Lernen thematisiert das »Zusammenleben aller Menschen auf dieser Erde«, indem für ein grenzüberschreitendes, interkulturelles, handlungsorientiertes, »verknüpfendes Lernen« plädiert wird: »Es gilt, das Globale im Lokalen, das Fremde im Bereich der eigenen Lebenssituation zu entdecken, um so die eigene Situation in ihren Bedingungen und Verflechtungen wahrzunehmen«,[12] und dies in »ökumenischer Parteilichkeit«, »die für alles Leben auf dem bewohnten Erdkreis eintritt und gerade deshalb sich in besonderer Weise jenen verpflichtet weiß, die von anderen am Leben gehindert werden«.[13] Das Verständnis von Bildung gewinnt hier neben seiner individuellen Dimension als Selbstfindung und Selbstverwirklichung des einzelnen seine gemeinschaftlich-soziale Dimen-

10. J.M. Hull (1989), 181.
11. H. Peukert (1984), 134.
12. Ökumenisches Lernen. Grundlagen und Impulse. Eine Arbeitshilfe, hg. von der Kammer für Bildung und Erziehung der EKD (1985), 17.
13. A.a.O., 62.

sion zurück: Bildung ist nicht nur ein das *ganze Leben*, sondern auch das *Zusammenleben aller Menschen* umfassender Prozeß. Zusammenfassend beschreibt Ingo Baldermann das Lernverständnis ökumenischen Lernens so: »Sensibilität für die Schöpfung, für die Kostbarkeit des Lebens, für die verletzte Menschenwürde, für die Unerträglichkeit von Hunger und Armut; aber auch Urteils- und Handlungskompetenz, um Zusammenhänge und Veränderungsmöglichkeiten zu erkennen, die Mechanismen verharmlosender Verschleierung zu durchschauen und Kritik und Engagement an den richtigen Stellen zu plazieren. Und schließlich ist Widerstandsfähigkeit zu lernen, wenn nicht alles Engagement nach den ersten Mißerfolgen in Resignation umschlagen soll.«[14]
Mittelfristig wird die Frage des Umgangs mit »Konfessionalität« im schulischen Religionsunterricht zum Testfall für die Glaubwürdigkeit kirchlicher Positionsbestimmungen unter der Überschrift von Konziliarität und Ökumene.[15] Eine Trennung der Schüler und Schülerinnen nach religiös-weltanschaulichen Kriterien ist ein krasser Widerspruch zu einer kirchlicherseits geforderten Erziehung, die »alles Trennende überwindet«.

Die ökologische Dimension von Bildung

Mit dem Hinweis auf die Verantwortung für die eine Welt im Zusammenhang der ökumenischen Dimension von Bildung ist bereits ein Aspekt der ökologischen Dimension von Bildung angesprochen. Die Tatsache, daß die natürlichen Ressourcen der Erde nicht unerschöpflich sind, hat sich inzwischen herumgesprochen. Trotzdem haben Umfang und Geschwindigkeit der Umweltzerstörung weltweit zugenommen und die Bedingungen der Möglichkeit von Zukunft sind gefährdet. Diese Situation macht Umwelterziehung unausweichlich. Ansatzweise hat diese Einsicht auch in die Unterrichtspraxis verschiedener Schulfächer Eingang gefunden.

14. I. Baldermann (1986), 291f.
15. Zum Problem der Konfessionalität des Religionsunterrichts vgl. oben Kap. 1.5.

Die ökologische Dimension von Bildung umfaßt aber mehr als mit dem Hinweis auf die Pflicht zur »Bewahrung der Schöpfung« oder mit dem Stichwort »Umwelterziehung« in der Regel verbunden ist. Unser Leben ist nicht allein vom Tod am Ende des Lebens bedroht, sondern auch vom Tod als nicht-gelebtem Leben während des Lebens. Die kosmoökologische Dimension des Bildungsbegriffs bedarf einer Ergänzung durch psychoökologische Aspekte. In psychosomatisch orientierten Versuchen, neu über das Verständnis von Gesundheit und Krankheit und ihren Zusammenhang mit gesellschaftlichen Prozessen nachzudenken und nach ihren soziokulturellen und psychosozialen Wurzeln in Lebenslagen und Lebensweisen zu fragen, liegen Ansätze vor, die diese psychoökologische Dimension von Bildung thematisieren. Hier bahnt sich ein Wechsel des Blickwinkels zu einem Verständnis von Gesundheit als »kulturellem Lebensentwurf« an. Aus einer ganzheitlichen Sicht des Menschen, die Körper, Seele und Geist integriert, wird nach dem »impliziten Wissen«[16] des Körpers, nach seinen Reaktionen auf Beschneidung von Phantasie und Kreativität, auf Unterdrückung von Gefühlen und Zensierung von Ideen gefragt. Auf psychoökologischer Ebene ist der Zusammenhang grundlegend für Bildung zu beachten, den Heinrich Dauber so beschreibt: »Nicht mehr sensibel zu sein für das, was in unserem Körper vorgeht, was wir ihm als lebendigem Leib antun, stumpft unsere Sinneswahrnehmungen ab und schafft dadurch gestörte Wahrnehmungen unserer Umwelt«.[17]

Zusammengefaßt: Bildung ist Teil des Lebens, nicht Vorbereitung auf das Leben. Sie geschieht in der Suche nach Zusammenhängen und im Medium von Beziehungen und braucht Zeit.[18] Mit der wissenschaftlich-kritischen Dimension von Bildung, die hier nicht eigens angesprochen, aber vorausgesetzt ist, ist ihre selbstreflexive Dimension zu verbinden. Das in schulischen Bildungsprozessen erworbene Fachwissen ist nicht einfach im Sinne des Lernens von Lernstoffen anzueignen, sondern muß mit den je individuellen Stadien

16. M. Polanyi (1985).
17. H. Dauber (1989), 169f.
18. Vgl. Kh. A. Geißler (1989).

gesellschaftlich vermittelter persönlicher Lern- und Lebensgeschichte in Verbindung gesetzt werden. Der Prozeß des Lernens selbst wird somit Thema des Lernens – er wird nicht ausgelagert in gruppendynamische Unternehmungen vor oder neben der »eigentlichen« Beschäftigung mit den »Inhalten«. Ziel von Bildung ist die Entwicklung von Subjektivität, bezogen auf die Ganzheit menschlichen Lebens und gesellschaftlicher Wirklichkeit.

5.2 Lebens-, Sinn- und Wertfragen im schulischen Bildungsprozeß

Jugendliche auf der Suche nach Lebensorientierung

Kindern und Jugendlichen kann heute kein allgemein verbindliches Weltbild angeboten werden, folglich auch kein ausdifferenzierter Kanon von Werten und Normen des Handelns. Wir stehen mitten in einem Prozeß kultureller, sozialer und regionaler Ausdifferenzierung von Lebenslagen und Lebensformen. *Überlieferte* Weltbilder und Orientierungsmuster, religiöse wie säkulare, verlieren zunehmend ihre gemeinschaftsbildende und sinnstiftende Kraft, *andere* versuchen, die entstehenden Leerstellen zu besetzen. Die Ausbildung von Wertorientierungen und Lebensdeutungen ist weithin Privatsache geworden. Diese Situation wird mit Begriffen wie »neue Unübersichtlichkeit«, »allgemeine Orientierungslosigkeit«, Wertezerfall« oder schlicht als »Krise« beschrieben und unterschiedlich bewertet: optimistisch als Wandel der Werte, pessimistisch als Weg ins Chaos.
Neben die Pluralisierung von Lebensformen und die Erosion von Weltanschauungen und Orientierungssystemen treten noch andere sozio-kulturelle Entwicklungen, von denen Schule und Bildung betroffen sind. Zu nennen sind die Tendenz zu einer multikulturellen Gesellschaft sowie einschneidende Veränderungen in der Familienstruktur.[19] Dies alles wird durchzogen von globalen Krisenerschei-

19. Vgl. dazu aus der Reihe der einschlägigen Studien zur Jugendkultur: D. Baacke (2. Aufl. 1993); W. Heitmeyer/Th. Olk (Hg.) (1990); C. Helfferich (1994); W. Helsper (Hg.) (1991); W. Hornstein (1990); H. Keupp (1988); Ders. (1997); H. Lessing u.a. (1986); St. Pannen (1994).

nungen wie der fortschreitenden Zerstörung der Lebensgrundlagen und einer weltweiten Flüchtlingsbewegung aufgrund von Hunger und Elend auf der einen und immer größerem Reichtum auf der anderen Seite.
Diese nur stichwortartig benannten Entwicklungen stellen die allgemeinen Rahmenbedingungen dar, in denen pädagogisches Handeln in der Schule stattfindet. Die Verunsicherungen, Ängste und resignativen Stimmungen der Schülerinnen und Schüler dürfen nicht unterschätzt werden. Sie kommen zunehmend häufiger in unberechenbaren Konflikten und destruktiven Aggressionen zum Ausdruck (von mehr oder weniger subtilen Formen des Schüler-Mobbings bis zu offener Gewaltanwendung). Diese Rahmenbedingungen enthalten gleichzeitig Herausforderungen und Chancen, neue Orientierungen zu suchen. In dieser Situation sollte die Schule sich als *Haus des Lernens* verstehen, in dem Schülerinnen und Schüler mit ihren unterschiedlichen Erfahrungen, Hoffnungen, Ängsten, Beschädigungen, Sehnsüchten zusammenkommen, um herauszufinden, worauf Menschen setzen können, was ihnen lieb und wichtig sein könnte, damit Leben gelingen kann.

Die »Erzählung« der Informationsgesellschaft

Es stellt sich die Frage, welche Orientierungen zur Beantwortung dieser Lebens- und Überlebensfrage – worauf Menschen setzen können, was ihnen lieb und wichtig sein könnte, damit Leben gelingen kann – unsere Gesellschaft den Schülerinnen und Schülern anbietet. Anders gewendet: Mit welcher Erzählung beantwortet sie die Frage nach dem herausragenden Grund für Schulbildung? Wie stichhaltig ist diese »story«, und in welcher Richtung ist sie möglicherweise revisionsbedürftig?[20]

20. Im folgenden Abschnitt nehme ich Kerngedanken des amerikanischen Kulturkritikers Neil Postman auf, die er in seinem Buch »The End of Education« (1995), deutsch: »Keine Götter mehr. Das Ende der Erziehung« (1997) entfaltet hat.

Eine grundlegende »Erzählung« ist die Verheißung an die Schüler/innen: »Wenn ihr in der Schule aufpaßt, eure Hausaufgaben macht, bei den Klausuren gut abschneidet und euch gut benehmt, werdet ihr mit einem gutbezahlten Job belohnt, wenn ihr die Schule hinter euch gebracht habt.« Schule und Bildung haben nach dieser Erzählung die Aufgabe, Heranwachsende möglichst optimal auf den Eintritt in das Wirtschaftsleben vorzubereiten. Sie geht davon aus, daß der Mensch zuallererst ein ökonomisches Geschöpf sei und daß die gesellschaftlichen Standards von Werten und Zielen sich an seiner Fähigkeit bemessen, materielle Güter zu erwerben – getreu der Maxime »man *ist*, was man *tut*«. Das Gute liegt nach den Werten dieses an ökonomischer Nützlichkeit ausgerichteten Weltbildes in der Produktivität, in Fleiß und Effizienz, das Böse in Faulheit und Gleichgültigkeit. Viele Eltern (und Politiker) teilen die daraus abgeleitete Vorstellung der Schule als einer Einrichtung, deren vorderste Aufgabe darin besteht, berufsnützlich verwertbare Qualifikationen und Tugenden zu vermitteln.
Daß gegenüber dieser Erzählung aufgrund der gesellschaftlichen Realität nicht zuletzt angesichts anhaltender und weiter ansteigender Arbeitslosigkeit längst Mißtrauen angebracht ist, kann (noch) überspielt werden, weil dieser Mythos zu einem moralischen Axiom unserer Gesellschaft paßt, das Postman in der Losung zusammenfaßt: »Wer mit dem meisten Spielzeug stirbt, der hat gewonnen«. Das heißt, in diesem Weltbild sind diejenigen die Guten, die eifrig Dinge kaufen und konsumieren; die Bösen, weil dysfunktionalen sind diejenigen, die das nicht tun. Die Vermittlung dieser Erzählung über den Sinn von Schule gelingt deshalb noch immer so mühelos, weil sie den Kindern durch die Werbeindustrie schon frühzeitig eingeprägt wird. Die Werbespots des Fernsehens sind heute die quantitativ bei weitem bedeutendste Quelle von Werten. Die Botschaft heißt: Leben wird lebenswert durch den Kauf von Waren. Die Jugendlichen werden dazu erzogen, Konsumenten zu werden und darüber nachzudenken, welcher Beruf für sie *unter diesen Prämissen* interessant sein könnte.
Sicher wird die Schule des Informationszeitalters völlig anders sein als die Schule heute. Aber die Probleme, die sie ohne Computer

nicht lösen kann, wird sie auch mit Computern nicht lösen können: z. B. die traditionelle Aufgabe, Kindern beizubringen, wie sie sich in der Gruppe verhalten sollen. Im Gegensatz zu den Medien der Massenkommunikation, die eine individuelle Reaktion hervorrufen und vereinzelt und privat erfahren werden, hat der Klassenraum das Ziel, das Individuum mit anderen zu verbinden. Es ist ein Ort, wo Zusammengehörigkeits- und Verantwortungsgefühl von größter Bedeutung sind, ohne die sich kein demokratisches Gemeinschaftsleben bilden oder erhalten werden kann.

Gründe für Bildung in der öffentlichen Schule

Warum ist eine Bildung in der öffentlichen Schule notwendig, die mit den genannten Dimensionen – politische, ideologiekritische, ökumenische und ökologische – ernst macht? Zur Beantwortung nehme ich vier Bilder bzw. Erzählungen Neil Postmans auf und beziehe sie auf diese Dimensionen von Bildung und auf die deutsche Situation.

- *Die Erde als unser eines und einziges Raumschiff*

Postman bezieht sich auf Steven Spielberg, einen der derzeit populärsten Science-fiction-Philosophen, der auch bei den Heranwachsenden in Deutschland eine große Gefolgschaft hat. Seine Geschichten kreisen u. a. um den Gedanken, daß die Erde ein Raumschiff ist – im metaphorischen wie buchstäblichen Sinn – und wir seine Mannschaft. Spielberg besteht darauf, daß wir *der Erde gegenüber eine moralische Verpflichtung* haben. Hier liegt eine »Erzählung« von außerordentlichem Potential: die Geschichte vom Menschen als Hüter der Erde, Beschützer einer verletzlichen Raumkapsel. Sie demonstriert die gegenseitige Bezogenheit und Abhängigkeit der menschlichen Wesen, die Notwendigkeit einer globalen Solidarität, und führt die Idee des Rassismus ad absurdum. Wenn ein Teil des Raumschiffes vergiftet wird, leiden alle. Die Geschichte trifft den Kern dessen, was es heißt, ein menschliches Wesen zu sein. Verschwendung und Gleichgültigkeit werden stigmatisiert; die Erzählung enthält eine Vision der Zukunft und erfordert eine Verpflichtung gegenüber der Gegenwart. Alle müssen sich aufeinander verlassen, um zu überleben. Diese Erzählung ist mit vielen der traditionellen religiösen Anschauungen kompatibel. »Man kann Christ, Moslem, Taoist, Jude oder Buddhist sein und sich dennoch der Erhaltung des Planeten verpflichtet wissen. Sie erfordert auch nicht, daß man nationale oder tribale Loyalitäten aufgibt: Man kann Amerikaner, Norweger, Franzose oder auch Lappe sein und, ohne diese Identität aufzugeben, zugleich dadurch bereichert werden, daß man die Rolle des Hüters der Erde übernimmt – außer jemand wird von einer Erzählung umgetrieben, nach der die eigene Nation, Rasse oder Religion das einzige ist, was im Himmel und auf Erden zählt.

- *Der Mensch ist eine dem Irrtum unterworfene Spezies*

Es liegt in der Natur des Menschen, Fehler zu machen. Er kann sich irren und ist zugleich in der Lage, Fehler zu korrigieren – vorausgesetzt, er erstarrt nicht in Dogmatismus. Wir Menschen kennen die ganze Wahrheit nicht; wir können uns ihr Zentimeter für Zentimeter nähern, indem wir das ablegen, was wir als falsch durchschauen. Zumindest glauben wir das, bis wir sehen, daß sich die Wahrheit weiter und weiter von uns entfernt. Die zentrale Methode, unsere Irrtümer zu korrigieren, ist die Wissenschaft, die damit beschäftigt ist, eigene Fehler zu korrigieren. Werner Heisenbergs Unschärferelation – die Messung eines Atomteilchens verändert seine Position und umgekehrt, wir können also nie zugleich Position und Geschwindigkeit des Teilchens bestimmen – erinnert uns daran, daß alle menschliche Erkenntnis begrenzt ist. – Nur durch die Einübung in kritisches Denken ist die verhängnisvolle Suche nach absoluter Erkenntnis, nach absoluter Autorität zu transformieren. Postman überschreibt diese »Erzählung« mit der religiösen Metapher vom »gefallenen Engel«.

- *Das Experiment einer demokratischen Gesellschaft in Deutschland und Europa*[21]

Es ist eine Geschichte, die den Glauben, Deutschland oder Europa sei allen anderen Ländern bzw. Kontinenten überlegen, hinter

21. Ich übertrage hier N. Postmans Erzählung »Das amerikanische Experiment« auf die deutsche bzw. europäische Situation.

sich läßt. Es ist die Geschichte unseres Landes als Experiment zu der grundlegenden Frage: Kann eine Nation/kann ein Nationenzusammenschluß auf dem Prinzip fortgesetzter Diskussion aufgebaut, aufrechterhalten und bewahrt werden? Die deutsche wie die europäische Geschichte zeigen, was geschieht, wenn die Argumente schweigen.

Das Thema dieser notwendigen Streitgespräche setzt sich aus einer Reihe von Fragen zusammen: Was ist Freiheit? Wo liegen ihre Grenzen? Was sind die Pflichten des Bürgers? Was bedeutet Bürokratie? Oder in der Kant'schen Formulierung: Was ist der Mensch? Was können wir wissen? Was sollen wir tun? Was dürfen wir hoffen?

Postman erinnert, daß wir nicht die ersten Menschen sind, die über diese Fragen streiten und daran, daß Antworten vorliegen und auch von anderen als uns versucht werden: Es gibt die Weisheiten des Konfuzius, die Weisungen des Dekalogs, die Dialoge Platons, die Aphorismen des Jesus von Nazareth, die Weisungen des Koran, die Predigten Martin Luther Kings und jede andere Quelle, die sich ernsthaft mit diesen Fragen auseinandergesetzt hat oder heute auseinandersetzt. Der entscheidende Gesichtspunkt dabei ist, daß wir die richtigen Antworten weder allein noch ein für allemal wissen. Die Situation muß offen bleiben für das bessere Argument, für die Ergebnisse künftiger Experimente. Diese Geschichte kann durchaus schulische Bildung begründen: Heranwachsende mit dem Wissen und Willen ausstatten, an dem Experiment einer demokratischen Gesellschaft in einem zusammenwachsenden Europa teilzunehmen. Im Sinne der genannten Dimensionen im Verständnis von Bildung ihnen Hilfestellung zu leisten, argumentieren und streiten zu lernen, ihnen die Argumente anzubieten für notwendige Wert-Entscheidungen. Dazu gehört auch unmißverständlich auf die Folgen aufmerksam zu machen, die unweigerlich dann eintreten, wenn die Argumente schweigen. Und darin liegt die ökumenische Dimension dieser Erzählung. »Aus dieser Geschichte wird niemand ausgeschlossen. Jede Gruppe kann ihre Argumente beibringen. Alle Gesichtspunkte sind zulässig. Das einzige, was wir zu befürchten haben, ist, daß jemand darauf besteht, ein Ausrufezeichen zu setzen, noch bevor wir fertig sind.«[22]

- *Der Wert der Vielfalt*

Die Idee der schulischen Bildung läuft auf eine gemeinschaftliche Kultur, auf eine Vielfalt in der Gemeinsamkeit zu. Postman weist nachdrücklich darauf hin, daß Gleichheit die Feindin von Vitalität und Kreativität ist. Wenn nicht Neues und Unterschiedliches von außen in ein System eintritt, tritt Stagnation ein. Wann immer sich ein System ganz nach außen abschirmt, ausschließlich auf die eigene Substanz stützt, ist Erstarrung die Folge. Wann immer andererseits Differenz zugelassen wird, entsteht Wachstum.[23] Gleichheit ist nicht nur die Feindin der Vitalität, sie verhindert auch kulturelle Entwicklungen. Wo es wenige oder keine Differenzen gibt, gibt es auch keine Weiterentwicklung. Dieser Gedanke findet häufig als Gegenargument: Vielfalt schließe Standard aus, zu viele Gesichtspunkte, zu viele verschiedene Traditionen, zu viele unterschiedliche Zielsetzungen; deshalb, so wird gefolgert, produziere Vielfalt letztlich nur Relativisten. Postman macht zu Recht dagegen geltend, daß Vielfalt keine Auflösung von Standards bedeutet und nicht zu einem chaotischen, verantwortungslosen Relativismus führt, Vielfalt vielmehr ein Argument für die Ausweitung und die Anpassungsfähigkeit von Standards ist, eine Ausweitung, die sich auf Zeit und Ort erstreckt und die durch die Differenzen von Geschlecht, Religion, Nationalität und anderen Kategorien menschlichen Seins und Handelns geformt wird.
Er verweist auf die Geschichte der Vielfalt – z. B. der Kunst, der Musik –, in der wir etwas über den Menschen lernen können: die Vitalität und Kreativität der Menschheit hängt von der Vielfalt ab.[24]

22. Postman (1997), 98f.
23. Dieses Gesetz der Vielfalt reicht bis in die genetischen Informationen, die Menschen auf dem Weg der Fortpflanzung weitergeben. In den Fällen, da die Heirat auf Mitglieder derselben Familie begrenzt ist – wo Leute sich selbst klonen – entstehen Defekte eher als in Fällen, wo Differenz erlaubt ist.
24. Postman fügt noch eine fünfte Erzählung an. Sie behandelt »Die Wort-Weber · Die Welt-Macher« (204ff.) und bezieht sich auf die Funktion von Sprache im Rahmen von Identitätsbildung und Weltgewinnung.

Die Vielfalt der gelebten Religion fügt sich hier nahtlos ein. Religion stellt Geschichten und Bilder bereit, mit denen Menschen leben, die ihren Lebensmut stärken und die ihnen helfen können, »den Korruptionen des Lebens Widerstand entgegenzusetzen«, die helfen können, »das Leben und seine Würde zu erlernen«. Im Blick auf die pädagogische Bedeutung von Religion und Religionen verweist Horst Gloy darauf: »In religiösen Sätzen, Bildern, Symbolen, Ritualen, Bauten haben Menschen vergegenwärtigt und erklärt, wie sie das Leben empfinden, was sie vom Leben erwarten und welche Richtung es nehmen soll, mit ihnen vergewissern sie sich ihres Lebens gerade dort, wo dessen unmittelbare Einsichtigkeit zerbrochen ist, aber auch dort, wo es als großes Glück, als Wunder und Geschenk erlebt, als Auftrag angenommen wird und unbedingt nach Ausdruck verlangt.«[25]

Pädagogik der Vielfalt in der Gemeinsamkeit

Vielen dagegensprechenden Einzelerfahrungen zum Trotz bin ich der Meinung, daß schulische Bildung etwas zur Klärung der Frage, wie Leben gelingen kann, beizutragen vermag. Schule kann Heranwachsenden helfen, eine Perspektive zu erarbeiten, »von der aus das, was ist, mit Klarheit gesehen werden kann, das, was *war,* als lebendige Gegenwart, und das, was *sein wird*, als voller Möglichkeiten« (Postman).
Erforderlich ist dafür die Umsetzung des Bildungsverständnisses in eine pädagogische Leitidee, die für die tägliche Schularbeit kritische Orientierung und Ermutigung zu bieten vermag. Sie muß vom Alltag ausgehen, vom Kinderalltag ebenso wie vom Pädagogenalltag, und zugleich die skizzierten gesamtgesellschaftlichen Entwicklungen berücksichtigen. Eine solche Leitidee muß die Pluralisierung von Lebensformen und -deutungen positiv aufgreifen und zugleich auf Gerechtigkeit, Friedfertigkeit und Lebenserhaltung wertgebunden bezogen sein; sie ist als eine *»Pädagogik der Vielfalt in der Gemeinsamkeit«* zu entwickeln.[26]

25. H. Gloy (1997), 238.
26. U. Preuss-Lausitz (1993), bes. 32ff.

Die Schule kann sich nur auf sehr allgemeine, also universalistische, Werte beziehen, muß diese jedoch (begründet) offensiv verteidigen. Diese Werte sind die Werte der Menschenrechte, des Lebens- und Entfaltungsrechts des einzelnen, die Anerkennung der sozialen Bedürfnisse, die Erhaltung des vielfältigen Lebens auf diesem Globus überhaupt. Sie ergeben sich aus dem Willen, daß die Menschen sowohl different sein können als auch different zusammenleben. Bildung als Pädagogik der Vielfalt bindet an die Gemeinsamkeit: an die offensive Verteidigung universalistischer Werte für das Zusammen- und das Überleben in der ökologischen Krise und der atomaren Zerstörungsfähigkeit. So verbindlich Bildung als Bildung für die Erhaltung der Welt und der Möglichkeit des Zusammenlebens in der Krisengesellschaft sein muß, so plural muß sie zugleich in allen übrigen Bereichen sein: Lebensformen, ethnische Kulturen, Unterrichtsgegenstände sind in ihrer Bedeutung nur durch die großen Verbindlichkeiten begrenzt. Hier hat nicht eine Religion, eine pädagogische Richtung, eine nationale Kultur, eine Gruppe (ein Geschlecht, eine soziale Schicht, eine Lebensweise) das Recht auf Vorherrschaft im schulischen Kanon und Curriculum.
Aus den oben skizzierten Erfahrungen der Schülerinnen und Schüler ergeben sich zusätzlich zwei Erwartungen an die Schule, mit denen LehrerInnen konfrontiert sind:

- Schule als Ort sozialer Beziehungen. Schule ist ein wichtiger Ort, an dem Gleichaltrige als Freunde gewonnen und erprobt werden können, wo Beziehungskonflikte im Rahmen einer absichernden Gruppe ausgetragen und wo Isolationsgefahren und Trennungserfahrungen aufgefangen werden können.
- Zum andern interpretieren Kinder und Jugendliche verstärkt Schule als einen Ort, an dem subjektiv existentielle Fragen geklärt werden sollen: allgemeine Probleme wie Frieden, Krieg, ökologische Krise, Armut; persönliche Sinnfragen wie Freundschaft, Sexualität, Krankheit, Tod, Glaube; existentiell-praktische wie Berufsfindung, Arbeitslosigkeit, Wohnen, Familiengründung.

Die Schule wird also nicht nur sozial wichtiger, sondern erhält nun von den Kindern und Jugendlichen identitätsstiftende, zumindest identitäts*klärende* und damit auch *wertereflektierende* Aufgaben zugeschrieben. Diese Rolle von Schule geht weit über die herkömmliche »Sozialisationsfunktion« hinaus; sie wird ein Stück Drehpunkt der Lebenswelt. Schulen müssen, um auf die psycho-soziale Lage vieler Kinder und auf ihre Fragen eingehen zu können, Zeit geben und (veränderte) Räume schaffen; von den Lehrerinnen und Lehrern erwarten viele Jugendliche, daß sie ihnen beratend, zumindest zuhörend, zur Verfügung stehen, sie also neben ihrer Fachunterrichtsfunktion gleichsam sozialpädagogische Aufgaben übernehmen. Das alles meint die Rede von der Schule als »Haus des Lernens«. Darin stecken Überforderung und Chance zugleich. Einerseits: Lehrer, die vor allem die Wissenschaft und Didaktik ihrer Fächer gelernt haben, sind in der Regel nicht für Beratung ausgebildet. Andererseits: In der Erwartung an die Lehrer steckt die Chance, daß die Pädagoginnen und Pädagogen zur »klassischen« Aufgabe von Bildung und Erziehung finden, nämlich den selbständig werdenden Heranwachsenden unterstützend bei ihrer Identitätsfindung und -klärung beizustehen.

5.3 Identität *durch* Verständigung: Überlegungen zum Ort von Religion in der Schule von morgen

Die pädagogisch und bildungspolitisch strittige Grundsatzfrage lautet: Wie soll Schule künftig die Auseinandersetzung mit den allgemeinbildenden Fragen des menschlichen Selbst- und Weltverständnisses organisieren?

Einigermaßen *unstrittig* ist, daß alle Schülerinnen und Schüler Gelegenheit erhalten sollen, sich mit der Vielfalt ihrer Alltagswelt vertraut zu machen und sich über die Differenziertheit der eigenen wie fremder kultureller und religiös-weltanschaulicher Lebenswelten und Traditionen informieren zu können. Weithin unstrittig ist auch, daß die Schule nach Wegen suchen muß, auf die Begegnung zwischen Menschen unterschiedlicher Prägung vorzubereiten, Verstehen und Toleranzfähigkeit anzubahnen und einzuüben. *Strittig* ist, wie dieses Ziel erreicht werden kann: »Identität und Verständigung«, das Motto der EKD zur Frage des Religionsunterrichts setzt auf ein Nacheinander dieser Schritte: zuerst Identitätsbildung im konfessionellen Sinne, dann Verständigung mit anderen Wertesystemen. Dieses eingeengte Verständnis von Identität steht auf dem Prüfstand.

In der Kontroverse um das Schulfach LER zeigt sich eine gesellschaftspolitische Problemfrage, die das Ausmaß der Emotionalität erklärt, mit der diese Diskussion geführt wird, ebenso das öffentliche Interesse, das diese Auseinandersetzung findet und die Parteinahme in der Presse, die teilweise jegliche Form von Distanz zum Gegenstand und journalistische Sorgfaltspflicht in der Berichterstattung vermissen läßt.[27] Die Problemfrage lautet nicht mehr nur, *wie* die Schulen in der Bundesrepublik eine konfessionelle christlich-religiöse Identität vermitteln sollen, sondern *ob* dies überhaupt Ziel der allgemeinbildenden Aufgaben von Schule sein soll. Es geht bei diesen schulpädagogischen Fragen auch um die genauere Trennschärfe zwischen Glaubensbildung als Sache der Religionsgemeinschaften auf der einen und eine didaktisch reflektierte Berücksichtigung der Dimension von Wertorientierung und Wertklärung generell im Rahmen schulischer Allgemeinbildung auf der anderen Seite. Wie kann einerseits eine Ausblendung oder Einebnung religiöser und weltanschaulicher Orientierung und Gegensätze vermieden werden und andererseits beachtet werden, daß theoretische wie praktische Ethik auch ohne religiöse Letztbegründungen möglich sind?

Am Ende unseres Weges durch zentrale Aspekte der einschlägigen Diskussion ergibt sich folgendes Bild:

Der herkömmliche, nach Konfessionen getrennt erteilte Religionsunterricht erscheint als Anachronismus; seine Krise ist auf dem Weg didaktischer Modernisierung allein nicht zu lösen. Er hat politisch-gesellschaftlich wie pädagogisch weithin seine Akzeptanz verloren. Allein die Katholische Kirche hält an ihrer Auslegung des Konfessionalitätsprinzips fest, findet dafür aber an der Basis der Religions-

27. Ein interessanter Untersuchungsgegenstand in diesem Zusammenhang könnte die Berichterstattung der F.A.Z. zum Thema LER und Religionsunterricht sein.

lehrerinnen und Religionslehrer und bei den eigenen Religionspädagogen immer weniger Verständnis. Eine Kooperation der beiden christlichen Kirchen ist allenfalls ansatzweise im Blick und auf Zusammenarbeit in einzelnen Projekten beschränkt. Die Evangelische Kirche öffnet zwar ihren Religionsunterricht für alle interessierten Schülerinnen und Schüler, hält aber gleichzeitig an seiner konfessionellen Identität als eigenständiges Fach fest, auch dort, wo über eine Fächergruppe nachgedacht wird.
Als weiterführende Lösungsversuche bieten sich *zwei Wege* an, die zur Problemlösung führen können und nicht nur kosmetische Nachbesserungen des Status quo darstellen. Der eine Weg heißt: Weiterentwicklung des Religionsunterrichts zu einem interreligiösen Religionsunterricht der Religionsgemeinschaften im Sinne von »Religionsunterricht für alle«, der andere Weg setzt auf ein integratives allgemeinbildendes staatliches Schulfach nach dem Beispiel von LER in Brandenburg, ggf. ergänzt durch spezielle Angebote der Kirchen und Religionsgemeinschaften. Möglicherweise erweist sich jeder der beiden Wege für spezielle regionale Gegebenheiten als paßförmig.
Die beiden als zukunftsfähig erachteten Lösungsmöglichkeiten sollen noch einmal abschließend zusammengefaßt und erörtert werden. Beide Ansätze sind relativ weit ausgearbeitet und erprobt und entwickeln von unterschiedlichen Zugangswegen aus weiterführende Perspektiven.

Interreligiöses Lernen als »Religionsunterricht für alle« der Religionsgemeinschaften

Das »Hamburger Modell«[28] geht von der bestehenden grundgesetzlichen Verankerung des Religionsunterrichts als ordentlichem Lehrfach aus, der gemäß Art. 7.3 GG »in Übereinstimmung mit den Grundsätzen der Religionsgemeinschaften« zu erteilen ist. Im Unterschied zu der üblichen Lesart, dieses Übereinstimmungsgebot allein durch Trennung des Religionsunterrichts nach christlichen Großkonfessionen zu realisieren, schlägt der »Gesprächskreis In-

28. Vgl. auch oben 3.2 und 3.3.

terreligiöser Religionsunterricht in Hamburg« (*GIR* in *HH*) einen anderen Weg ein. Er plädiert dafür, die bereits länger in Hamburg praktizierte Form eines gemeinsamen Religionsunterrichts für Schülerinnen und Schüler aller religiösen Bekenntnisse weiterzuentwikkeln.[29] Die vorgelegten Empfehlungen sind formuliert

- in Bindung an die eigenen religiösen Traditionen und Überzeugungen sowie in Orientierung am theologischen und pädagogischen Denken der jeweiligen Religionsgemeinschaft sowie
- im Interesse des allgemeinen Bildungsauftrags der Schule in Hamburg unter den Bedingungen der kulturellen und religiösen Vielfalt in dieser Stadt und ihrer Verflechtung in europäische und weltweite politische Verhältnisse und Strukturen.[30]

Am *GIR* in *HH* sind bisher Judentum, Buddhismus, Christentum und Islam beteiligt. Sie sind sich darüber einig, angesichts der besonderen historischen, politischen, gesellschaftlichen und kulturellen Bedingungen von Schule und Unterricht in der Stadt Religionsunterricht nicht nach Religionen und Konfessionen getrennt erteilen zu wollen, sondern als gemeinsames Fach, das offen ist für alle Schülerinnen und Schüler, die daran teilnehmen wollen, auch solche nichtreligiöser Überzeugungen. Angesichts von Pluralisierung und Individualisierung auch der religiösen Überzeugungen in der Gesellschaft, sieht der *GIR* in einem gemeinsamen Unterricht einen Beitrag, die Schülerinnen und Schüler bei der Entwicklung von Lebensentwürfen zu unterstützen, ihre Suche nach Sinn und Halt in ihrem Leben zu fördern und sie zum Leben zu ermutigen. Der gemeinsame Religionsunterricht soll die Heranwachsenden

29. Die dazu vorgelegten Empfehlungen stützen sich auf entsprechende Erklärungen der folgenden Religionsgemeinschaften: Tibetisches (buddhistisches) Zentrum e.V. Hamburg, Konferenz Muslime Hamburgs; Kirchliche (evangelische) Seite der Gemischten Kommission Schule/Kirche in Hamburg; Alevitisches Kulturzentrum Hamburg e.V. sowie auf die Lehrpläne und auf neue Lehrplanentwürfe für den Religionsunterricht in Hamburg.
30. Zum folgenden vgl. oben Kap. 3.3 sowie Gesprächskreis Interreligiöser Religionsunterricht in Hamburg (1997).

anregen, existentielle und gesellschaftliche Grundfragen »in gemeinsamer Erinnerung grundlegender Geschichte und Symbole der Religionen und in gemeinsamer Vergewisserung von Menschen verschiedener religiöser Überzeugungen zu klären.«
Unbeschadet ihres eigenen Standorts sollen für die Lehrer die folgenden beiden Annahmen leitend sein:

»daß Menschen in ihren jeweiligen religiösen Traditionen und lebendigen Glaubensüberzeugungen eigene Wege zur Wahrheit und zur Vergewisserung von Lebenssinn gefunden haben;
daß die Religionen – bei allem Mißbrauch in Geschichte und Gegenwart – in ihren Geschichten, Bildern und Symbolen, Weisungen und Ritualen eine unschätzbare Fülle an Möglichkeiten zu existentieller Selbstvergewisserung, kultureller Teilhabe sowie ethischer und politischer Orientierung enthalten.«.[31]

Fluchtpunkt für das kritische Lernen in diesem Fach soll die Orientierung an den Menschenrechten sein, welche die Schüler befähigen soll, »die Ambivalenzen innerhalb jeder Religion und ihrer Traditionen zu sehen und unterscheiden zu lernen, wo Religionen der Befreiung der Menschen dienen oder zu ihrer Unterdrückung mißbraucht werden«.[32] Eingebettet sind die Ziele dieses Unterrichts in die allgemeinen Bemühungen einer inneren Schulreform. »Religionsunterricht für alle« soll durch die Religionsgemeinschaften auf der Basis von Art. 7.3 GG gemeinsam gestaltet und verantwortet werden und auch christliche und andere religiöse Minderheitengruppen einschließen. Indem er »den religiösen Reichtum der Menschheit zu seinem inneren Ausgangspunkt macht und in ihm Gemeinsames und Verschiedenes, ›Fremdes‹ und ›Eigenes‹ zu entdecken und zu verstehen versucht, trägt (er) dazu bei, die kulturelle und religiöse Identität der Schülerinnen und Schüler zu schützen und zu fördern.«
Diesem Vorschlag aus Hamburg ist zu wünschen, daß er nicht an der Blockade religiöser Partialinteressen scheitert und Unterstützer auch in anderen Bundesländern findet. Er steht – ähnlich wie LER – im Gegensatz zu den religionspädagogischen Vorstellungen zumindest der Katholischen Kirche. Mit den ihn leitenden religi-

31. A.a.O., 105.
32. 106.

onshermeneutischen Gesichtspunkten dürfte auch die EKD Probleme haben. Das Konzept eines »Religionsunterrichts für alle« versucht, die Möglichkeiten des Art. 7.3 GG durch interpretative Weiterentwicklung voll auszuschöpfen. Gegen LER grenzt sich dieser Vorschlag ausdrücklich ab, allerdings mit einem Argument, das die üblichen Vorurteile tradiert und daher ins Leere läuft: Die Formel »bekenntnisfrei und religiös und weltanschaulich neutral« wird mit »distanziertem und vermeintlich neutralem Standpunkt« verwechselt. Darauf ist sogleich noch einmal zurückzukommen.

Noch einmal: Lebensgestaltung-Ethik-Religionskunde

Im Unterschied zu einem »Religionsunterricht für alle« nach Hamburger Konzept, der ein Fach der Religionsgemeinschaften darstellen soll, stellt LER ein allgemeinbildendes staatliches Schulfach dar. LER (übrigens im Grundsatz ebenso wie Philosophie in NRW) soll den Schülerinnen und Schülern helfen, eigene Sinn- und Wertorientierungen zu finden, die innerhalb der pluralen Struktur unserer demokratischen Gesellschaft Identität stiften und zu verantwortlichem Handeln anleiten können, ohne dabei eine *bestimmte* religiöse oder weltanschauliche Tradition zu bevorzugen oder gar normativ zu setzen. Dabei soll didaktisch gesichert werden, daß es sich nicht um bloße instruierende Informationsveranstaltungen handelt, wie LER aufgrund eines (beabsichtigten?) Mißverständnisses des staatlichen »Neutralitätsgebots« immer wieder zu Unrecht unterstellt wird. Der grundlegende lebensweltliche Bezug des Fachs (»Lebensgestaltung«) sowie die Urteilsfähigkeit einübende und auf Handlungsorientierung zielende Dimension (»Ethik«) sollen die *selbständige Auseinandersetzung* der Schülerinnen und Schüler mit den großen religiösen und weltanschaulichen Traditionssystemen und Lebensdeutungen und den ihnen innewohnenden Optionen für gutes und gelingendes Leben (»Religionskunde«) didaktisch steuern. Ziel ist nicht ein spezifisches religiöses Vertrautwerden oder die Vermittlung spezieller Zugehörigkeitserfahrungen. Im Unterschied zum Religionsunterricht zielt LER auch nicht darauf, den Schülerinnen und Schülern »auf dem Weg der Erschließung ihrer Gottesbeziehung«[33] zu helfen. Diese

Aufgaben sollen den Kirchen bzw. Religionsgemeinschaften vorbehalten bleiben. Ziel des Unterrichtsfachs LER ist vielmehr das Kennenlernen und die Auseinandersetzung mit religiös-weltanschaulichen Positionen *im Zusammenhang* lebensgestalterischer Grundfragen und ethischer Begründungs- und Handlungskonflikte. Auf der Ebene der Lehrenden läßt sich der Unterschied so darstellen: Während von den Religionslehrerinnen und -lehrern in besonderer Weise die Kompetenz erwartet wird, die Glaubenswelt *einer* religiösen Traditionslinie (in ihrer konfessionellen Gestalt) mit der Lebenswelt der Schülerinnen und Schüler zu korrelieren, eine *bestimmte* religiös-konfessionelle Überlieferungslinie authentisch zu repräsentieren und spirituelle »Hebammendienste« im Zusammenhang der »Erschließung der Gottesbeziehung« zu leisten,[34] wird von denjenigen, die LER unterrichten, eine Form von »Pluralitätskompetenz« und »Differenzkompetenz«[35] verlangt. Damit ist gemeint, daß sie sich in den einschlägigen ideengeschichtlichen und religionsgeschichtlichen Entwicklungen auskennen und sie in ihren aus jeweiligen kulturell-religiösen Kontexten erwachsenden Sinn- und Wertannahmen angemessen offenlegen können.

Damit ist noch einmal das vieldiskutierte Problem der »Neutralität« angesprochen. LER ist laut brandenburgischem Schulgesetz »bekenntnisfrei, religiös und weltanschaulich neutral« (§ 11.3) zu unterrichten. Entweder wird LER von seinen Gegnern unterstellt, mit »Neutralität« sei »Standpunktlosigkeit« gemeint, oder es wird nicht selten von den gleichen Kritikern geargwöhnt, die jeweilige »Lebensperspektive und Grundorientierung des Lehrers« – gedacht und meist auch ausgesprochen wird agnostische, religionskritische oder atheistische Grundorientierung – werde in den Antwortversuchen der Lehrenden auf Schülerfragen durchschlagen. Hier werden Anfragen und Mutmaßungen der Wissenschaftlichen Begleitung hinsichtlich der Tatsache, daß die LER-Lehrerinnen und -Lehrer

33. Vgl. J. Hänle (1997), 105ff.
34. J. Hänle, 111.
35. Vgl. dazu im Blick auf den Philosophieunterricht: R.W. Henke (1997), 93ff.

früher, wenn auch nicht Staatsbürgerkunde, so aber doch in der DDR-Schule unterrichtet haben (Brandenburg war bekanntlich Land der DDR), zu einer Vorverurteilung funktionalisiert. Dagegen ist darauf zu verweisen, daß schon in dem Positionspapier zur öffentlichen Diskussion »Gemeinsam leben lernen« zum Verständnis der Bestimmung, daß LER »bekenntnisfrei, religiös und weltanschaulich neutral« zu unterrichten ist, Stellung genommen wird. Es heißt dort unmißverständlich:

»Grundvoraussetzung für die Tätigkeit als Lehrkraft für den Modellversuch ist das Vertrauen der Schülerinnen und Schüler und ihrer Eltern (Votum der Schulkonferenz) sowie ihre persönliche und pädagogische Eignung (aus diesem Grunde werden ehemalige Staatsbürgerkundelehrer nicht als Fachlehrer eingesetzt). Von den Personen, die im Lernbereich bzw. Fach tätig werden wollen, wird die Bereitschaft erwartet, sich selbst in Frage zu stellen, sich in die Lebenssituation und die Lebensprobleme der Schülerinnen und Schüler einzufühlen und eigene Gefühle wahrzunehmen und zu äußern, ganzheitliches, emotionales und gruppenorientiertes Lernen zu entwickeln, eigene Standpunkte offen darzulegen und zwischen Vertretern unterschiedlicher Weltanschauung und Religion und den Schülerinnen und Schülern den Dialog zu ermöglichen und zu fördern.«

Konkretisierend wird in den »Unterrichtsvorgaben LER« dazu ausgeführt:

»Die Lehrkräfte sollen im Unterricht ihre persönlichen Auffassungen und ihren Erfahrungshintergrund deutlich machen und zu erkennen geben, wo sie sich auf Fakten oder Quellen beziehen und wo sie Glaubensvorstellungen, Meinungen, Vermutungen, Gefühle und Empfindungen äußern, da in der gemeinsamen Suche nach Orientierungen ihrer eigenen Haltung und Überzeugung ein besonderes Gewicht zukomme.«

Unter den LER-Lehrerinnen, die im Modellversuch qualifiziert wurden und unterrichtet haben, befanden sich keine früheren Staatsbürgerkundelehrer. Wer solches in der Auseinandersetzung behauptet, tut dies entweder aus Unkenntnis oder interessengeleitet gegen besseres Wissen. Fragen kann man sicherlich, ob Lehrerinnen und Lehrer, die zunächst aufgrund ihrer Biographie keine innere Beziehung zu Religion hatten und sich selbst erst aufgrund ihres Interesses für die Mitarbeit am Modellversuch LER völlig neu auf den Gegenstandsbereich Religion innerhalb von LER einlassen mußten, in der Lage sind, religiöse Vorstellungswelten, Sinndeutungen und Lebensformen zu entschlüsseln, zu verstehen und für eine Reflexion in der Klasse didaktisch aufzubereiten. Diese Frage unterscheidet sich allerdings von der für eigene bildungspolitische Interessen (Einführung von konfessionellem Religionsunterricht) politisch umgemünzten Unterstellung, die auch davor nicht zurückschreckt, LER-Lehrer wegen ihrer DDR-Biographie zu denunzieren. Ähnliche Fragen sind im übrigen auch an die Ausbildung von Religionslehrerinnen und -lehrern zu stellen und an alle Bemühungen um interreligiöses Verstehen und interkulturelles Lernen. Die Ausbildung für ein solches Lernen erfordert eine besondere Qualität religionswissenschaftlicher und religionspädagogischer Studien. Ähnliches gilt übrigens auch für ein – im Vergleich zur Lerntradition der DDR-Schule – strukturell verändertes Lernkonzept, das keinesfalls auf LER beschränkt ist, sondern generell Teil der eingeleiteten inneren Schulreform.

Der Unterricht im Fach LER soll »engagiert« – nicht »distanziert« – sein, ohne zu indoktrinieren oder eine eigene Zivilreligion oder »Staatsreligion« zu vermitteln. Es wird weder »absolute Neutralität« zum Prinzip von LER erhoben noch Beliebigkeit oder Positionslosigkeit das Wort geredet, sondern Dialogfähigkeit angestrebt. Da LER als allgemeinbildendes Schulfach konzipiert ist, teilt LER die Wertorientierungen des Bildungsverständnisses der Landesverfassung des Landes Brandenburg, zu deren Umsetzung dieses Schulfach einen eigenständigen Beitrag leisten soll, unterliegt aber keiner *bestimmten* weltanschaulichen, religiösen oder konfessionellen Bindung. Die aus dem juristischen Sprachgebrauch stammende Neutralitätsformel bedeutet keine Standpunktlosigkeit, weder auf Seiten der Lehrkraft noch auf Schülerseite, sondern verlangt, daß - abgesehen von den Wertsetzungen, auf die Schule sich insgesamt bezieht - keine Position im Unterricht für alle verbindlich gemacht werden darf. Didaktisch formuliert heißt das: Unterricht dekretiert nicht, sondern ist diskursiv.[36]

36. Vgl. G. Otto (1997), S.9.

Identität *durch* Verständigung[37]

Ein grundlegendes Argument, das von seiten der Gegner von LER – ebenso wie Gegnern eines Religionsunterrichts, der sich als interreligiöses Lernen versteht – immer wieder vorgebracht wird, fußt auf der These, interreligiöses Lernen und interreligiöses Gespräch seien erst dann sinnvoll möglich, wenn derjenige, der sich mit anderen religiösen Welt- und Lebensauffassungen auseinandersetzen solle, eine eigene religiöse Identität ausgebildet hätte – gemeint ist dabei stets die konfessionelle im Sinne der überlieferten Kirchen-Konfessionen. Folglich habe der Religionsunterricht die Aufgabe, die von den Schülern mitgebrachte religiös-konfessionelle Identität durch Vergewisserung und Differenzierung zu unterstützen oder auch erst aufzubauen und zu profilieren. Konfessionalität wird in solchen Vorstellungen als eine Art »Sturmgepäck« verstanden, mit dem die Heranwachsenden zunächst ausgerüstet werden müssen, bevor sie dem »rauhen Wind« der religiösen Vielfalt ausgesetzt werden dürfen.[38]

Dagegen wird von den Verfechtern von LER und den Anhängern eines Religionsunterrichts, der sich als interreligiöses Lernen versteht, berechtigterweise geltend gemacht, daß Identität und Identitätsbildung dynamisch als permanenter Prozeß zu begreifen ist, in dem sich im Verlauf der Begegnung verschiedenerer – auch religiöser – Lebenskonzepte und Weltdeutungen eine Art »Identitätsgewebe«[39] entwickelt, das sich im Verlauf der weiteren Lebensgeschichte differenziert, verändert, verdichtet oder auch zerreißt. Gegen ein statisches Verständnis von Identität wird mit Recht darauf hingewiesen, daß Identität im Dialog mit dem jeweils Anderen entsteht, Eigenes in der Begegnung mit Fremdem: »Eigenes und Fremdes ... gehen in einer multikulturellen Gesellschaft in einen je individuellen Kulturationsprozeß der Kinder und Jugendlichen ein.«

37. Diese Überschrift knüpft an den Titel der Denkschrift der EKD »Identität und Verständigung« an. Daß anstelle von »und« hier »durch« gewählt wird, ist durchaus programmatisch gemeint und signalisiert ein abweichendes Verständnis vom Prozeß religiöser Identitätsbildung in der Gegenwart.
38. F. Doedens (1996), 4.
39. H.-G. Ziebertz, zitiert bei Doedens, a.a.O.

Das klassische Verständnis von konfessionellem Religionsunterricht der Gegner von LER zielt auf die Ausbildung einer konfessionell-christlichen Identität im Sinne klassischer konfessioneller Identitäten – wie sie außerhalb ganz spezieller kirchlicher Zirkel kaum mehr bekannt sind –, die dann als »das Eigene« auf »das Andere« der Weltreligionen oder auf »das Fremde« der Religionslosigkeit verweist. Ein solches Identitätsverständnis trifft weder das Selbstverständnis der Schülerinnen und Schüler noch die Komplexität des religiösen und weltanschaulichen Pluralismus unserer Gesellschaft.

Religionskunde oder religiöse Unterweisung

Einen wesentlichen Punkt der Auseinandersetzung betrifft das Verständnis von »Religionskunde« auf der einen und »religiöser Unterweisung« auf der anderen Seite (in Verbindung damit steht auch die Frage nach den Bezugswissenschaften Religionswissenschaft einerseits und Theologie andererseits).
Die Gegner von LER – unter denen sich viele (vor allem westdeutsche) Theologen finden – bestreiten die Möglichkeit und Sinnhaftigkeit, Religion oder Religionen im Sinne einer Religionskunde zum Gegenstand von Unterricht zu machen, zumal mit Schülern, die sich nicht zuvor eine spezielle Religion lebenspraktisch angeeignet haben. Ein sich (religions)wissenschaftlich gebender Blick könne nur die Außenseite von Religion erreichen und müsse zwangsläufig zu Mißverständnissen und Verzeichnungen führen, heraus käme eine Art »Zivilreligion« oder gar »Staatsreligion«. Statt Raum zu schaffen, religiöse Traditionslinien darzustellen und zu vermitteln, was Aufgabe des Staates sei, der solche Orientierungen einerseits zu seinem Fortbestand brauche, sie andererseits aber nicht selbst erzeugen könne (und dürfe), wolle der Staat selbst definieren, was Religion sei. Religionskunde habe allenfalls dort einen Sinn, wo eine religiöse Orientierung bereits lebenspraktisch erworben und von innen erfahren sei. Religionskunde wird polemisch mit dem Besuch im Zirkus im Zeitalter des Kolonialismus verglichen; Vertreter anderer religiöser Orientierungen würden wie »Exoten« zur Besichtigung vorgeführt. Hinzugefügt wird noch: Wer verschiede-

ne Religionen im Zusammenhang von Religionskunde thematisiert, erweckt – weil alle als in gleicher Weise gültig nebeneinandergestellt werden – dadurch den Eindruck, sie seien gleichgültig. Dahinter verbergen sich Unkenntnis oder ein Mißverständnis dessen, was religionswissenschaftliches Arbeiten im Unterschied zu Theologie ausmacht.

Mit dem Thema Religion beschäftigen sich heute verschiedene Wissenschaften sowie religiöse und nichtreligiöse Institutionen. In Europa sind nicht nur die christlichen Theologien, die christlichen Kirchen und christlichen Religionsgemeinschaften für das Thema Religion zuständig. Sie beschäftigen sich jeweils mit der Religion innerhalb ihres spezifischen christlichen Referenzrahmens. Es gibt jedoch – historisch wie aktuell – bei der Beschäftigung mit Religion in den verschiedenen kulturellen Zusammenhängen auch andere Referenzrahmen. Die Philosophie, aber auch die in der Neuzeit aus ihr hervorgegangenen Wissenschaften wie die Soziologie, die Politikwissenschaft, die Psychologie, die Ethnologie und die Kulturwissenschaft erörtern das Thema Religion und haben eine Vielzahl von methodischen Herangehensweisen und Begriffen von Religion entwickelt. So kommt auch der Religionswissenschaft, die sich – jenseits von Philosophie und Theologie – wissenschaftlich mit dem Thema Religion und dem Erlernen der »Sprache Religion« befaßt, eine wichtige Rolle als Bezugswissenschaft für LER zu.

Der Unterschied der beiden benachbarten wissenschaftlichen Beschäftigungsweisen mit Religion kann folgendermaßen beschrieben werden: Die Theologien als Wissenschaften der Selbstthematisierung einer konkreten Religion leben aus dem jeweiligen Glauben, dienen seinem Vollzug und werden im Rahmen der jeweiligen Glaubensgemeinschaft verantwortet. Sie interpretieren die Themen ihrer speziellen religiösen Überlieferung im Horizont der Gegenwart und die der Gegenwart im Horizont ihrer speziellen Überlieferung. Die Wahrheitsfrage ist für sie jeweils entschieden. Die Religionswissenschaft ihrerseits versucht Strukturen und Bedingungen religiösen Handelns (historisch wie gegenwärtig) in ihrer geschichtlichen Vermitteltheit zu erfassen. Sie studiert Religionen (einschließlich der christlichen) und religiöse Bewegungen als Produkte und Ausdruck menschlicher Kultur und beschreibt und interpretiert sie u. a. unter soziologischen, psychologischen, ethnologischen, geographischen, ästhetischen Aspekten. Im Unterschied zu einer allein ideengeschichtlichen Analyse fremder und eigener Religionen versucht die sich als kulturtheoretische Disziplin verstehende Religionswissenschaft, auch die »Umsetzung von Religion in Kultur« (Kippenberg) zu erfassen.[40]

Die Religionswissenschaft *beschreibt (*deskriptiv und komparativ*) ähnlich wie die* Ethnologie[41] den Gegenstand Religion, deren Vorstellungen, Riten und Werte. Sie stellt mit ihren unterschiedlichen Methoden die Optionen der Religionen (und Weltanschauungen) als Optionen der Kontingenzbewältigung dar. Indem religiöse Vorstellungen als Ausdrucksformen anthropologischer Grundfragen vorgestellt werden, können ihre Werte- und Verhaltenskonsequenzen erhellt werden und ein Weg von der Pluralität der Stimmen zu einem – wenn vielleicht auch zunächst simulierten – Religions- und Wertedialog angebahnt werden. Durch den Vergleich verdeutlicht religionswissenschaftliches Fragen und Untersuchen die Erkenntnis der Kulturverflochtenheit der menschlichen Erfahrungs- und Deutemuster, hilft so anthropologische Gemeinsamkeit und kulturelle Differenz verständlich und nachvollziehbar zu machen, in der Hoffnung auf wachsende Dialogbereitschaft und -fähigkeit. Mit der Anwendung säkularer Deuteschemata auf Religion, religiöse Phänomene und Glaubenshaltungen werden die Grenzen einer fairen religionskundlichen Darstellung keineswegs überschritten,[42] sondern zuallererst die Voraussetzungen für einen verstehenden Umgang mit der Pluralität von Optionen und Wertvorstellungen geschaffen. Wenn Religion Gegenstand argumentativer Auseinandersetzung ist, setzt

40. Vgl. dazu C. Geertz (1987), 44ff.; Kippenberg (1997).
41. Vgl. dazu C. Geertz (1987), 7ff.
42. So die Argumentation in der Verfassungsbeschwerde der Ev. Kirche in Berlin-Brandenburg (Prof. Dr. Link, 1996, 67ff). Die Ev. Kirche sieht sich in ihren Grundrechten hinsichtlich des religionskundlichen Anteils in LER verletzt. Dabei wird unterstellt, die religionskundliche Perspektive stelle eine »Außensicht« dar, während »zunächst und primär das Selbstverständnis der jeweiligen Religionsgemeinschaft Gegenstand ... zu sein habe«.

dies die Möglichkeit einer Distanz zum Gegenstand dieser Auseinandersetzung voraus. Nicht jede Rede von Religion ist argumentativ. Bestimmte Dimensionen von Religion entziehen sich diesem Diskurs. So sind etwa Bekenntnisse zu religiösen Systemen, Glaubensäußerungen oder religiöse Rede nur bedingt diskursfähig. Dies ist im Unterricht zu beachten.

Für »Religion« in LER gilt der gleiche Grundsatz wie für die Religionswissenschaft: Nicht Fremdheit und »Exotismus«[43] sind primärer Focus, sondern ihre aktuelle Präsenz im sozialen Umfeld sowie ihre langfristige Integration in den kulturellen Kontext; konkret bedeutet das die Präsenz und den Einfluß der großen Religionen in Europa: neben dem Christentum das Judentum, der Islam, der Buddhismus und der Hinduismus in seinen europäischen Rezeptionen und Variationen.[44] Eingeschlossen ist ebenso die Auseinandersetzung mit neueren religiösen Bewegungen und deren Bezugssystemen wie auch die Beschäftigung mit den religiös vermittelten und religionsgeschichtlichen Hintergründen von Grundaxiomen unserer Gesellschaft.[45] Da LER die Erkenntnis ernst nimmt, daß sich »Religion« in einer Vielzahl von Religionen (diese z. T. wieder in Konfessionen o. ä.) realisiert, sind – soweit vorhanden – die speziellen »Theologien« als Disziplinen der Selbstvergewisserung der jeweiligen Religion (hier vorrangig christliche – monokonfessionell als evangelische bzw. katholische Theologie organisiert –, jüdische sowie islami-

43. Wenn dieser religionswissenschaftlich orientierte Ansatz zur Interpretation von »R« in LER in den politischen Auseinandersetzungen um LER aus der Sicht konfessioneller Theologie mit einem »Besuch eines zoologischen Gartens« verglichen wird, spiegelt diese Bewertung das sich verschärfende, speziell die deutsche Situation charakterisierende wissenschaftspolitische Konkurrenzverhältnis zwischen der sich normativ verstehenden Theologie einerseits und der aus der Theologie entstandenen und inzwischen von ihr unabhängigen Religionswissenschaft als eigenständiger Disziplin andererseits.
44. Vgl. B. Gladigow: Entwurf einer Stellungnahme zum religionsgeschichtlichen Anteil am Ethik-Unterricht. Unveröffentlichtes MS 1995, S. 2
45. Vgl. H.G. Kippenberg: Beteiligung der Religionswissenschaft an der Ausbildung von Ethik-Lehrern. In: E&U 4/1996

sche Theologie) aus Sachgründen weitere gebotene Gesprächspartner von LER.
LER will nicht – auch nicht in seinem Bestandteil »R« –, eine weitere didaktische Modernisierung von Religionsunterricht sein. Spezielle »religiöse Unterweisung« ist nicht im Blickfeld von LER, dies ist in Brandenburg allenfalls Aufgabe des konfessionellen Religionsunterrichts bzw. eigener Veranstaltungen der jeweiligen Religionsgemeinschaften. Entscheidendes Motiv für das Konzept von LER ist die Auffassung, daß die weltanschauliche Trennung der Schülerinnen und Schüler – insbesondere in einem Bereich, in dem es um wesentliche Fragen des Lebens und des menschlichen Zusammenlebens geht – den Herausforderungen, vor die sich Schule heute gestellt sieht, nicht mehr gerecht wird. Durch gemeinsames Lernen aller Schülerinnen und Schüler soll LER angesichts zunehmender Intoleranz und Gewaltbereitschaft in unserer Gesellschaft Verständnis und Toleranz für Fremdes sowie Dialogfähigkeit fördern helfen. Die Situation zunehmender Multireligiosität und einen hohen Anteil Konfessionsloser teilt Brandenburg – mit Modifikationen im einzelnen – mit weiten Teilen in westdeutschen Bundesländern, zumindest im großstädtischen Bereich. Ein Beitrag zur Integrationsaufgabe der Schule liegt darin, allen Schülerinnen und Schülern in informativer und kommunikativer Form den Erwerb von Grundkenntnissen über die Geschichte der Religionen und Weltanschauungen und ihre heutige Vielfalt und Komplexität zu ermöglichen.
Dieser bildungspolitischen Initiative Brandenburgs kommt auch über Brandenburg hinaus eine große Bedeutung zu. LER will kein Ersatz für Religionsunterricht sein. LER tritt nicht an die Stelle eines von den Kirchen oder Religionsgemeinschaften verantworteten Religionsunterrichts. Das Recht der Kirchen und Religionsgemeinschaften, »Schülerinnen und Schüler in den Räumen der Schule nach ihrem Bekenntnis zu unterrichten«, ist ausdrücklich im Schulgesetz des Landes (§ 9.2) verankert. Der Name des Faches »Lebensgestaltung-Ethik-Religionskunde« macht mit der Nennung von »Religionskunde« deutlich, daß Religionen und religiöse Bezüge hier unter allgemeinbildenden Aspekten eine Rolle spielen. Weder

die eigene noch fremde Kulturen noch die Entstehung der für das Zusammenleben zentralen Werte und Normen wären ohne religionskundliches Grundwissen zu verstehen. Im pädagogischen Ansatz von LER findet außerdem der zentrale Aspekt der Schulreform Beachtung, der sein Augenmerk nicht nur auf die reine Wissensvermittlung richtet, sondern auch die sogenannten »soft skills« wie Persönlichkeitsentwicklung (Selbstkompetenz) und soziale Kompetenz ernst nimmt.

LER stellt zusammen mit »Religionsunterricht für alle« die am weitesten ausgebildeten Alternativen bereit zur völlig unbefriedigenden gegenwärtigen Situation mit konfessionellem Religionsunterricht und Ethik als Ersatz für Konfessionsflüchtlinge und Religionslose. Einigkeit zwischen beiden Ansätzen besteht in der Überzeugung, daß die religiöse Dimension in der Gesellschaft und in den persönlichen Lebensgeschichten nicht ausgeklammert werden darf, will Schule ihren Bildungsauftrag nicht verkürzt wahrnehmen. Dies spricht zunächst einmal grundsätzlich für die Thematisierung von Religion in der Schule.[46]

LER bezieht zusätzlich das Feld der den Religionsgemeinschaften gleichgestellten Weltanschauungsgemeinschaften mit ein. Sollte sich bewahrheiten, was zu vermuten ist, daß der vorgeschlagene »Religionsunterricht für alle« in interpretativer Fortschreibung der gängigen Auslegung von Art. 7.3 nicht die Zustimmung der Amtskirchen findet, ist der Staat seinerseits gefordert, aus den Gründen die das Land Brandenburg bewogen haben, einen wertereflektierenden und werterklärenden Unterricht für alle Schülerinnen und Schüler einzuführen. »Lebensgestaltung-Ethik-Religionskunde« weist auch für andere Bundesländer den Weg.

46. Vgl. H. Luther (1991), 2ff.

6. Literatur

Adam, Gottfried/Schweitzer, Friedrich (Hg.) (1996): Ethisch erziehen in der Schule, Göttingen.

Anselm, Helmut (1995): Religion oder Ethik. Ein Beitrag zur Diskussion um die Zukunft von Religionsunterricht und Ethikunterricht, München.

Baacke, Dieter (2. Aufl. 1993): Jugend und Jugendkulturen. Darstellung und Deutung, Weinheim/ München.

Baldermann, Ingo (1986): Wie lernfähig sind unsere Kirchen? Die didaktische Dimension kirchlicher Praxis, in: THP 21, 285ff.

Barz, Heiner (1992): Religion ohne Institution. Jugend und Religion 1, Opladen.

Ders. (1992): Postmoderne Religion am Beispiel der jungen Generation in den Alten Bundesländern. Jugend und Religion 2, Opladen.

Ders. (1993): Postsozialistische Religion am Beispiel der jungen Generation in den Neuen Bundesländern. Jugend und Religion 3, Opladen.

Baudler, Georg (1984): Korrelationsdiaktik: Leben durch Glauben erschließen. Paderborn.

Baumann, Zygmunt (1992): Soil, blood and identity, in: The Sociological Review 40, 675ff.

Ders. (1993): Wir sind wie Landstreicher. Die Moral im Zeitalter der Beliebigkeit, in: Süddeutsche Zeitung, 16./17.11.1993.

Beck, Ulrich u.a. (1996): Reflexive Modernisierung, Frankfurt a.M.

Beck, Ulrich/ Beck-Gernsheim, Elisabeth (1994): Riskante Freiheiten. Individualisierung in modernen Gesellschaften, Frankfurt a.M.

Benner, Dietrich/ Tenorth, Heinz (1996): Bildung zwischen Staat und Gesellschaft, in: ZfPäd, Jg. 42, Heft 1, 3ff.

Bergau, Wolfgang (1989): Der Traditionsabbruch bei Jugendlichen – Ursachen und Folgen, in: Ders. (Hg.): Die neuen Schüler – Jugend ohne Gott?, Hannover, 17ff.

Berger, Peter L. (1980): Der Zwang zur Häresie. Religion in der pluralistischen Gesellschaft, Frankfurt a.M.

Ders. (1994): Sehnsucht nach Sinn. Glauben in einer Zeit der Leichtgläubigkeit, Frankfurt/ New York.

Bermann, Morris (1983): Wiederverzauberung der Welt. Am Ende des Newtonschen Zeitalters, München.

Bernhardt, Reinhold (Hg.) (1991): Horizontüberschreitung. Die pluralistische Theologie der Religionen, Gütersloh.

Biehl, Peter (1985): Symbol und Metapher. Auf dem Wege zu einer religionspädagogischen Theorie religiöser Sprache, in: JRP 1 (1984), Neukirchen-Vluyn, 29 ff.

Ders. (1991): Der biographische Ansatz in der Religionspädagogik, in: Ders.: Erfahrung, Glaube und Bildung. Studien zu einer erfahrungsbezogenen Religionspädagogik. Gütersloh, 224ff.

Ders. (2. Aufl. 1991): Symbole geben zu lernen. Einführung in die Symboldidaktik anhand der Symbole Hand, Haus und Weg, Neukirchen-Vluyn.

Ders. (1993): Symbole geben zu lernen II. Zum Beispiel: Brot, Wasser und Kreuz. Beiträge zur Symbol- und Sakramentdidaktik, Neukirchen-Vluyn.

Biesinger, Albert/Hänle, Joachim (Hg.) (1997): Gott – mehr als Ethik. Der Streit um LER und Religionsunterricht, Freiburg.

Brose, Hanns-Georg/ Hildenbrand, Bruno (Hg.) (1988): Vom Ende des Individuums zur Individualität ohne Ende, Opladen.

Brune, Johannes (Hg.) (1993): Freiheit und Sinnsuche. Religionsunterricht, Ethik, Lebenskunde in der pluralen Gesellschaft, Berlin/Hildesheim.

Büchner, P./ Krüger, K.-H. (Hg.) (1991): Aufwachsen hüben und drüben, Opladen.

Bühlmann, Benno (1996): Ethik-Unterricht als neue Herausforderung, in: RL. Zeitschrift für Religionsunterricht und Lebenskunde 25/2, 32f.

Campenhausen, Axel von (1970): Der Religionsunterricht im weltanschaulich neutralen Staat, in: W.G. Esser (1971), 80ff.

Ders. (1994): Gutachten zum Antrag der Islamischen Föderation in Berlin e.V. auf Erlaubnis zur Erteilung islamischen Religionsunterrichts in öffentlichen Schulen [15.2.1994]).

Cermak, Gerhard (1994): Ethikunterricht als Zwangsersatz oder Auffangfach?, in: Praktische Theologie, Heft 3, S. 231ff.

Ders. (1995): L-E-R: Das Brandenburger Modell und seine Rahmenbedingungen im System des Verfassungsrechts. MS August.

Ders. (1996): Das Pflicht-Ersatzfach Ethikunterricht als Problem der Religionsfreiheit, des Elternrechts und der Gleichheitsrechte, in: Neue Zeitschrift für Verwaltungsrecht, 450ff.

Daiber, Karl-Fritz (1995): Religion unter den Bedingungen der Moderne – Die Situation in der Bundesrepublik Deutschland, Marburg.

Dang, Katharina (1992): Das Bild von Religion in der ehemaligen DDR, in: J. Lott (Hg.) (1992a), 169ff.

Dauber, Heinrich (1989): Was heißt: ‚sich ökologisch bilden‚?, in: R. Preul u.a. (Hg.) (1989), 156ff.

Degen, Roland/Doyé, Götz (Hg.) (1995): Bildungsverantwortung der Evangelischen Kirche in Ostdeutschland. Grundsatztexte, Entwicklungen, Kommentare, Berlin.

Deutscher Katecheten-Verein, der Vorstand (1997),: Zehn Anmerkungen. Zum Bischofswort vom 27.9.1996 »Die bildende Kraft des Religionsunterrichts. Zur Konfessionalität des katholischen Religionsunterrichts«, in: Kat. Blätter 122, 38-41, 38.

Die deutschen Bischöfe (1996): Die bildende Kraft des Religionsunterrichts. Zur Konfessionalität des katholischen Religionsunterrichts, 27. September 1996, Hg.: Sekretariat der Deutschen Bischofskonferenz, Bonn.

Doedens, Folkert (1992): Konfessioneller Religionsunterricht und Ersatzunterricht. Brauchen wir eine Alternative zur Alternative?, in: J. Lott (Hg.) (1992a), 421ff.

Ders. (1994): Interkultureller Religionsunterricht in Hamburg: Lernbereich »Religion-Ethik-Philosophie«, in: I. Lohmann/ W. Weiße (Hg.), 333ff.

Ders. (1996): Thesen zum interreligiösen Lernen – wider den Vorwurf der neutralisierenden Religionenkunde, in: Feuervogel, H. 1, 4ff.

Doyé, Götz/Scheilke, Christoph Th. (1997): Bildung und Religion in der allgemeinbildenden Schule für alle Kinder und Jugendlichen. Zur Debatte um LER, in: Neue Sammlung 37/2, 165ff.

Drehsen, Volker (1995): Alles andere als Nullbock auf Religion. Religiöse Einstellungen Jugendlicher zwischen Wahlzwang und Fundamentalismusneigung, in: Jahrbuch der Religionspädagogik, Bd. 10, 47ff.

Drehsen, Volker/ Sparn, Walter (Hg.) (1996): Im Schmelztiegel der Religionen. Konturen des modernen Synkretismus, Gütersloh.

Eggers, Gerd (1992): Unterricht zu Lebensfragen: Ostdeutsche Konzepte und Entwicklungen nach der Wende, in: J. Lott (Hg.), 188ff.

Ders. (1993a): Lebensgestaltung-Ethik-Reliigon als schulischer Lernbereich. Das Brandenburger Modell, in: Ev. Erzieher 45, 45ff.

Ders. (1993b): »Nun sag', wie hast Du's mit der Religion?« Erlebnisse und Reflexionen um einen Brandenburger Modellversuch im Kontext gesamtdeutscher Schulreform, ZfPäd, 30. Beiheft, 61ff.

Ders. (1996): L-E-R als Symbol ostdeutscher Selbstbestimmung. Der Streit um das neue Unterrichtsfach Lebensgestaltung-Ethik-Religionskunde, in: DLZ 49/50, 20.

Ders. (1997): »Lebensgestaltung-Ethik-Religionskunde«. Studien zu einem umstrittenen Unterrichtsfach. MS.

Ehlers, Dirk (1975): Entkonfessionalisierung des Religionsunterrichts, Darmstadt.

Esser, Wolfgang G. (Hg.) (1970): Zum Religionsunterricht morgen I, München/ Wuppertal.

Ders. (1972): Zum Religionsunterricht morgen III, München/Wuppertal.

Ev. Kirche in Deutschland (1994): Identität und Verständigung. Standort und Perspektiven des Religionsunterrichts. Eine Denkschrift, im Auftrag des Rates der Ev. Kirche in Deutschland hg. v. Kirchenamt der EKD, Gütersloh.

Ev. Kirche in Deutschland. Kammer für Bildung und Erziehung (Hg.) (1985): Ökumenisches Lernen. Grundlagen und Impulse. Eine Arbeitshilfe, Gütersloh.

Ev. Kirche in Hessen und Nassau: Grundsatzpapier der Dozent/innen des RPZ und der Studienleiter/in des RPA. Zur theologischen Begründung des ev. Religionsunterrichts in ökumenischer Öffnung, in: Schönberger Hefte 2/1997, 4ff.

Fauth, Dieter (1995): Die EKD-Denkschrift »Identität und Verständigung« im Licht von religiösen Bildungsbestrebungen im Land Brandenburg, in: Praktische Theologie 30, 239ff.

Ders. (1996): Die Bedeutung der neuen Bundesländer für den Religionsunterricht als Thema in der katholischen Kirche, in: Religionspädagogische Beiträge 37, 17ff.

Ders. (1996): Alternative islambezogene Bildung in Deutschland, in: Al-Fadschr Nr. 83, 14. Jg, S. 27ff.

Ders. (1997): Religion und Bildung im Land Brandenburg in politisch-gesellschaftlicher Sicht, in: Praktische Theologie 32, 145ff.

Feifel, Erich (1997): Zukunftsweisendes Weggeleit? Kritische Würdigung der Erklärung »Die bildende Kraft des Religionsunterrichts«, in: KatBl. 122, 31ff.

Feige, Andreas (1992): Was kann eine qualitative Studie leisten?, in: Jugend und Religion. »Wer glaubt denn heute noch an die sieben Gebote?«, hg. von I. Holzapfel u.a., Bad Boll, 63ff.

Ders. (1993): Jugend und Religion, in: Krüger, Heinz-Hermann (Hg.): Handbuch der Jugendforschung, Opladen, 2. Aufl., 543ff.

Ferchhoff, Wilfried/ Neubauer, Georg (1989): Jugend und Postmoderne. Analysen und Reflexionen über die Suche nach neuen Lebensorientierungen, Weinheim/ München.

Fischer, Dietlind/ Schöll, Albrecht (1994) Lebenspraxis und Religion. Fallanalysen zur subjektiven Religiosität von Jugendlichen, Gütersloh.

Fischer, Wolfgang (1996): Ist Ethik lehrbar?, in: ZfPäd, 42. Jg., Heft1, 17ff.

Fleischer-Bickmann, Wolff (1992): Curriculare Unübersichtlichkeit. Überlegungen zu einer grundlegenden Neustrukturierung des Lernfeldes »Sinn- und Wertorientierung«, in: J. Lott (Hg.) (1992a), 451ff.

Fowler, James W. (1989)*:* Glaubensentwicklung, München.

Ders. (1991): Stufen des Glaubens. Die Psychologie der menschlichen Entwicklung und die Suche nach Sinn, Gütersloh.

Friedrich-Ebert-Stiftung (Hg.) (1993): Individualisierung und Solidarität, Düsseldorf.

Gabriel, Karl (Hg.) (1996): Religiöse Individualisierung oder Säkularisierung. Biographie und Gruppe als Bezugspunkte moderner Religiosität, Gütersloh.

Gabriel, Karl/ Hobelsberger, Hans (Hg.) (1994): Jugend, Religion und Modernisierung. Suchbewegungen kirchlicher Jugendarbeit, Opladen.

Gebauer, Klaus (1992)*:* Islamische Unterweisung und Möglichkeiten interreligiösen Unterrichts in den Schulen von Nordrhein-Westfalen, in: J. Lott (Hg.) (1992a), 103ff.

Geertz, Clifford (1983/1987): Dichte Beschreibung, Frankfurt.

Geißler, Karlheinz. A. (3.Aufl. 1989): Zeit leben. Vom Hasten und Rasten, Arbeiten und Lernen, Leben und Sterben, Weinheim.

Gesprächskreis Interreligiöser Religionsunterricht in Hamburg (1997): Empfehlungen zum Religionsunterricht an öffentlichen Schulen in Hamburg, in: ru. Ökumenische Zeitschrift für den Religionsunterricht, 27, 3, 102ff.

Gestrich, Christof (Hg.) (1996): Ethik ohne Religion?, Berlin.

Gladigow, Bernhard (1995): Entwurf einer Stellungnahme zum religionsgeschichtlichen Anteil am Ethik-Unterricht. Unveröffentlichtes MS.

Gloy, Horst (1997): Dem interreligiösen Religionsunterricht gehört die Zukunft, in: Neue Sammlung 37/2, 231ff.

Goldschmidt, Dietrich (1997): »Lebensgestaltung, Ethik, Religionskunde« (LER) in Brandenburg – eine zeitgemäße Lösung? Ein Modellversuch im Spiegel wissenschaftlicher Begleitung, in: Neue Sammlung 37/2, 187ff.

Goßmann, Klaus/ Scheilke, Christoph Th. (Hg.) (1995): Religionsunterricht im Spannungsfeld von Identität und Verständigung, Münster

Grethlein, Christian/Hanisch, Helmut (Hg.) (1995): Religionsunterricht: Informationen zu einem neuen Unterrichtsfach im Osten, Leipzig.

Gross, Peter (1994): Die Multioptionsgesellschaft, Frankfurt a. M.

Grözinger, Albrecht/ Luther, Henning (Hg.) (1987): Religion und Biographie, München.

Grözinger, Albrecht/ Lott, Jürgen (Hg.) (1997): Gelebte Religion. Im Brennpunkt praktisch-theologischen Denkens und Handelns. Festschrift für Gert Otto zum 70. Geburtstag, Rheinbach.

Habermas, Jürgen (1988): Nachmetaphysisches Denken, Frankfurt a.M.

Hänle, Joachim (1997): Ausbildung von ReligionslehrerInnen – ein Stiefkind der Religionspädagogik, in: A. Biesinger/J. Hänle (Hg.), 105 ff.

Halbfas, Hubertus (1971): Religionsunterricht als »ordentliches Lehrfach«, in: K. Wegenast (Hg.), 173ff.

Ders. (1972): Religionsunterricht und Katechese, in: D. Zilleßen (Hg.), 9ff.

Ders. (1982): Das dritte Auge. Religionsdidaktische Anstöße, Düsseldorf.

Hall, Robert T. (1979): Unterricht über Werte. Lernhilfen und Unterrichtsmodelle, München u.a.

Heinemann, Horst/Stachel, Günter/Vierzig, Siegfried (1970): Lernziele und Religionsunterricht, Zürich u.a.

Heitmeyer, Wilhelm/ Olk, Thomas (Hg.) (1990): Individualisierung von Jugend. Gesellschaftliche Prozesse, subjektive Verarbeitungsformen, jugendpolitische Konsequenzen, Weinheim/ München.

Helfferich, Cornelia (1994): Jugend, Körper und Geschlecht. Die Suche nach sexueller Identität, Opladen.

Helsper, Werner (Hg.) (1991): Jugend zwischen Moderne und Postmoderne, Opladen.

Henke, Roland, W. (1997): Philosophieren in der Schule – aber wodurch?, in: ZDPE 2, 92ff.

Hentig, Hartmut von (1992): Glaube. Fluchten aus der Aufklärung, Düsseldorf.

Heydorn, Heinz-Joachim (1979): Über den Widerspruch von Bildung und Herrschaft, Frankfurt.

Hick, John (1985): Gott und seine vielen Namen, Altenberge.

Hilger, Georg/Reilly, George (Hg.) (1993): Religionsunterricht im Abseits? Das Spannungsfeld Jugend-Schule-Religion, München.

Hillerich, Imma (1996): Beitrag der Schule zur Werteorientierung von Kindern und Jugendlichen. Versuch einer Positionsbestimmung von Bündnis 90/Die Grünen, in: Wozu Ethikunterricht? Erwartungen von Parteien und Verbänden, Harsewinkel, 49ff.

Höffe, Ottfried (1979): Ethikunterricht in pluralistischer Gesellschaft, in: Ders.: Ethik und Politik. Grundmodelle und -probleme der politischen Philosophie, Frankfurt/M., 453ff.

Höhn, Hans-Joachim (1994): GegenMythen. Religionsproduktive Tendenzen der Gegenwart, Freiburg i.Br.

Hornstein, Walter (1990): Aufwachsen mit Widersprüchen – Jugendsituation und Schule heute: Rahmenbedingungen-Problemkonstellationen-Zukunftsperspektiven, Stuttgart.

Huber, Wolfgang (1995): Brief an die Mitglieder des Landtages Brandenburg vom 10.06.1995

Ders. (1997): Melanchthon und das staatliche Schulfach LER. Vortrag im Melanchthon-Haus in Bretten am 20. April, MS.

Hull, John M. (1989): Ideologien und die Bewußtseinsindustrien. Religionsunterricht an den öffentlichen Schulen einer spätkapitalistischen Gesellschaft, in: R. Preul u.a. (Hg.), 171ff.

Issendorf, Bernhard von (1997): Vom Verlust der Wirklichkeitswahrnehmung – oder: »Die bildende Kraft des Religionsunterrichts«, in: Schönberger Hefte 2/1997, 24ff.

Jugendwerk der Deutschen Shell (Hg.) (1992): Jugend '92. Lebenslagen, Orientierungen und Entwicklungsperspektiven im vereinigten Deutschland, 4 Bde, Opladen.

Kaufmann, Franz Xaver (1989): Religion und Modernität. Sozialwissenschaftliche Perspektiven, Tübingen.

Kaufmann, Hans-Bernhard (1968/1973): Muß die Bibel im Mittelpunkt des Religionsunterrichts stehen?, in: G. Otto/ H. Stock (Hg.), überarbeiteter Nachdruck in H.-B. Kaufmann (1973), 23ff.

Ders. (1973): Streit um den problemorientierten Religionsunterricht, Frankfurt.

Kegan, Robert (1986): Die Entwicklungsstufen des Selbst, Fortschritte und Krisen im menschlichen Leben, München.

Keupp, Heiner (1988): Riskante Chancen. Das Subjekt zwischen Psychokultur und Selbstorganisation, Heidelberg.

Ders. (1997): Subjektsein heute. Zwischen postmoderner Diffusion und der Suche nach neuen Fundamenten, in: A. Grözinger/ J. Lott (Hg.), 99ff.

Kippenberg, Hans G. (1996): Beteiligung der Religionswissenschaft an der Ausbildung von Ethik-Lehrern, in E&U 4.

Ders. (1997): Die Entdeckung der Religionsgeschichte. Religionswissenschaft und Moderne, München.

Kirchenkanzlei der EKD (Hg.) (1972): Die ev. Kirche und die Bildungsplanung. Eine Dokumentation, Gütersloh.

Kittel, Helmuth (3. Aufl. 1957): Vom Religionsunterricht zur Evangelischen Unterweisung, Wolfenbüttel 1947.

Klosinski, Gunther (Hg.) (1994): Religion als Chance oder Risiko. Entwicklungsfördernde und entwicklungshemmende Aspekte religiöser Erziehung, Bern u.a.

Knitter, Paul F. (1988): Ein Gott – viele Religionen, München.

Kostedde, Norbert (1991): Was heißt hier Multi-Kulti? Das Nebeneinander der Kulturen kann nur im Rahmen republikanischer Integration funktionieren, in: DIE ZEIT Nr. 46, 8.11.91, 9.

Küng, Hans (1990): Projekt Weltethos, München/ Zürich.

Kutschka, M. (1996): Stellungnahme zum Thema »Verfassungsrechtliche Fragen künftiger schulgesetzlicher Regelungen zum LER-Unterricht und zum konfessionellen Religions-/ Weltanschauungsunterricht im Land Brandenburg«, MS, 4.

Lachmann, Rainer/Rupp, Horst F. (Hg.) (1989): Lebensweg und religiöse Erziehung, 2 Bde, Weinheim.

Lähnemann, Johannes (Hg.) (1995): Religionspädagogische Perspektiven zur interreligiösen Bildung, in: H.-G. Ziebertz/W. Simon (Hg.), 259ff.

Lämmermann, Godwin (1994): Religionspädagogik im 20. Jh., Gütersloh

Lange, Christian/Kriesel Peter (1992): Vorstellungen zu einem künftigen Rahmenplan für »Lebensgestaltung-Ethik-Religion«. MS Ludwigsfelde.

Lange, Christian/Kriesel, Peter (1993): Lebensgestaltung-Ethik-Religion: Modellversuch in Brandenburg. Ein Konzept auf dem Weg zur pädagogischen Praxis / unter Mitarbeit von Gerd Eggers und Ruth Priese, PLIB Werstattheft 9, Ludwigsfelde.

Leschinsky, Achim (1996): Vorleben oder Nachdenken? Bericht der wissenschaftlichen Begleitung über den Modellversuch zum Lernbereich »Lebensgestaltung-Ethik-Religion«, Frankfurt.

Leschinsky, Achim/Schnabel, Kai (1996): Ein Modellversuch als Kreuzweg. Möglichkeiten und Risiken eines moralisch-evaluativen Unterrichts, in: Zeitschrift für Pädagogik 42, 1, 31ff.

Leschinsky, Achim/Tiedtke, Michael (1996): Ethikunterricht zwischen divergierenden Ansprüchen: Der Modellversuch »Lebensgestaltung-Ethik-Religion« in Brandenburg, in: Die Deutsche Schule 88,2, 177ff.

Lessing, Hellmut u.a. (1986): Lebenszeichen der Jugend. Kultur, Beziehung und Lebensbewältigung im Jugendalter, Weinheim/ München.

Link, Christoph (1994): Religionsunterricht, in: Handbuch des Staatskirchenrechts, II, 2. Aufl., § 54.

Lohmann, Ingrid /Weiße, Wolfram (Hg.) (1994): Dialog zwischen den Kulturen. Erziehungshistorische und religionspädagogische Gesichtspunkte interkultureller Bildung, Münster/ New York.

Lott, Jürgen (1991a): Erfahrung-Religion-Glaube. Probleme, Konzepte und Perspektiven religionspädagogischen Handelns in Schule und Gemeinde, Weinheim.

Ders. (1991b): Reform (West) und Einführung (Ost). Ein Plädoyer für einen anderen, nichtkonfessionellen Religionsunterricht, in Frankfurter Rundschau vom 11.Juni, 25.

Ders. (1991c): »Reli«, Ethik und ein Kirchenstreit. Was wird aus der brandenburgischen Alternative zum Konfessionsunterricht?, in: Frankfurter Rundschau, 7.November, 17.

Ders. (Hg.) (1992a): RELIGION – warum und wozu in der Schule? Weinheim.

Ders. (1992b): Religion in der Schule. Plädoyer für einen lebensweltorientierten Religionsunterricht, der die konfessionalistische Provinzialität überwindet und sich der Vielfalt religiöser Orientierungen stellt, in: Neue Sammlung 32, 425ff.

Ders. (1994a): »Interkulturelle Bildung« und das Studium der Religionen, in: I. Lohmann/ W. Weiße (Hg.), 233ff.

Ders. (1994b): Religionsunterricht in einer nachchristlichen Lebenswelt. Zur Ortsbestimmung von Religion in der Schule, In: N. Seibert/H.J. Serve (Hg.), 1061ff.

Ders. (1995): Über Religionen und kulturkampfähnliche Töne. Die Auseinandersetzungen um ein neues Schulfach an Brandenburgs Schulen verschärfen sich, in: Frankfurter Rundschau, 8. Juni, 6.

Ders. (1996): Die Zukunft des Religionsunterrichts. Konfessioneller, konfessionell-kooperativer oder allgemeiner Unterricht?, in: DLZ 49/50, 19.

Luthe, Heinz-Otto/ Meulemann, Heiner (Hg.) (1988): Wertwandel – Faktum oder Fiktion? Bestandsaufnahmen und Diagnosen aus kultursoziologischer Sicht, Frankfurt a.M.

Luther, Henning (1991): Religion und Allgemeinbildung, in: Ev.Erz. 43, 2ff.

Ders. (1992): Religion und Alltag, Bausteine zu einer praktischen Theologie des Subjekts, Stuttgart.

Mangoldt, Hermann v./ Klein, F. (1957): Das Bonner Grundgesetz. Berlin/ Frankfurt, 2. Aufl., 284.

*Maunz, Theodor /Düring (*1958): Grundgesetz, Kommentar, München.

Mette, Norbert (1997): Das umstrittene Konfessionalitätsprinzip. Anmerkungen zur aktuellen Auseinandersetzung um den Religionsunterricht, in: Neue Sammlung 37/2, 207ff.

Metz, Johann Baptist (1977): Glaube in Geschichte und Gesellschaft. Mainz, 23f.

Meyer, Martin F. (1996): Ethikunterricht in Deutschland. Die Bundesländer im Vergleich. Universität Koblenz, November.

Ministerium für Bildung, Jugend und Sport (MBJS) (Hg.) (1991): Gemeinsam leben lernen: Modellversuch des Landes Brandenburg zu einem neuen Lernbereich und Unterrichtsfach »Lebensgestaltung/Ethik/Religion«. Grundsatzpapier für die öffentliche Diskussion, Potsdam.

Ders. (MBJS) (Hg.) (1995): Werteerziehung im Unterricht. Werteerziehung und Religionskunde im Unterrichtsfach/ Lernbereich »Lebensgestaltung/ Ethik/ Religion/en«, Potsdam.

Ders. (MBJS) (Hg.) (1996): Abschlußbericht zum Modellversuch »Lernbereich Lebensgestaltung-Ethik-Religion«, Potsdam.

Ministerium für Schule und Weiterbildung des Landes Nordrhein-Westfalen (Hg.) (1997): Kerncurriculum »Praktische Philosophie«. Erprobungsfassung. Curriculares Rahmenkonzept, Juni 1997, 5.

Ministerpräsident des Landes Nordrhein-Westfalen/ Bildungskommisison NRW (1995): Zukunft der Bildung – Schule der Zukunft. Denkschrift der Kommission »Zukunft der Bildung – Schule der Zukunft« Neuwied/ Berlin, 105.

Neumann, Johannes (1996): Der Verfassungsstreit um LER, in: DLZ 49/50 vom 12.12., 24.

Neumann, Johannes/Eggers, Gerd (1997): Befragung kleiner Religions- und Weltanschauungsgemeinschaften in Berlin zu ihrer Haltung zum Religions- und Weltanschauungsunterricht an öffentlichen Schulen. Statistische Übersicht über einige Ergebnisse, MS, Tübingen.

Neumann, Ursula (1997): Die Kunst, den Bogen ungestraft zu überspannen – Religionsfreiheit und Religionsunterricht, in: T. Müller u.a. (Hg.): Grundrechtereport. Zur Lage der Bürger- und Menschenrechte in Deutschland, Reinbek, 95ff, 97.

Nipkow, Karl Ernst (1971): Schule und Religionsunterricht im Wandel. Ausgewählte Studien zur Pädagogik und Religionspädagogik, Heidelberg/ Düsseldorf, bes. 187ff, 212ff.

Ders. (1972): Braucht unsere Bildung Religion? Zur gesellschaftlichen Verwendung religiöser Erziehung und zur Gesellschaftsferne der Religionspädagogik, in: Begegnung und Vermittlung. Erziehung und Religionsunterricht im Wandel. Gedenkschrift für I. Röbbelen, hg. von H. Horn, Dortmund, 37ff, 38.

Ders. (1975): Grundfragen der Religionspädagogik. Bd 1, Gütersloh, 129ff.

Ders. (1977): Bildung und Entfremdung. Überlegungen zur Rekonstruktion der Bildungstheorie, in: ZfPäd, 14. Beih., 205ff.

Ders. (1989): Religionspädagogik zwischen Theologie und Pädagogik, Kirche und Gesellschaft, in: R. Lachmann / H.F. Rupp (Hg.), 215ff.

Ders. (1991): Ökumenisches Lernen – interreligiöses Lernen – Glaubensdialog zwischen den Weltreligionen. Zum Wandel von Herausforderungen und Voraussetzungen, in: G. Orth (Hg.): (1991)

Ders. (1995/96): Staat und Kirche am Scheideweg, in: Ev. Verantwortung Dez./Jan., 1ff.

Ders. (1996a): Der pädagogische Umgang mit dem weltanschaulich-religiösen Pluralismus auf dem Prüfstein, in: ZfPäd, Jg. 42, Heft 1, 57ff.

Ders. (1996b): Die Herausforderung aus Brandenburg. »Lebensgestaltung-Ethik-Religionskunde« als staatliches Pflichtfach, in: Zeitschrift für Theologie und Kirche 93, 1, 124ff.

Ders. (1996c): Religionsunterricht in evangelischer Sicht. MS 28.11.1996

Nipkow, Karl Ernst/Schweitzer, Friedrich (1994): Texte zur ev. Erziehungs- und Bildungsverantwortung seit der Reformation, Bd.2/2. Religionspädagogik im 20. Jh., Gütersloh.

Orth, Gottfried (1991): Ökumene und Lernen, Münster.

Oser, Fritz (1988): Wieviel Religion braucht der Mensch? Erziehung und Entwicklung zur religiösen Autonomie, Gütersloh.

Oser, Fritz./ Reich, K.H. (Hg.) (1996): Eingebettet ins Menschsein: Beispiel Religion. Aktuelle psychologische Studien zur Entwicklung von Religiosität, Lengerich.

Otto, Gert (1964): Evangelischer Religionsunterricht als hermeneutische Aufgabe, in: ZTHK 61 (1964), wieder abgedruckt in: Otto, G. (1968), 153ff.

Ders. (1964/1967, 3. Aufl.): Handbuch des Religionsunterrichts, Hamburg.

Ders. (1968, 3. stark erweiterte Aufl.): Schule – Religionsunterricht – Kirche, Göttingen.

Ders. (1969): Das Ende des konfessionellen Religionsunterrichts?, in: K. Wegenast (Hg.): Theologie und Unterricht. Festgabe für Hans Stock, Gütersloh, 123ff.

Ders. (1972): Konfessioneller oder allgemeiner Religionsunterricht? Der Bremer Streit als Beispiel. In: Ders.: Schule und Religion. Hamburg, S. 43ff.

Ders. (1986): »Religion« contra »Ethik«. Religionspädagogische Perspektiven. Neukirchen-Vluyn.

Ders. (1992a): Allgemeiner Religionsunterricht – Religionsunterricht für alle. Sieben Thesen mit Erläuterungen, in: J. Lott (Hg.) (1992a), 359ff.

Ders. (1992b): Religionskunde in der Schule. Konfessioneller Religionsunterricht ist ein Anachronismus, in: Ev. Kommentare 25,1, 31ff.

Ders. (1997): Das Ende des konfessionellen Religionsunterrichts. Auswege aus einer Sackgasse, MS.

Otto, Gert/Stock, Hans (Hg.) (1968): Schule und Kirche vor den Aufgaben der Erziehung, Hamburg.

Otto, Gert/ Dörger, Hans Joachim/ Lott, Jürgen (1972): Neues Handbuch des Religionsunterrichts, Hamburg.

Pädagogisches Landesinstitut Brandenburg (PLIB) (1993): Lebensgestaltung, Ethik, Religion. Modellversuch in Brandenburg. Ein Konzept auf dem Weg zur pädagogischen Praxis. Von Christian Lange und Peter Kriesel, unter Mitarbeit von Gerd Eggers und Ruth Priese. PLIB Werkstattheft 9, Ludwigsfelde

Ders. (1995): Der Brandenburger Modellversuch zum Lernbereich »Lebensgestaltung-Ethik-Religion« (L-E-R). Abschlußbericht der Projektgruppe. Teil 1 Bericht, Ludwigsfelde.

Ders. (1996): Schulpraktische Evaluation der »Hinweise zum Unterricht im Modellversuch Lernbereich Lebensgestaltung-Ethik-Religion«. Ergebnisse der schriftlichen Befragung und ihre Diskussion, Ludwigsfelde.

Ders. (1996): Abschlußbericht des PLIB zum Schulversuch »L-E-R« vom 1.8.95-31.7.96

Pannen, Stefan (1994): Wir Mauerkinder. Eine Generation bricht auf, Weinheim/ Berlin.

Peukert, Helmut (1984): Über die Zukunft von Bildung, in: Frankfurter Hefte 6,129ff.

Ders. (1987): Die Frage nach Allgemeinbildung als Frage nach dem Verhältnis von Bildung und Vernunft, in: J.-E. Pleines (Hg.), 69ff.

Pfender, Ursula (2. Aufl. 1994): Was soll's? Wir lernen Leben! Wege zu offenem und lebensnahem Lernen mit Jugendlichen, Berlin.

Pieroth, Bodo (1993): Aktuelle verfassungsrechtliche Fragen zum Religionsunterricht, in Ev.Erz. 45, 196ff, 211.

Pleines, J.-E. (Hg) (1987): Das Problem des Allgemeinen in der Bildungstheorie, Würzburg.

Pohlmann, D./ Wolf, Jürgen (Hg.) (1982): Moralerziehung in der Schule? Beiträge zur Entwicklung des Unterrichts Ethik/ Werte und Normen. Göttingen.

Polanyi, M. (1985): Implizites Wissen, Frankfurt.

Postman, Neil (1997): Keine Götter mehr. Das Ende der Erziehung, Berlin.

Prerow, R. (1983): Ersatzfach als Lumpensammler. Ist der in Hessen geplante Ethikunterricht verfassungsgerecht?, in: GEW Hessen: Ethische Erziehung in der Schule, Frankfurt, 69ff.

Preul, Reiner u.a. (Hg.) (1989): Bildung-Glaube-Aufklärung. Zur Wiedergewinnung des Bildungsbegriffs in Pädagogik und Theologie. K.E. Nipkow zum 60. Geburtstag, Gütersloh

Preuß, Ulrich K. (1996a): Stellungnahme für die öffentliche Anhörung des Ausschusses für Bildung, Jugend und Sport des Landtages Brandenburg am 11. Januar 1996 in Potsdam zu dem Thema »Verfassungsrechtliche Fragen künftiger schulgesetzlicher Regelungen zum LER-Unterricht und zum konfessionellen Religions-/Weltanschauungsunterricht im Land Brandenburg«, MS.

Ders. (1996b): Staatsrechtliche Grundlagen des Religionsunterrichts, in: Die Zukunft des Religionsunterrichts auf dem Prüfstand der Verfassung. Dokumentation der Anhörung der Bundestagsfraktion und der Fraktion Bündnis 90/Die Grünen im Abgeordnetenhaus von Berlin am 14. Mai 1996, Bonn, 11ff.

Ders. (1997): Schriftsatz in dem Verfahren zur verfassungsrechtlichen Prüfung der §§ 9 Abs. 2 und 3, 11 Abs. 2bis 4 und 141 des Gesetzes über die Schulen im Lande Brandenburg, MS.

Preuß-Lausitz, Ulf (1993): Die Kinder des Jahrhunderts. Zur Pädagogik der Vielfalt im Jahr 2000, Weinheim.

Ders. (1994): Werte, Ethik und Religion in der pluralistischen Schule, in: Die deutsche Schule 86,4, 457ff.

Priese, Ruth (1997): Lernen und soziale Verantwortung. Zur Lehrerausbildung im Projekt »Lebensgestaltung – Ethik – Religionskunde«, Gießen.

Rat der Ev. Kirche in Deutschland (1994): Identität und Verständigung. Standort und Perspektiven des Religionsunterrichts in der Pluralität. Eine Denkschrift, Gütersloh.

Reents, Christine (1989): Alternativen zum konfessionellen Religionsunterricht. Ein kurzer Überblick von einer ev. Theologin, in: JRP, Bd 5, Neukirchen-Vluyn, 197 ff.

Reiser, Helmut (1972): Identität und religiöse Einstellung. Grundlagen zu einem schülerorientierten Religionsunterricht, Hamburg.

Renck, Ludwig (1997): Religionsunterricht in Brandenburg, in: LKV, Heft 3, 81ff.

Schlink, Bernhard (1992): Religionsunterricht in den neuen Ländern, in: NJW, 1008-1013.

Schmid, Heinz (1989): Religiosität der Schüler und Religionsunterricht, Bad Heilbrunn.

Ders. (1983): Didaktik des Ethikunterrichts (2 Bände), Stuttgart.

Schmidtchen, Gerhard (1993): Ethik und Protest. Moralbilder und Wertkonflikt junger Menschen, 2. Aufl. Opladen.

Schmoeckel, Reinhard (1964): Der Religionsunterricht. Die rechtliche Regelung nach Grundgesetz- und Landesgesetzgebung, Berlin/Neuwied, 132f.

Schmoll, Heike (1995): Lebenskunden, Ethiken, Religionen, in F.A.Z vom 11. Oktober, 16.

Schmucker, Klaus (Hg.) (1995): Jungsein zwischen den Angeboten – Glauben wählen in unübersichtlicher Zeit. Bericht über die Lage der jungen Generation und die ev. Jugendarbeit, Hannover.

Schöll, Albrecht (1992): Zwischen religiöser Revolte und frommer Anpassung. Die Rolle der Religion in der Adoleszenzkrise, Gütersloh.

Schreiner, Peter/Spindler, Hans (Hg.) (1997): Identitätsbildung im pluralen Europa. Perspektiven für Schule und Religionsunterricht, Münster/New York.

Schulze, Gerhard (1992, 6. Aufl. 1996): Die Erlebnisgesellschaft. Kultursoziologie der Gegenwart, Frankfurt a.M./ New York

Ders. (1994): Über alte und neue Werte in der Erlebnisgesellschaft. Frankfurter Rundschau Dokumentation, Nr. 137, 16. Juni, 12ff

Schweitzer, Friedrich. (1987)*:* Lebensgeschichte und Religion, München.

Ders. (1995): Der Wandel des Jugendalters und die Religionspädagogik, in: Jahrbuch der Religionspädagogik, Bd. 10, 71ff.

Seibert, Norbert /Serve, Helmut J. (Hg.) (1994): Bildung und Erziehung an der Schwelle zum dritten Jahrtausend. Multidisziplinäre Aspekte, Analysen, Positionen, Perspektiven, München.

Sorge, Helga/Vierzig, Siegfried (1977): Religion und Ideologie, Stuttgart u.a..

Spieß, Manfred (1992)*:* Religionsunterricht oder nicht? Der Biblische Geschichtsunterricht im Land Bremen, in: J. Lott (Hg.) (1992a), 81ff.

Ders. (1996): Was ist der bremische Religionsunterricht? Der »Biblische Geschichtsunterricht« zwischen Gestern und Morgen, In: Die Brücke 1, 11f.

Stachel, Günther (1970)*:* Lernziele und Religionsunterricht, in: H. Heinemann/ G. Stachel/ S. Vierzig: Lernziele und Religionsunterricht, Zürich u.a., 24ff.

Stallmann, Martin (1958)*:* Christentum und Schule, Stuttgart.

Steffensky, Fulbert (1989)*:* »Wo der Glaube wohnen kann«, Stuttgart.

Stock, Manfred (1996): »Ostdeutsche Jugend in der Wertekrise«. Zur sozialen Konstruktion eines Stereotyps und seiner Funktion in der Bildungsdebatte, in: Zeitschrift für Pädagogik, Heft 4, S. 623ff.

Stock, Manfred/ Tiedke, Michael (1992): Schüler erfahren die Wende. Schuljugendliche in Ostdeutschland im gesellschaftlichen Transformationsprozeß, Weinheim/ München.

Stoodt, Dieter (1969)*:* Die gesellschaftliche Funktion des Religionsunterrichts, in: Ev. Erz 21, 49ff.

Ders. (1972)*:* Religiöse Sozialisation und emanzipiertes Ich, in: K.W. Dahm/ N. Luhmann/ D. Stoodt (Hg.): Religion – System und Sozialisation, Neuwied, 189ff.

Ders. (Hg.) (1985): Arbeitsbuch zur Geschichte des ev. Religionsunterrichts in Deutschland, Münster.

Struck, Peter (1994): Neue Lehrer braucht das Land. Ein Plädoyer für eine zeitgemäße Schule, Darmstadt.

Tworuschka, Udo (1994): Perspektiven für eine Religionen-Didaktik vor dem Hintergrund neuer Entwicklungen in Theologie und Religionswissenschaft, in: I. Lohmann/ W. Weiße (Hg.), 245ff.

Ven, Johannes A. v.d./Ziebertz, Hans-Georg (Hg.) (1994): Religiöser Pluralismus und interreligiöses Lernen, Kampen/ Weinheim.

Ders. (Hg.) (1995): Religionspädagogische Perspektiven zur interreligiösen Bildung, in: H-G. Ziebertz/W. Simon (1995), 259ff.

Vierzig, Siegfried (1975): Ideologiekritik und Religionsunterricht. Zur Theorie und Praxis eines kritischen Religionsunterrichts. Zürich u.a.

Ders. (1970): Zur Theorie der »religiösen Bildung«, in: H. Heinemann/ G. Stachel/ S. Vierzig, 11ff.

Volksinitiative Bildung (1990): Lebensgestaltung – Prinzip der Allgemeinbildung und Unterrichtsfach in einer erneuerten Schule. Berlin (Bildungswesen aktuell 24/90).

Wagner, Falk (1995): Zur gegenwärtigen Lage des Protestantismus, Gütersloh.

Wegenast, Klaus (Hg.) (1969): Theologie und Unterricht. Festgabe für H. Stock, Gütersloh.

Ders. (Hg.) (1971): Religionsunterricht – wohin?, Gütersloh.

Ders. (1981 und 1983): Religionspädagogik I. Der Evangelische Weg; Religionspädagogik II. Der Katholische Weg, Darmstadt.

Ders. (1992): Religion und Schule – eine Stellungnahme aus der Sicht der Eidgenossenschaft, in: J. Lott (Hg.) (1992a), 489ff.

Weiße, Wolfram (Hg.) (1996): Vom Monolog zum Dialog. Ansätze einer interkulturellen, dialogischen Religionspädagogik, Münster/ New York, 163ff.

Wiesehöfer, Philipp (1981): Ethikunterricht: Werte und Normen. Beispielorientierte Einführung. Frankfurt/M.

Winden, Hans-Willi (1992): ... wird der Religionsunterricht in Übereinstimmung mit den Grundsätzen der Religionsgemeinschaften erteilt. Zur Auslegung von Art. 7 III GG aus katholischer Sicht, in: J. Lott (Hg.): (1992a), 15ff.

Wohlrab-Sahr, Monika (Hg.) (1995): Biographie und Religion: Zwischen Ritual und Selbstsuche, Frankfurt a.M./ New York.

Wolf, Jürgen (1982).: Was kann, soll, muß der Unterricht in »Werte und Normen« (Ethik) für die Schüler der Sekundarstufe II leisten? – Vorüberlegungen zu einer Didaktik. In: D. Pohlmann/ J. Wolf (1982), 47ff.

Zentralstelle Bildung der Deutschen Bischofskonferenz (Hg.) (1984): Grundlagenplan für den katholischen Religionsunterricht im 5.-10. Schuljahr (Revidierter Zielfelderplan), Bonn.

Ziebertz, Hans-Georg (1994): Religiöse Lernprozesse und religionstheoretisches Bewußtsein, in: J.A. van der Ven/ H.-G. Ziebertz (Hg.), 233ff.

Ders. (1991): Jugendforschung und Religionspädagogik, in: Kat. Blätter 116, 708ff.

Ziebertz, Hans-Georg/Simon, Werner (Hg.) (1995): Bilanz der Religionspädagogik, Düsseldorf.

Ziehe, Thomas (1991): Zeitvergleiche. Jugend in kulturellen Modernisierungen, Weinheim/ München.

Zilleßen, Dietrich (1992): Konfessioneller Religionsunterricht in multikultureller Lebenswelt?, in: J. Lott (Hg.) (1992a), 301ff.

Zinnecker, Jürgen (1993): Jugend, Kirche und Religion. Aktuelle empirische Ergebnisse und Entwicklungstendenzen, in: G. Hilger/G. Reilly (Hg.), 112ff.

Zinser, Hartmut (Hg.) (1991): Herausforderung Ethikunterricht. Ethik/Werte und Normen als Ersatzfach in der Schule, Marburg.

Zulehner, Paul M./ Denz, Hermann (1993): Wie Europa lebt und glaubt. Europäische Wertestudie, Düsseldorf.

7. Stichwortregister*

* Die hier aufgeführten Stichwörter sind Ergänzungen der Stichwörter, die bereits im Inhaltverzeichnis vorkommen.

8. Personenverzeichnis